R & B

Dave Monroe

# Philosophie für Verdorbene

Essays über Pornografie

Aus dem Amerikanischen
von Heike Steffen

**ROGNER&BERNHARD**

1. Auflage, Januar 2011
Copyright © 2010 by Blackwell Publishing Ltd. except for editorial
material and organization
Copyright © 2010 by Dave Monroe
Die Originalausgabe erschien 2010
unter dem Titel
Porn – Philosophy for Everyone: how to think with kink
Für die gekürzte deutsche Ausgabe
© 2010 by Rogner & Bernhard GmbH & Co. Verlags KG, Berlin
ISBN 978-3-8077-1066-2
www.rogner-bernhard.de
Lektorat: Evelin Schultheiß, Ahrensburg
Umschlaggestaltung: Philippa Walz und Andreas Opiolka, Stuttgart
Umschlagabbildung: Rinah Lang
Layout und Herstellung: Leslie Driesener, Berlin
Gesetzt aus der Stempel Garamond
durch omnisatz GmbH, Berlin
Druck und Bindung: CPI – Clausen & Bosse, Leck
Printed in Germany 2011

*Für Rhonda –*
*die mich immer am lautesten anfeuert*
*und stets aufs Neue inspiriert*

# INHALT

## VORWORT

Mehr Leben in der Höhle

In seinem Höhlengleichnis legt Platon seinem Lehrer Sokrates die schöne Allegorie von jenen Gefangenen in den Mund, die gefesselt in einer unterirdischen Höhle hocken und nur die gegenüberliegende Wand anstarren können, auf die Schatten geworfen werden von anderen, wir wollen sie Schauspieler nennen, die über einer Mauer zwischen dem Rücken der Gefangenen und einem lodernden Feuer Gegenstände hin- und hertragen.

Sokrates fragt: »Ist es nicht vernünftig anzunehmen, dass die Gefangenen die Schatten für das Wahre halten, den Widerhall für gelehrte Rede und Lob und Belohnung für den bereithalten, der am besten vorhersagen kann, was als Nächstes kommen werde?« In anderen Worten: Schaut, was in Abwesenheit des »Wahren« aus uns werden kann.

Ohne Zweifel ist dies eine flammende (abhängig auch vom Abstand zwischen Gefangenen und Feuer) Anklage gegen von Blindheit und geistiger Bevormundung geprägte Kulturen damals wie heute. Und vielleicht akzeptieren wir ja sogar die Vorstellung von einer urskinnerianischen Welt – erzählt von einem Mann, der es vorzieht, seine Worte einem anderen in den Mund zu legen, der sich wiederum im Gespräch mit einem Dritten (Platons älterem Bruder Glaukon) befindet –, in der Gefangene aus *völlig unsichtlichen Gründen* von Kindheit an in aufrecht sitzender Haltung gefesselt dasitzen und gezwungen werden, flackernde Projektionen zu betrachten. Dennoch sei uns erlaubt zu spekulieren, welche Fragen in jener alten Athener Versammlungsstätte wohl noch so aufgekommen sind, zum Beispiel diese: »Waren die Schatten wenigstens nackt?«

In all den Jahren, die ich nun schon über das Business, den Lebensstil und die Ethik der Pornoindustrie schreibe (wobei auf Letzteres wohl die geringste Summe entlohnter Stunden angefallen ist), sind mir oft meine Zweifel gekommen an dem »Wahren« in diesem Metier, zu dessen Berufsrisiken es zählt, auf der Milch auszurutschen, die soeben aus dem eingeölten Hintern einer 19-Jährigen geschossen kam. Andauernd schaue ich mich nach dem Feuer um.

Doch wenn wir von Pornografie (abgeleitet vom griechischen Wort für Prostituierte) als von jenen Bildern an der Wand denken würden, von uns selbst als den Gefangenen, die auf diese Bilder starren und sie für wahr halten, dann würden wir damit auch akzeptieren, dass diejenigen, die das Feuer entzündet, die Mauer errichtet und die Schauspieler engagiert haben, sehr viel cleverer sind als wir oder zumindest einen Plan für unser Leben haben.

Freunde, ich habe die Menschen kennengelernt, die die *Dirtpipe Milkshakes*-Serie produzieren, und ich kann versichern, dass sie niemandem den Titel im Buchstabierwettbewerb streitig machen werden. Und es ist ihnen auch egal, was ihr macht, nachdem ihr die anstößige DVD oder den Computer weit von euch geschoben habt. Nein, ich glaube, Pornografie ist die *Wand*, und die Bilder ändern sich je nachdem, wie wir sie anzuschauen entscheiden.

Vielleicht ist euch aufgefallen, dass Pornografie die Eigenschaft hat, mit steigender Komplexität zunehmend unbefriedigend zu werden. Mischt man eine Handlung (oder, Schreck lass nach, gar eine Nebengeschichte) bei, erhöht der Pornoproduzent seine Chancen, eine Maschine zum Stillstand zu bringen, die bis dato dahinschnurrte wie ein rasiertes Perpetuum mobile.

Seit Jahrtausenden weiß die Menschheit, dass man mit der Darstellung von Menschen beim Sex schlichtweg nichts falsch machen kann und dass die moderne Pornografie ihren Erfolg weniger der Präsentation verschiedener Variationen des sexuellen Akts zu verdanken hat als vielmehr ihrem Angebot an Medien, die solche Darstellungen allgemein zugänglich machen.

Man kann lange darüber streiten, was »richtiger« Porno sei und wie etwas derart vage Definiertes jemals Frauen, Paare, Minderheiten, sensible weiße Männer, Senioren und noch in Erscheinung zu tretende Wesen ansprechen soll, aber niemand wird behaupten wollen, dass anderen (oder sich selbst) beim Sex zuzuschauen nicht zumindest auf der primitiven Ebene der Arterhaltung eine gewisse Faszination ausübt.

Erst wenn Elemente hinzukommen, die die jüngeren Nachbarn unserer Affenhirne stimulieren sollen, verliert Pornografie an »Wahrheit«. Erst dann sehen wir das Mikro, das von oben ins Bild ragt, erst dann fällt uns auf, dass die Darstellerinnen ihr Skript erst kurz vorher bekommen haben und dass sie ohnehin nie vorhatten, die Medea zu spielen, als sie sich die BH-sprengenden Kochsalzlösungen injizieren ließen, erst dann mokieren wir uns über eine Kamerafahrt, wo eine schlichte Großaufnahme genügt hätte.

In frühen Ausgaben von Platons *Staat*, in dem sich das Höhlengleichnis findet, hieß es, die Gefangenen »starrten« auf die Bilder an der Wand. Der Grund, warum wir Pornografie anstarren, statt uns auf sie einzulassen, liegt darin, dass die gezeigten, sehr elementaren Anstrengungen und Mühen von uns interpretiert werden wollen. Wir schauen, weil Pornografie das ist, was wir daraus machen: eine Höhle, die mit Leben gefüllt werden will.

Deshalb erlassen wir dem Pornofilm die dramatischen Zusammenbrüche der Charaktere, die wir von *Ey, Mann, wo is' mein Auto?* erwarten. Deshalb verzeihen wir es der Pornografie, dass dort eine 23-jährige kinderlose Frau als »geile Alte« bezeichnet wird, eine Asiatin als Schwedin firmiert und eine Frau das freche Schulmädchen gibt, das sie nicht ist und niemals war. Entscheidend ist, dass sie sich alle – und ihr als Zuschauer – auf den Irrsinn der Projektion einlassen. Pornografie ist also die Wand, der Zuschauer ist Gefangener und Feuer zugleich, und die Schauspieler sind, was ihr aus ihnen macht, denn eines kann ich euch verraten: Im »wahren Leben« sind sie nicht das, was ihr in ihnen seht.

Pornografie als Phänomen hat ein perfekt ausgewogenes Verhältnis zwischen Inhalt und Kritik hervorgebracht. Für jede Folge von *Barely Legal, Screw My Wife, Please* und *Dirty Debutantes*, die Jahr für Jahr produziert werden, erscheint eine wissenschaftliche Abhandlung zum Thema »Warum wir Pornografie mögen« oder »Ist es okay, Pornografie zu mögen?« oder »Sind wir schlechte Menschen, weil wir andere dazu animieren, Pornografie zu mögen?«.

Auch ich möchte meinen Hut in den Ring werfen und sagen, dass Pornografie nicht wahr ist, aber ihr, und dass Pornografie dem gleichen Zweck dient wie Monstertrucks, Wrestling, Klatschspalten und Süßigkeiten: Sie alle sind Fixpunkte, an denen existierende Gedanken sich sammeln können. Dabei hilft, dass sie selbst an sich weitestgehend frei sind von Gedanken.

Vielleicht hat Platon sein Höhlengleichnis Sokrates zugeschrieben, weil er glaubte, durch den Namen Sokrates würde die Theorie sexier – eben weniger platonisch. Wir in der Erwachsenenunterhaltung verstehen das: Deshalb ist aus Linda Hopkins auch Tera Patrick und aus Jenna Massoli Jenna Jameson geworden. Was ist Pornografie anderes, als die wohldurchdachte Projektion einer Sache auf eine überaus attraktive Oberfläche?

DAVE MONROE

## SCHMUTZIGE FANTASIE

Eine Einführung in die Pornografie

Diese Anthologie bietet dem Leser eine verführerische Auswahl an Essays zum Thema Pornografie. Nun mag man sich fragen, ob die Welt tatsächlich noch eine Abhandlung über Pornografie braucht, schließlich mangelt es nicht an akademischer Literatur zu diesem Thema. Mindestens seit den 1970er Jahren ist Pornografie Gegenstand feministischer, juristischer und allgemein ethischer Diskussionen. Warum also diese Anthologie? Die Antwort ist einfach: Die schmutzige Fantasie hat sich unserer Kultur deutlich tiefer eingeschrieben. Trotzdem finden die meisten Diskussionen über die Pornoindustrie und dazugehörige Fragestellungen weitgehend in akademischen oder juristischen Zusammenhängen, in Umkleideräumen und Schlafzimmern statt. Anders ausgedrückt, die Allgegenwart des Themas überschreitet das Feld seines Diskurses bei weitem. Diese Anthologie möchte das Gespräch über Pornografie weiter öffnen, indem sie einerseits die Palette an Fragen erweitert, denen die Wissenschaft sich stellen kann, und andererseits diejenigen in die Unterhaltung einbezieht, die am besten über das Thema Bescheid wissen: die Macher und Konsumenten von Pornografie.

Die Pornoindustrie und die Masse der Pornokonsumenten sind größer als je zuvor. Die gewaltige Expansion der Pornografie im Internet hat der Industrie einen zuvor unvorstellbaren Boom beschert. Riesige nackte Brüste, lesbischer Sex und *money shots* sind nur eine Google-Suche entfernt; wer auf Pornografie aus ist, muss sich nicht mehr ins Pornokino oder die Erwachsenenvideothek im verruchteren Viertel der Stadt begeben. Und auch das Verhältnis von Pornografie und Popkultur hat sich seit dem »Goldenen Zeitalter« der 1970er Jahre deutlich gewandelt. Der Pornofilm verarbeitet und pervertiert Erzählungen aus Hollywood (unvergessen sind Filmtitel wie *Edward Penishands*), dennoch hat sich die Dynamik unübersehbar verschoben. In Hollywood-Filmen, im Fernsehen, in Zeitschriften und Literatur finden sich nun regelmäßig Verweise auf die Pornoindustrie. Kaum eine Reality-Show, in der nicht ein Playboy-Model mitwirkt. Filme wie *Zach and Miri Make a Porn* sind eine Hommage an den Pornofilm, keine Verunglimpfung. Auch »Crossovers« sind überraschend normal geworden. In einem Porno mitgespielt zu haben kam früher ungefähr der Stigmatisierung mit jenem berühmten scharlachroten Buchstaben gleich. Schauspielerinnen wie Traci Lords mussten hart an ihrem Wechsel zu Mainstream-Film und Fernsehen arbeiten. Heute scheint es dieses Stigma nicht mehr zu geben. Und der Crossover funktioniert auch in die andere Richtung: Kelly McCarty, Miss USA 1991 und Soapopera-Star, unterzeichnete 2008 einen Vertrag bei Vivid Video.

Sextapes mit bekannten Stars sind der auf Sex und Prominenz versessenen Öffentlichkeit immer leichter zugänglich. Nichtprofessionelle Darsteller mischen ebenfalls mit: Beliebte und umstrittene Filme wie die *Girls Gone Wild*-Serie zeigen nicht etwa volljährige Schauspielerinnen, sondern freizügige Mädchen im College-Alter, die für Geld zu vielem bereit sind. Auch der »Amateurporno« stellt einen wachsenden Trend im Internet dar: Paare filmen sich beim Sex und stellen das Ergebnis online, damit andere es sehen können. Und der Rest von uns, erstaunliche Massen, schaut zu.

Mit diesen neuen Dimensionen der Pornografie ergeben sich auch neue Fragestellungen, die es zu diskutieren gilt. Welche

Auswirkungen hat eine derartige Ausbreitung von Pornografie? Welche moralischen Dimensionen haben technologischer Fortschritt und die leichte Verfügbarkeit von Pornografie? Wie beeinflusst Pornografie unsere Beziehungen zu anderen? Birgt es eine besondere ethische Problematik, wenn Amateure wie professionelle Pornodarsteller handeln? Wie wirkt sich das virtuelle Bombardement mit Pornografie auf unsere Psyche aus? Erfüllt Pornografie irgendeinen sozialen Nutzen? Diese und andere Fragen werden im vorliegenden Band diskutiert.

Das heißt allerdings nicht, dass die klassischen Fragen rund um das Thema Pornografie hier zu kurz kommen. Überlegungen zur Redefreiheit und zur Anwendbarkeit dieses Prinzips auf Pornografie, ihr vermeintlich künstlerischer Wert, Gender-Fragen, die durch Pornografie verursachten Schäden – alle diese Themen kommen zur Sprache. So wird auch der Leser, der am aktuellen Stand der akademischen Debatte über Pornografie interessiert ist, am Ende nicht enttäuscht sein.

*Philosophie für Verdorbene* ist selbst ein Crossover-Buch. Die Essays, die Sie auf diesen Seiten finden, stammen von Philosophen, Juristen, Psychologen und anderen Wissenschaftlern aus vielen Teilen der Welt: Kanada, Großbritannien und Australien sind ebenso vertreten wie die USA. Die Juwelen in unserer Crossover-Krone allerdings sind die Artikel, die aus der Feder oder unter Mitwirkung von Akteuren der Pornoindustrie wie Dylan Ryder, der Fabelhaften Mz. Berlin und Roger T. Pipe entstanden. Ihre provokanten und authentischen Berichte aus der Pornoindustrie sollten Sie sich nicht entgehen lassen!

Und so laden wir, alle Autoren dieser Anthologie, Sie ein, durch die »grüne Tür« zu treten und sich ein paar schmutzige Gedanken zu gönnen! Lassen Sie sich von den verführerischen Themen, die wir im Rotlicht betrachtet haben, intellektuell erregen. Viel Spaß dabei!

DYLAN RYDER / DAVE MONROE

## 1. PORNOINDUSTRIE UND LEBENSQUALITÄT

Dylan Ryder, Mitautorin dieses Essays, ist das, was man einen Pornostar nennt. Zu ihrem Beruf gehört es, mit verschiedenen Männern und Frauen Sex zu haben und sich dabei zum voyeuristischen Vergnügen anderer filmen zu lassen. Der Unterschied zu unseren Berufen ist offenkundig: Wir verbringen unsere Zeit im Büro mit Tagträumereien am Kaffeeautomaten, schuften in Fabriken, kochen oder servieren Essen, unterrichten Schulklassen oder was auch immer. Dylan verdient ihr Geld mit Sex vor der Kamera, sie zeigt, was die meisten von uns nicht zeigen wollen: ihren nackten Körper und sich selbst beim Sex. Dylans Beruf ist kein »normaler«, zumindest in dem Sinne, dass er nicht »gewöhnlich« ist. Aber was genau stellt man sich vor, wenn man über *das Leben* einer Pornodarstellerin nachdenkt? Manch einer mag verklärte Vorstellungen von den sexuellen Freuden haben, die sie tagtäglich zu erleben scheint, andere halten vielleicht das Rockstar-Dasein, das einige Pornostars wie beispielsweise Jenna Jameson führen, für attraktiv und aufregend. Für wieder andere hat das Leben eines Pornodarstellers vielleicht etwas verlockend Verbotenes und erscheint allein deshalb irgendwie »aufregender« und jedenfalls viel besser als das eigene. Wir vermuten allerdings, dass nur eine kleine Minderheit diese Meinungen vertritt. Die Mehrheit ist wohl eher der Ansicht, dass Pornodarsteller ein schlechteres Leben führen als der Durchschnitt.

Diese so weit verbreitete wie unreflektierte Auffassung beruht auf der Annahme, dass Pornodarsteller (so die Argumentation) genötigt, zu Sexobjekten degradiert und als solche ausgebeutet werden, es ihnen also deshalb deutlich schlechter gehen muss als »normalen Leuten«. Zeigt nicht ein Film wie *Boogie Nights*, dass im Leben eines Menschen irgendetwas fehlen oder gehörig falsch laufen muss, wenn es ihn überhaupt in die Pornoindustrie treibt, und dass es dann für ihn nur noch abwärts geht? Die meisten Menschen glauben, dass professionelle Pornodarsteller drogenabhängig sind, irgendwann in ihrem Leben sexuell missbraucht wurden oder von einem Dritten, meist einem üblen Zuhälter, zu diesem Geschäft gezwungen werden. Denn welcher anständige Mensch mit etwas Selbstachtung würde vor laufenden Kameras Sex haben wollen – für Geld?

Hier dagegen soll es um eine pragmatische Frage gehen: Ist das Leben eines Pornodarstellers aufgrund seines oder ihres Berufes notwendigerweise besser oder schlechter als das anderer Menschen? Es geht also um das Wohlbefinden des Einzelnen, die *Qualität* des individuellen Lebens, oder anders ausgedrückt um die Frage, wie »gut« oder »schlecht« das Leben des Einzelnen verläuft. Wir nennen das den »pragmatischen« Wert: jenen Wert, der sich aus der Beurteilung des eigenen Lebens durch die Person selbst ergibt. Wir wollen zeigen, dass allein die Tatsache, in der Pornoindustrie beschäftigt zu sein, einem »guten Leben« im Sinne eines »klug geführten Lebens« nicht notwendigerweise im Wege steht.

Es soll hier also der Nachweis erbracht werden, dass die zitierte allgemeine Auffassung irrt. Selbst wenn die Pornoindustrie eine unmoralische Einrichtung wäre – was wir nicht glauben –, folgt daraus nicht, dass der einzelne Pornodarsteller ein schlechteres Leben führt. Zu diesem Zweck wollen wir die oben skizzierte »allgemeine« Meinung diskutieren, die dahinterstehenden, unserer Ansicht nach falschen Annahmen herausarbeiten und widerlegen. Wir werden uns die unterschiedlichen Maßstäbe zur Bewertung eines individuellen Lebens ansehen und zeigen, dass die »allgemeine« Meinung ihre Überzeugungskraft lediglich aus einer Verwechslung von »moralischer« und »pragmatisch kluger« Lebensqualität beziehungsweise »Wohlbefinden« oder »Wohlergehen« bezieht.[1] Wir plädieren entschieden dafür, diese beiden Aspekte auseinanderzuhalten, und wollen zeigen, dass zwischen den moralischen oder unmoralischen Dingen, die eine Person vielleicht erlebt, und der Lebensqualität dieser Person kein unmittelbarer Zusammenhang besteht. Wir werden uns auch mit möglichen Einwänden gegen unsere Thesen beschäftigen, wie beispielsweise dem Gedankenexperiment vom »glücklichen Sklaven«, das unsere Thesen zu widerlegen scheint. Letztendlich glauben wir aber, dass diese Einwände ins Leere laufen. Pornodarsteller zu sein beeinträchtigt nicht notwendigerweise die pragmatische Bewertung des eigenen Lebens.

## Pornodarsteller – wie furchtbar!

Bevor wir die zitierte allgemeine Meinung kritisch diskutieren, wollen wir sie erst einmal näher umreißen. Der entscheidende Punkt ist wohl die Überzeugung, dass im Leben eines Pornodarstellers, eben weil er Pornos macht, etwas schiefgelaufen sein muss, was durch die Pornoindustrie nur noch verschärft wird, folglich also sein persönliches Wohlbefinden beeinträchtigt sein muss. Der allgemeinen Meinung folgend, könnte man argumentieren, dass es nicht »normal« sei, Sex für Geld zu haben und sich dabei zum lustvollen Vergnügen anderer filmen zu lassen, und dass außerdem Pornodarsteller ein anomales Maß an Exhibitionismus an den Tag legten, was Ausdruck eines psychischen Defekts oder einer Sucht oder von Nötigung sein müsse. In anderen Worten, im Leben dieser Menschen müsse es eine Leere geben, die sie durch Pornografie auszufüllen versuchten. Außerdem sei es nicht »normal«, sexuellen Handlungen einen so geringen »Wert« beizumessen, was eindeutig auf eine Erfahrung von sexuellem Missbrauch schließen lasse. Diese Denkweise geht davon aus, dass schon der Eintritt in die Pornobranche den Hinweis auf eine vorhandene Beeinträchtigung des Wohlbefindens liefert, die einen überhaupt erst dorthin treibt, von wo alles nur noch schlimmer wird.

Alles in allem trägt die Pornoindustrie dieser Sichtweise zufolge zu einer geringen Lebensqualität bei. Die Macher von Pornofilmen zwingen die Darsteller, Dinge zu tun, die sie lieber nicht täten, sie erniedrigen sie und nutzen ihre ohnehin schon schwierige Situation aus (indem sie beispielsweise ihren Vorteil daraus ziehen, dass der Pornostar seine Drogensucht finanzieren muss). Kurz: Sie degradieren sie zu Objekten, behandeln sie wie Gegenstände und nicht wie Menschen. Und aus der Tatsache, dass Pornodarsteller Opfer oder Mittäter von so viel Unrecht und Fehlverhalten sind, müssen wir schließen, dass sie ein schlechteres Leben führen als die meisten von uns.

Die Popularität und Plausibilität dieser Meinung beruht, so glauben wir, auf mehreren Annahmen. Ganz vorn steht die Auffassung, ein Abweichen vom »normalen« sexuellen Verhalten sei Ausdruck eines »Charakterfehlers«. Es folgt die Überzeugung, dem sexuellen Akt wohne eine besondere Bedeutung inne, die der Pornodarsteller aufgrund irgendwelcher »Fehlentwicklungen« nicht zu erkennen vermag oder schlichtweg ignoriert. Zuletzt und vor allem aber gibt es die Annahme vom notwendigen Zusammenhang zwischen Moral und Wohlbefinden. Teilweise mögen diese Sichtweisen auf religiös begründete Einstellungen zum Sex und dessen Bedeutung sowie auf Normen über vermeintlich »normales« sexuelles Verhalten zurückzuführen sein. Es ist davon auszugehen, dass viele diese allgemeine Meinung aufgrund ihrer religiösen Überzeugungen vertreten. Das muss jedoch nicht immer der Fall sein, insbesondere wo es um die Vorstellung geht, das persönliche Wohlbefinden werde wesentlich von der moralischen Lebensqualität bestimmt.[2]

Auch Aristoteles verteidigt diese Sichtweise, wenn er erklärt, eine notwendige Voraussetzung für *Eudaemonia* oder »gutes Gelingen« sei die Tugend. Wer also nicht tugendhaft ist, kann nicht auf ein befriedigendes, ein gutes Leben hoffen. Selbstverständlich stimmen wir damit nicht überein und kommen deswegen gleich zu unseren Gegenargumenten.


## Raus aus meinem Bett!

Es ist offenkundig falsch, dass Pornodarsteller schlechte, durchgängig charakterlose Menschen sind, die an Drogenproblemen leiden, sexuell missbraucht wurden, in schwierigen Familien leben, mental gestört sind oder was man ihnen sonst noch so unterstellen mag. Dylan zum Beispiel hat einen erheblichen Teil ihrer Zeit der ehrenamtlichen Mitarbeit in Wohlfahrtsorganisationen gewidmet, die die meisten »normalen« Menschen so gern loben. Konkret hat sie in der Drogenberatung für kurz vor der Entlassung stehende Gefängnisinsassen gearbeitet. Sie hat einen normalen Lebensweg hinter sich, hat an sportlichen Wettkämpfen teilgenommen, ist nie sexuell missbraucht worden und so weiter. Derzeit besucht sie die Universität und unterhält beste Beziehungen zu ihren Eltern und Geschwistern. Es gibt Menschen, die, wie Dylan, das Business mögen, ihre Sexualität genießen und ihre Freude daran haben, sie zum Vergnügen anderer zur Schau zu stellen. Natürlich gibt es auch andere, auf die die oben genannten Umstände zutreffen, aber die Annahme, Pornodarsteller müssten in irgendeiner Weise beschädigt sein, um überhaupt in die Branche zu gehen, ist falsch.

Verrät ein Abweichen vom »normalen« sexuellen Verhalten einen charakterlichen Defekt? Diese These ist problematisch. Zweifellos gibt es eindeutige Fälle, in denen die Abweichung von der sexuellen Norm zu extrem ist, zum Beispiel im Falle des Missbrauchs von Kindern. Das moralische Urteil an dieser Stelle ist unstrittig: Hier werden Menschen benutzt und ausgebeutet, die nicht in der Lage sind, sich selbst zu schützen oder in voller Kenntnis der Umstände ihr Einverständnis zu geben.[3] Aber wie verhält es sich mit Erwachsenen, die sich bewusst dafür entscheiden, bestimmte, nicht dem Standard entsprechende sexuelle Vorlieben auszuleben? Diese Personen machen von ihrem Selbstbestimmungsrecht Gebrauch, ohne dabei anderen aktiv zu schaden. Ist das Ausdruck eines »charakterlichen Defekts«? Vielleicht ja, wenn wir unter »Charakter« die Eigenschaften verstehen, die mit einer christlichen Sexualmoral konform gehen, oder glauben, dass eine einzige Variante der Sexualität, nämlich die Monogamie, zum menschlichen Wohlbefinden beiträgt. Wäre das der Fall, dann hätte diese Überzeugung vielleicht doch Gewicht, und unserer Sexualität käme eine besondere Bedeutung zu.

Ob dies zutrifft oder nicht, wollen wir hier nicht abschließend klären, möchten aber doch Zweifel anmelden an der Annahme, Moralvorschriften zur »normalen« Sexualität könnten gerechtfertigt sein oder es könnte irgendein Zusammenhang zum pragmatischen Wert unseres Lebens bestehen. Ohne Rückgriff auf ein zweckgebundenes Weltbild lässt sich nur schwer begründen, warum Sex die ihm zugeschriebene Bedeutung haben sollte. Wer ohne ein solches Weltbild lebt, hat, über die schlichte gesellschaftliche Konvention hinaus, nur wenig Anlass zu glauben, dass es eine solche klar definierte »sexuelle Normalität« überhaupt geben könnte. Womöglich sind sexuelle Normen nichts anderes als gesellschaftliche Konventionen?

Die Forderung, Pornodarsteller sollten gesellschaftliche Normen befolgen, *weil* es gesellschaftliche Normen sind, ist nicht zu begründen. Schließlich gibt es zweifelsohne bessere und schlechtere gesellschaftliche Normen und Praktiken, und warum ein bestimmtes Set an Normen und Praktiken zu übernehmen sei, bedarf der Erklärung. Genau das ist ja Teil der Themenstellung, und die Aussage, dass Pornostars »anomal« sind, weil sie nicht monogam leben, und Exhibitionisten, weil sie sich »dafür« bezahlen lassen, hilft uns nicht weiter. Allein der Umstand, dass sich die meisten Menschen im Bett nicht wie Pornodarsteller verhalten, bedeutet für sich genommen noch nicht, dass das Verhalten von Pornodarstellern falsch ist – womit nicht gesagt sein soll, dass die Grenzen eines akzeptablen sexuellen Verhaltens nicht zu bestimmen wären, was oben ja bereits geschehen ist. Bewusstes Einverständnis aller Beteiligten und der Leitsatz, andere nicht zu schädigen, liefern da recht gute Richtwerte, die allerdings nicht von dem abhängig sind, was die Mehrheit tut.

Selbst wenn »normalem« Sex eine moralische Bedeutung zukäme und es moralisch »richtigen« Sex überhaupt gäbe, wäre damit noch längst kein Zusammenhang zu unserem persönlichen Wohlbefinden hergestellt. Es mag stimmen, dass eine »normale« sexuelle Beziehung uns praktische Vorteile verschafft, die uns andernfalls vielleicht nicht zugänglich wären. Doch ein Zusammenhang zwischen diesen Vorteilen, einer stabilen Partnerschaft beispielsweise, und unserem Wohlbefinden wäre noch nachzuweisen, und es ist wahrscheinlich, dass sich dieser Zusammenhang bestenfalls als möglich oder zufällig erweisen würde. Und selbst wenn ein solcher Zusammenhang nachgewiesen werden könnte, bliebe noch zu belegen, dass diese praktischen Vorteile in irgendeiner Weise *besser* sind als die, die aus jenen »anomalen« Praktiken erwachsen, und das ist eine Herausforderung. Es gibt jedenfalls gute Gründe, die Behauptung, Sex spiele eine besondere Rolle für das Wohlbefinden, in Zweifel zu ziehen. Schließlich gibt es etliche Menschen, beispielsweise Priester und Mönche verschiedener Religionen, die sich jedweder Art von sexuellen Handlungen enthalten, und es wäre vermessen, behaupten zu wollen, dass es ihnen notwendigerweise schlechter geht als uns.

Und wie steht es mit der Behauptung des Aristoteles, Tugend sei eine notwendige Voraussetzung für das Gelingen der persönlichen Lebensführung? Wird moralisches Verhalten mein persönliches Wohlergehen befördern oder es zumindest möglich machen? Offen gesagt: nein. Zahlreiche Philosophen haben dargelegt, dass sich eine durch und durch unmoralische Person dennoch eines hohen persönlichen Wohlergehens erfreuen kann. Hier liegt kein Widerspruch in sich vor, logisch ist ein solcher Fall möglich. Tugendhaftigkeit ist für unser persönliches Wohlbefinden demnach keine Voraussetzung. Wie steht es mit anderen moralischen Theorien? Ist moralisches *Handeln* eine Voraussetzung für ein gutes Leben? Auch das scheint nicht der Fall zu sein. Das utilitaristische Prinzip vom maximalen Glück beinhaltet die Möglichkeit, dass der Wunsch, »das Richtige zu tun«, gerade wenn das Ziel sowohl moralisch als auch pragmatisch wertvoll ist, uns zwingen kann, unser eigenes Wohlergehen dem Wohle anderer unterzuordnen. In seiner Deontologie vollzieht Kant den sauberen Schnitt zwischen Wohlbefinden und Ethik: Wir sind verpflichtet, den Prinzipien der Moral zu gehorchen, unabhängig davon, was dies für die Qualität unseres persönlichen Lebens bedeutet. Folgen wir also den Utilitaristen und Kant, so müssen wir Moral als dasjenige verstehen, das unserer Lebensqualität, oder zumindest der Art und Weise, wie uns diese zu verwirklichen erlaubt ist, Grenzen setzt. Doch moralisches Verhalten ist *keine* Voraussetzung für unser Wohlbefinden, und es ist ohne weiteres denkbar, dass ein Krimineller sich der gleichen pragmatischen Lebensqualität erfreut wie wir. Daraus folgt, dass die Beschäftigten der Pornoindustrie, selbst wenn ihre Arbeit unmoralisch oder ihr Charakter zweifelhaft wäre, aus der Perspektive ihres persönlichen Wohlergehens nicht schlechter dastehen müssen als wir. Und dass Unmoralisches, das uns zustößt, nicht notwendigerweise unser Wohlbefinden beeinträchtigt. Um diese letzte Behauptung zu belegen, müssen wir eine schärfere Unterscheidung zwischen moralischem und pragmatischem Wert treffen.

## Wie man ein Leben bewerten kann

Es gibt so viele Werturteile über das Leben eines Menschen, wie es Werte gibt. Ein Leben kann moralisch, ästhetisch, intellektuell, historisch oder in sonstiger Weise wertvoll sein. Für jeden dieser Werte lässt sich mit voller Überzeugung sagen, dass jemand ein »gutes« oder ein »schlechtes« Leben führt – also gut oder schlecht nach Maßgabe der jeweiligen Richtschnur, die wir gerade anlegen. Manchmal kommt es bei diesen Bewertungen zu Überschneidungen. Mutter Teresa zum Beispiel führte ein moralisch und historisch bedeutsames (also: gutes) Leben. Tatsächlich aber sind diese Werte voneinander verschieden, doch der Umstand, dass sie sich häufig überschneiden und wir für alle die gleichen Werturteile (gut, schlecht und so weiter) benutzen, führt zu Ungenauigkeiten. Und diese Ungenauigkeiten sind, so glauben wir, dafür verantwortlich, dass der Pornoindustrie gemeinhin unterstellt wird, sie erzeuge eine geringe Lebensqualität. Sie basiert, es sei noch einmal gesagt, auf der Verwechslung von moralischer Qualität eines Lebens und persönlichem Wohlbefinden.

Was genau unterscheidet die moralische Qualität eines Lebens vom pragmatischen Wohlergehen? Mit Wohlergehen beziehungsweise Wohlbefinden eines Individuums ist, grob umrissen, das gute oder schlechte Gelingen der persönlichen

Lebensführung gemeint. Es muss sich um eine Person handeln, deren Leben gut verläuft, und mehr noch, diese Person muss in der Lage sein, das zu erkennen. Der pragmatische Wert ist der Wert eines Lebens aus der Perspektive der betreffenden Person selbst: Wohlbefinden ist wesentlich subjektiv. Die Definition dessen, was persönliches Wohlergehen ist, variiert von Mensch zu Mensch; Dylans Vorstellungen also von dem, was ihr Leben lohnend macht, können sich drastisch von Daves Vorstellungen unterscheiden. Zum Beispiel könnte Dylan der Meinung sein, dass sie ein besonders gutes Leben führt, weil sie die Möglichkeit hat, ihr Schwimmtraining zu absolvieren, Sport zu treiben und sich ihr Geld mit Sex zu verdienen, während Dave seine Befriedigung im Lehren findet. Wenn Dave erklärt, das Lehren trage dazu bei, dass er sein Leben als »gut« oder wertvoll empfindet, sagt er damit nicht, dass wir alle lehren sollten, um die gleiche Lebensqualität zu verwirklichen. Da Wohlbefinden eine grundlegend subjektive Qualität ist, kann ein Urteil darüber offenkundig am besten von dem Menschen gefällt werden, um dessen Leben es geht. Anders ausgedrückt: Dylan kann am besten beurteilen, wie es Dylan geht.

Moral dagegen, wenn sie diesen Namen verdient, ist nicht in gleicher Weise »arbiträr« wie unser Wohlbefinden. Moral und ihre Direktiven erheben den Anspruch, universell und nicht von unseren subjektiven Gemütszuständen abhängig zu sein. Wenn es also moralische Vorschriften gibt, die Dave befolgen sollte, oder Charaktereigenschaften, die Dylan entwickeln sollte, dann gilt Gleiches für alle anderen auch. Urteile über den moralischen Stellenwert eines Lebens kommen also ohne jeden Bezug zum Subjektiven aus. In anderen Worten, ein moralisches Urteil über Hitler oder Dahmer wird in keinster Weise davon beeinflusst, ob sie selbst ihr Handeln für falsch hielten oder nicht. Es ist ohne weiteres denkbar, dass eine Person eine höhere oder geringe moralische Qualität ihres eigenen Lebens nicht als solche erkennt. Für das persönliche Wohlbefinden gilt dies aber nicht, und zwar gerade deshalb, weil sich dieses Wohlbefinden allein aus der eigenen subjektiven Perspektive definiert.[4] Es handelt sich also um zwei voneinander verschiedene Methoden zur Bewertung der Qualität eines Lebens, weshalb ein geringer moralischer Wert durchaus mit einem hohen Maß an Wohlbefinden (oder umgekehrt) einhergehen kann.

Ist dies der Fall, wäre damit bewiesen, dass selbst wenn die Pornoindustrie unmoralisch wäre und ihren Mitarbeitern moralischen Schaden zufügte, daraus nicht folgt, dass notwendigerweise auch das Wohlbefinden der einzelnen Akteure beeinträchtigt wird.

»Immer langsam mit den jungen Pferden«, mag man an dieser Stelle ausrufen. »Es gibt da noch ein Gegenargument, das ihr außer Acht gelassen habt.« Stimmt. Und so werden wir uns im nächsten Abschnitt einem wichtigen Einwand gegen unsere Argumentation widmen und ihn zu widerlegen versuchen.


## Höhepunkt: Glückliche Sklaven, Ausbeutung und Lebensqualität

Nehmen wir an, wir hätten das Schicksal einer Sklavin zu beurteilen. Was würden wir über ihr Leben denken? Die meisten von uns würden auf die Frage nach der Lebensqualität dieser Sklavin wohl antworten, dass sie ein besonders schlimmes Leben erdulden muss. Sie wird geknechtet, gegen ihren Willen zur Arbeit gezwungen und hat nur sehr geringe Aussichten auf persönliches Fortkommen und all das, was für uns zum Wohlbefinden gehört. Dennoch könnte diese Sklavin auf die gleiche Frage antworten, dass sie mit ihrem Leben rundum zufrieden sei und sich sogar eines hohen Maßes an Wohlbefinden erfreue. Unsere Intuition mag ihrem subjektiven Urteil über ihr Leben zuwiderlaufen: Selbst wenn sie sich mit ihrem Leben zufrieden zeigt, sehen wir auf Anhieb, dass da etwas nicht in Ordnung ist. Wir gehen intuitiv davon aus, dass Unterdrückung und Sklaverei die Lebensqualität herabsetzen.

Das Beispiel von der glücklichen Sklavin soll verdeutlichen, dass zwischen subjektiver Lebensqualität (beziehungsweise dem Wohlbefinden) und objektiver Lebensqualität unterschieden werden muss, will man derlei Aussagen sinnvoll einordnen können. Die subjektive Lebensqualität ist abhängig vom jeweiligen Standpunkt, den Vorlieben und Wünschen etc. einer Person (was sich mit unseren bisherigen Ausführungen deckt), das objektive Urteil jedoch, dass das Leben der Sklavin ungeachtet ihrer subjektiven Gefühlslage ein schlechteres sei, bedarf eines allgemeingültigen, objektiven Begriffs von Wohlbefinden. Wohlbefinden würde damit nicht allein aus dem erwachsen, was wir mögen oder für sinnvoll halten – noch etwas anderes spielte eine Rolle. Wäre das der Fall, bestünde die Möglichkeit, dass sich der Einzelne bei der Einschätzung des eigenen, als sinnvoll empfundenen Maßes an Wohlbefinden irrt.

Ersetzen wir »glückliche Sklavin« durch »glücklichen Pornostar«, und wir sind bei der Frage angelangt, um die es uns im Kern geht. Liegt die Pornodarstellerin bei der Beurteilung ihrer persönlichen Lebensqualität nicht schlichtweg falsch? Sie mag ja glauben, ein gutes Leben zu führen, tatsächlich aber ist genau das nicht der Fall. Um also unsere Behauptung zu untermauern, dass ein Leben als Pornodarsteller das persönliche Wohlbefinden nicht zwingend beeinträchtigt, müssen wir uns mit dem Problem des glücklichen Sklaven auseinandersetzen.

Erfreulicherweise wurde uns hierfür schon ein Weg bereitet, und zwar auf dem Gebiet der medizinischen Ethik. Ron Amundson, der die Plausibilität subjektiver Einschätzungen des eigenen Wohlbefindens verteidigt, widerlegt die aus dem Gedankenspiel vom glücklichen Sklaven resultierenden »Ein-

Dylan Ryder/Dave Monroe

sichten«, indem er auf die sich daraus ergebenden erkenntnistheoretischen Probleme verweist. Bei der Beurteilung der
Lebenssituation der Sklavin verschafft uns unsere Außenseiter-
und Beobachterposition den scheinbaren Vorteil, die Demütigung, den Zwang etc. besser erkennen zu können. Wir glauben,
wenn die Sklavin nur wüsste, was gut für sie ist, würde sie erkennen, in welch furchtbarer Situation sie steckt. Das mag sogar
stimmen, sagt Amundson, lässt sich aber über offensichtliche
Missstände wie den der Sklaverei hinaus nicht verallgemeinern.
Es gibt zahlreiche Fälle, in denen das Wissen des Beobachtenden über die Situation einer bestimmten Person keine verlässliche Bewertung ihres Wohlbefindens ermöglicht. Im Gegenteil: Am Beispiel von körperlich behinderten Menschen zeigt
Amundson, dass es häufig zu vollkommen gegensätzlichen
Einschätzungen kommt. So fällt an den Aussagen behinderter
Menschen zu ihrer Lebensqualität auf, dass sie in der Tendenz
ähnlich gut wie die »normaler« Menschen oder sogar positiver ausfallen. Ihre subjektive Lebensqualität ist also, trotz ihrer
körperlichen Einschränkungen, nicht geschmälert, obwohl unsere »Intuition« uns sagt, dass ein solches Leben im Vergleich zu
einem sogenannten normalen viel schwerer sein muss. Wer kann
nun besser beurteilen, ob eine körperliche Behinderung die Lebensqualität beeinträchtigt – eine behinderte Person oder ein
Außenstehender? Die Antwort liegt auf der Hand: Ein Mensch,
der mit einer Behinderung lebt, weiß über die Qualität seines
Lebens besser Bescheid als alle Außenstehenden. Mehr noch,
meint Amundson, solange kein Einvernehmen darüber erzielt
ist, was »objektive« Lebensqualität ausmacht, können wir nicht
entscheiden, ob unsere Urteile über das Wohlbefinden behinderter Menschen angemessen oder das Ergebnis sozialer Vorurteile sind.[5]

Gleiches gilt für den Fall des Pornodarstellers. Aber ähnelt seine Lage eher der des Sklaven oder der des Behinderten?

Durch welche »objektiven« Faktoren ließe sich Wohlbefinden bestimmen? Spiegeln Urteile Außenstehender über die Lebensqualität von Pornodarstellern lediglich soziale Vorurteile wider? Wir meinen: ja. Vielleicht wäre es sogar möglich, objektive Lebensqualität zu definieren, doch es steht zu vermuten, dass ausnahmslos jeder vermeintlich objektive Faktor, den man vorschlagen könnte, ähnliche Abweichungen ermöglicht wie am Beispiel körperlicher Behinderungen nachgewiesen. In unserem Leben mögen gleich mehrere dieser vermeintlich objektiven »Fakten« des Wohlbefindens fehlen, trotzdem kann die pragmatische Lebensqualität unserer subjektiven Einschätzung nach durchschnittlich oder sogar besser sein. Wir alle reagieren auf die objektiven Bedingungen unseres Lebens mit psychologischen Anpassungen, die es uns ermöglichen, ein hohes Maß an Wohlergehen aufrechtzuerhalten.

Das Beispiel von der glücklichen Sklavin beweist unserer Überzeugung nach nicht, was es beweisen will. Müssen wir aus dem Umstand, dass wir als Außenstehende die Lebensqualität der Sklavin als gering einschätzen, den Schluss ziehen, dass Wohlbefinden in irgendeiner Weise objektiv messbar sein kann? Mitnichten. Wir glauben, dass das Beispiel nur deshalb vordergründig überzeugt, weil es die oben getroffene Unterscheidung zwischen moralischer und pragmatischer Bewertung verwischt. Es liegt auf der Hand, dass im Falle der Sklavin irgendetwas *falsch* ist – es ist unmoralisch, Menschen gegen ihren Willen in die Knechtschaft zu zwingen, sie auszubeuten etc. Dieses offenkundige Unrecht verleitet uns dazu anzunehmen, dass es der Sklavin schlecht geht: Sie ist unfreiwillig zum Opfer einer verachtenswerten Institution, grausamer Behandlung und Beschneidung ihrer Autonomie geworden. Vom *moralischen* Standpunkt betrachtet ist ihr Leben schlechter, so viel ist sicher. Doch auf ihr persönliches Wohlbefinden lässt dies, wie oben dargelegt, keine Rückschlüsse zu. Es liegt kein Wider-

spruch darin, wenn sie diesen Umständen zum Trotz die Qualität ihres Lebens in authentischer Weise als hoch einschätzt. Und
wieder gilt Gleiches auch für den Pornostar.

Nun mag es bei einer Pornodarstellerin Gründe geben, die
Aufrichtigkeit der subjektiven Darstellung ihres Wohlbefindens in Zweifel zu ziehen. Wenn beispielsweise Dylan uns erzählt, sie genieße ihren Beruf und Pornografie mache ihr Spaß,
woher wollen wir wissen, dass sie ehrlich ist? Ist es nicht wahrscheinlich, dass ihre Aussagen unter direktem oder indirektem
Zwang zustande kommen, und warum sollten wir ihr dann
glauben? Dasselbe gilt für die Sklavin, für Frauen in frauenfeindlichen Kulturen und den netten Kerl von nebenan, der bei
Budweiser arbeitet. Es ist ein weit verbreitetes Phänomen: Nur
wenige von uns sind bereit, Schwierigkeiten zu riskieren und
aus der Reihe zu tanzen. Der Pornodarsteller läuft Gefahr, seinen Lebensunterhalt zu verlieren, wenn er ehrlich ist. Würde
er wahrheitsgemäß über das schreckliche Leben, das sein Beruf
mit sich bringt, berichten, stünde er wohl im Handumdrehen
auf der schwarzen Liste der Pornoindustrie.

Zugegebenermaßen ist das in der Praxis durchaus denkbar. Sicherlich gibt es Beschäftigte der Pornoindustrie, die uns schlicht
aus Gründen der Anpassung erzählen, wie sehr sie ihren Beruf
lieben, wie gern sie in der Pornoindustrie arbeiten und mit hei-
ßem, schmutzigem Sex ihr Geld verdienen. Aber angenommen,
wir würden die Gesprächsbedingungen verbessern und könnten
garantieren, dass niemand in der Pornoindustrie je davon erfahren würde, so dass sie keinerlei Nachteile oder finanzielle Ein-
bußen zu befürchten hätten. Fremde Einmischung beziehungsweise Zwang wären damit ausgeschaltet, und es bestünde kein
Grund mehr, an der Ehrlichkeit der Aussagen zu zweifeln. Doch
dies ist eine empirisch leicht zu klärende Frage, die mit dem theoretischen Problem, ob sich ein Pornostar trotz seines Berufes
einer hohen Lebensqualität erfreuen kann, wenig zu tun hat.

Der letzte hier zu erörternde Einwand könnte wie folgt lauten: »Wenn Sie recht haben, dass ausgebeutet und unterdrückt zu werden das persönliche Wohlbefinden der Betroffenen nicht notwendigerweise beeinträchtigt, liefert das ausbeuterischen Individuen und Institutionen nicht eine willkommene Rechtfertigung?« Denn wenn es den Opfern des Unterdrückungshandelns nicht notwendigerweise »schlechter« geht, gibt es auch keinen Grund, dieses Handeln einzustellen. Schließlich wird niemand dadurch geschädigt – man kann trotzdem ein erfülltes Leben führen.

Tatsächlich ist denkbar, dass jemand sein verwerfliches Verhalten derart rationalistisch begründet. Dennoch bedeutet der Hinweis, dass Unterdrückung das Wohlbefinden des Unterdrückten nicht notwendigerweise beeinträchtigt, noch keine legitime Rechtfertigung. Wir haben zwischen moralischer Bewertung und Wohlbefinden unterschieden, unterdrückerische, ausbeuterische Institutionen oder Individuen können also unabhängig von anderen Überlegungen aus moralischen Gründen verurteilt werden. Eine adäquate Theorie der Moral sollte es ermöglichen, solche Urteile unabhängig davon zu treffen, ob sich die Opfer moralischen Fehlverhaltens subjektiv geschädigt fühlen oder nicht. Nebenbei bemerkt sind wir nicht der Ansicht, dass es sich bei der Pornoindustrie um eine der Sklaverei vergleichbare Einrichtung der Unterdrückung handelt, die unbedingt verurteilt gehört. Aber diese Diskussion wollen wir den anderen Autoren dieses Bandes überlassen.


## Nachglühen

Ist unsere Argumentation korrekt, haben wir den Beweis erbracht, dass die allgemeine Meinung über das Wohlbefinden von Pornodarstellern falsch ist. Es entspricht nicht den Tatsachen, dass Pornodarsteller grundsätzlich charakterliche Defekte oder Fehler aufweisen, und selbst wenn es auf einzelne zutrifft, muss das keinen Einfluss darauf haben, ob sie ihr Leben als befriedigend empfinden oder nicht. Genauso wenig trifft es zwangsläufig zu, dass die Arbeit in der Pornoindustrie das Wohlbefinden schmälert. Es mag Darsteller geben, die in ihrer Arbeit große Befriedigung finden, selbst wenn die Pornoindustrie sie schlecht behandelt. Was ihr Wohlbefinden ausmacht, können nur sie selbst ganz individuell beurteilen, und es ist nicht an uns, sie aufgrund irriger sozialer Vorurteile zu bedauern oder zu glauben, wir wüssten über ihr Leben besser Bescheid als sie.

## 2. SELTSAME BETTGENOSSEN

Die Interpenetration von Philosophie und Pornografie

## Haben Sie auch was Philosophisches?

Wer in einem Buchladen des vorrevolutionären Frankreich nach »livres philosophiques« fragte, bekam nicht das, was wir heute erwarten würden. Wie der Buchhändler Hubert Cazin den Staatsdienern, die ihn in der Bastille festhielten, erklärte, war dies die im Buchhandel übliche Bezeichnung für »illegale Handelsware«.[1] Recherchen des Historikers Robert Darnton in den umfangreichen Archiven des Schweizer Verlages Société typographique in Neuchâtel aus dem 18. Jahrhundert belegen, dass diese Verwendung des Begriffs »philosophische Bücher« weit verbreitet war. Er umfasste Kategorien, die wir heute trennen: irreligiöse, umstürzlerische, verleumderische und vor allem pornografische Bücher.

Wie ist diese kuriose Praxis zu verstehen? Der Verdacht liegt nahe, dass Cazin und seine Kollegen vor allem die Behörden auf die falsche Fährte locken wollten. Die Lust der Franzosen auf klandestine Literatur zu befriedigen war ein riskantes, für die Beherzten und Cleveren aber durchaus lukratives Unterfangen. Eine Strategie bestand darin, die Druckbögen solcher Schriften in die harmloser Werke einzubinden, um so den wachen Augen der Zensur zu entgehen.[2] Das verhüllende Wort von den »philosophischen Büchern« hat wahrscheinlich eine ganz ähnliche Funktion erfüllt: Das Unzweideutige und Anzügliche wurde in

einem langweilig klingenden Genre versteckt, das die Zensoren nur zu gern eilig durchwinkten. Die Wirklichkeit jedoch
ist noch sehr viel erstaunlicher. Erstens waren viele Ideen, die
die französischen Zensoren für viel zu heikel befanden, tatsächlich in gewisser Weise philosophisch, beispielsweise wenn die
Machtansprüche der Monarchie oder der katholischen Kirche
in Frage gestellt wurden. Das erklärt aber nicht, warum auch
unverhohlen Pornografisches das Etikett »philosophisch« er-
hielt. Zweitens lassen sich viele Werke zwar problemlos in moderne Kategorien einordnen, ob nun als ehrbare Klassiker der
Aufklärung oder als sittenloser Schmutz, andere aber sind hoff-
nungslos durchmischt: erstaunliche Kreuzungen von Philosophie und Pornografie.

Vielleicht wird die Sache klarer, wenn wir einzelne Werke und
ihre Autoren näher betrachten. Denis Diderot (1713–1784) gehört zu den ganz Großen der französischen Aufklärung. Bekannt
ist er vor allem als einer der Hauptherausgeber und Autoren der
35-bändigen *Encyclopédie*, jenes Schatzes an wissenschaftlichem
und politisch fortschrittlichem Denken, sowie als Verfasser mehrerer Schriften zur Verbreitung neuer philosophischer Ideen. Aus
seiner Feder stammt auch *Les Bijoux indiscrets* (1748).[3] In diesem
Roman geht es um einen »Sultan Mongogul« (eine kaum ver-
hüllte Karikatur Ludwigs XV.), der einen Zauberring geschenkt
bekommt, mit dem er das weibliche Genital zum Sprechen bringen kann. Die süffisante Vorstellung, dass die unteren Lippen
einer Frau Wahrheiten aussprechen, die die oberen leugnen, ist
allerdings keine Erfindung Diderots, sondern lässt sich bis auf die
Fabel »Le Chevalier Qui Fist Parler les Cons« aus dem 13. Jahrhundert zurückverfolgen.[4] Sie wurde trotz ihrer augenscheinli-
chen Frauenfeindlichkeit beispielsweise von der feministischen
Philosophin Luce Irigaray als positive Metapher für die Subtili-
täten der weiblichen Kommunikation aufgegriffen.[5] Diderots Ex-
kursionen in die Erotik fielen nicht nur in seine Jugendzeit. Am

Andrew Aberdein

Ende seiner Karriere veröffentlichte er *Supplément au voyage de Bougainville* (1772). In diesem fiktionalen Werk schreibt er den Bericht des Entdeckers Louis-Antoine Comte de Bougainville (1729–1811) über die Insel Tahiti zu einer utopischen Vision von freier Liebe und einem kraftvollen Manifest des Mythos vom »edlen Wilden« fort: dass nämlich ein Leben im Naturzustand frei und überaus freudvoll wäre.

Die philosophischen Schriften von Jean-Baptiste de Boyer, Marquis d'Argens (1704–1771), sind fast ebenso zahlreich wie die Diderots, werden heute aber nur noch wenig gelesen. Literarische Unsterblichkeit mag ihm da allenfalls *Thérèse philosophe* (1748) sichern, ein unverhüllt erotisches Werk, zu dessen Autorschaft er sich nie öffentlich bekannte. »Thérèse, Philosophin«, wie der Titel in der Übersetzung lauten würde, spielt vermutlich auf ein frühes Manifest der Aufklärung namens *Le Philosophe* (1743) an,[6] das César Chesneau Dumarsais (1676–1756) zugeschrieben wird und später sowohl von Diderot als auch von Voltaire überarbeitet wurde. Dumarsais beschreibt ein Ideal des (männlichen) Philosophen: ganz der Vernunft verschrieben, der er stets und überallhin folgt, unduldsam gegenüber religiösem Aberglauben und konventionellen Moralvorstellungen, sich seiner Abhängigkeit von äußeren Ursachen bewusst, aber fest entschlossen, deren Einfluss auf ihn zu durchschauen. Argens' Roman schließt mit einem ganz ähnlichen Bekenntnis zu aufklärerischen Werten:

> ... *wir denken nicht, wie wir wollen. Die Seele hat keinen Willen, sie ist nur durch die Sinnesempfindungen, nur durch die Materie bestimmt. Die Vernunft klärt uns auf, aber sie bestimmt uns nicht. Die Eigenliebe, die Hoffnung auf Vergnügen oder der Wunsch, Mißvergnügen zu vermeiden, sind die Triebfedern aller unserer Entschließungen. ... Es gibt keinen Gottesdienst, Gott genügt sich selbst ...*[7]

Thérèse allerdings gelangt zu diesen Einsichten vornehmlich über sexuelle Erfahrungen. Nachdem ihre Mutter sie aus Sorge, das Zölibat könne ihre körperliche Verfassung in verhängnisvoller Weise schwächen, aus dem Konvent genommen hat, sucht sie zunächst Zuflucht bei dem berühmten Geistlichen Pater Dirrag, dessen Name ein Anagramm von Jean-Baptiste Girard (1680–1733) ist, einem Jesuitenpater, der durch die angebliche Verführung einer Beichttochter wenige Jahre zuvor einen Skandal heraufbeschworen hatte. Thérèse durchschaut Dirrag schon bald als Scheinheiligen: Heimlich beobachtet sie, wie er eine reichlich naive (oder willige) Beichttochter mit christlich verbrämten materialistischen Argumenten dazu bringt, sich einer spirituellen Übung in Form zunehmend sexueller Handlungen zu unterziehen, die schließlich im Orgasmus gipfeln, den die junge Frau für religiöse Ekstase hält. Schließlich wird Thérèse von Madame C., einer Freundin der Familie, aufgenommen, die, wie sich herausstellt, in wilder Ehe mit einem anderen Geistlichen, Abbé T., zusammenlebt. Heimlich beobachtet die noch jungfräuliche, aber zunehmend voyeuristische Thérèse die beiden, die zwischen sexuellem und philosophischem Austausch hin- und herwechseln. Nach einem Zwischenspiel, einer Unterhaltung zwischen Thérèse und einer ehemaligen Prostituierten (ein, wie wir noch sehen werden, altehrwürdiges Thema), findet Thérèse Befriedigung als Mätresse eines hochgebildeten Grafen, der seine Bibliothek gegen ihre Jungfräulichkeit verwettet, indem er behauptet, sie werde nicht in der Lage sein, sich zwei Wochen lang durch erstere hindurchzulesen, ohne letztere am Ende freiwillig aufgeben zu wollen. Und so vermischen sich Textuelles und Sexuelles in Form und Inhalt des Romans.

Der bei weitem bekannteste und berüchtigtste Pornograf der französischen Aufklärung ist Donatien-Alphonse-François Marquis de Sade (1740–1814). Als Philosoph ist er weniger bekannt. Keine seiner Veröffentlichungen ist im Sinne des 21. Jahrhunderts als vorwiegend philosophisch zu bezeichnen, obschon der angeblich erhebliche philosophische Gehalt seiner Werke immer wieder behauptet wurde. Überraschend ist das nicht – seine Schriften sind im Aufbau *Thérèse, philosophe* nicht unähnlich: explizite Sexszenen unterbrochen von philosophischen Diskussionen oder umgekehrt, je nach persönlicher Lesart. In *La Philosophie dans le boudoir* (1795) beispielsweise wird der zunächst noch jungfräulichen Eugénie von drei älteren Lüstlingen eine praktische Sexualerziehung zuteil, die sie mit wahrhafter Begeisterung aufnimmt. Einer von ihnen hält mitten in der Orgie inne, um eine neu erworbene Streitschrift mit dem Titel »Franzosen! Auf eine weitere Anstrengung, wenn ihr Republikaner sein wollt!« zu verlesen. Darin wird die Abschaffung der Todesstrafe gefordert, und zwar mit der unerhört neuen Begründung, die Verbrechen, für die sie bisher verhängt wurde, nämlich Verleumdung, Diebstahl, Sittenlosigkeit und Mord, seien, da durch und durch natürlich, gar keine Verbrechen. Eine für de Sade typische Argumentation: Er verwirft entschieden den heiteren Optimismus über die Natur des Menschen, den wir in Diderots Vision von Tahiti finden, teilt aber die Forderung der Aufklärung, die Gesetze der Natur müssten die des Menschen brechen. De Sades Vision vom Leben im Naturzustand ist nicht minder düster als Thomas Hobbes' Sichtweise, der es als »schmutzig, brutal und kurz« beschreibt, und eben diese Schmutzigkeit wird in erbarmungslosem Detail mehr als ausführlich erforscht. *Philosophie*, das kürzeste und fröhlichste seiner pornografischen Werke, gipfelt darin, dass Eugénie ihre eigene Mutter vergewaltigt und damit implizit ermordet. Die spannende Frage, ob de Sade als Satiriker zu lesen ist, der mit der schwärzesten aller Komödien vor Augen führen will, welch abscheuliches Ende dem Projekt der Aufklärung blühen könnte, oder ob er diese Abscheulichkeiten tatsächlich goutiert, haben seine Interpreten bislang nicht abschließend beantworten können.

Diese drei Beispiele zeigen nicht nur, dass so manches »philosophische Buch« tatsächlich aus der Feder eines Philosophen stammte, sondern verdeutlichen auch die im literarischen Unterholz der französischen Aufklärung häufig anzutreffende intime Synthese von Philosophie und Pornografie.

## Genauer betrachtet

Die überraschende Verbindung von Pornografie und Philosophie lässt sich leichter verstehen, betrachtet man ihre gemeinsame Geschichte, wobei die der Pornografie allerdings Definitionsfragen aufwirft, die die Grenzen dieses Beitrages sprengen würden. Ich werde hier nicht den Versuch unternehmen, Pornografie von Erotik abzugrenzen, und schlage stattdessen vor, beide als Texte oder Darstellungen zu verstehen, die sexuelle Erregung hervorrufen sollen. Es ist dies eine bewusste Vereinfachung, selbst für die Pornografie des 21. Jahrhunderts. Es ließe sich kritisieren, dass sie entweder zu viel Material aus- oder aber einschließt oder gar schon im Ansatz zu borniert daherkommt. Und es wird nicht leichter, je weiter wir in die Vergangenheit zurückgehen – gilt doch der Begriff »Pornografie« als Neologismus des 19. Jahrhunderts.[8] Natürlich können wir mit dem Richter des Obersten Gerichtshofs der USA Potter Stewart sagen, dass wir Pornografie als solche erkennen, wenn wir sie sehen.[9] Und mit Sicherheit hatte historische »Pornografie« auf ihre Konsumenten einen ähnlichen Effekt wie die moderne Variante, wie auch immer sie damals genannt wurde. Das klingt nach gesundem Menschenverstand, kann uns aber, je weiter wir zurückgehen, in die Irre führen. Viktorianische Archäologen, die an den Ausgrabungen in Pompeji betei-

Andrew Aberdein

ligt waren, stuften jedes Gebäude, in dem sich eindeutige sexuelle Wandmalereien fanden, bedenkenlos als Bordell ein. Am
Ende kamen sie auf die stolze Anzahl von 35, immerhin 80-
mal so viele pro Einwohner wie in Rom.[10] Moderne Altphilologen interpretieren die Funde anders. Sie vermuten, dass die
Römer insgesamt beim Thema Raumdekoration schlicht einen
an modernen Standards gemessen erstaunlich freigeistigen Geschmack pflegten. Wir halten die aus ihrem Zusammenhang gerissenen pompejischen Wandmalereien für pornografisch, die
Römer sahen sie womöglich ganz anders. Die heutigen Standards einfach auf die Vergangenheit zu übertragen kann zu
enormen Missverständnissen führen.

Zumindest für ein Werk jedoch können wir diese Sorgen ausräumen: *L'Ecole des filles* (1655), dessen philosophische Ambitionen schon aus dem Untertitel sprechen: *La Philosophie des
dames*. Der Verfasser dieses Werkes konnte nie endgültig ermittelt werden, als mutmaßliche Autoren verurteilt wurden
die Verleger Jean L'Ange und Michel Millot, Letzterer wurde
sogar symbolisch gehängt.[11] Die Reaktionen der Leser auf dieses Buch sind ungewöhnlich gut dokumentiert. Samuel Pepys
(1633–1703) berichtet in seinen Tagebüchern, wie er es am 13.
Januar 1668 in einer Buchhandlung entdeckte. Seine anfängliche
Hoffnung, ein passendes Geschenk für seine Frau gefunden zu
haben, wird schon beim ersten Blättern zerschlagen, dennoch
kehrt er am 8. Februar in die Buchhandlung zurück, um das
Werk für sich selbst zu erwerben. Am folgenden Abend liest
er darin:

> *Ich habe* L'Escholle des Filles *gelesen, ein obszönes Buch,
> was mir aber im Dienste der Erkenntnis zu lesen nicht
> schadet (doch es hazer meinen Schwanz die ganze Zeit
> para stehen und una vez decharger); und nachdem ich es
> gelesen, übergab ich es den Flammen, auf dass es nicht zu*

*meiner Schande unter meinen Büchern gefunden würde;*
*und so am Abend zu Tisch und dann ins Bett.*[12]

Die erfolgte Ejakulation (von Pepys halbherzig durch fremd-
sprachliche Ausdrücke verhüllt) und selbst die anschließende
Bücherverbrennung sind auch bei modernen Pornokonsumenten anzutreffen. Das Buch, das Pepys derart aufwühlte, ist ein
Dialog zwischen zwei Frauen, der erfahrenen Susanne und der
kurz vor der Ehe stehenden Fanchon, die von der Älteren in
die Techniken des Liebesakts eingeweiht wird. Sonderlich philosophisch ist es nicht, lässt sich aber dennoch als Satire und
zugleich Anwendung der neuen wissenschaftlichen Methode
des René Descartes lesen – auf die »Abhandlung über die Methode« folgt die »Wahrheitsforschung … Abgeschiedenheit in
einem gut beheizten Raum, Ausschluss gängiger Vorurteile und
äußerer Autoritäten, Innenschau und die übersichtliche Anord-
nung der solcherart gewonnenen Erkenntnisse«.[13]

   Diese Konstellation, also eine junge Frau, die von einer er-
fahreneren eine Sexualerziehung erhält, ist ein weit verbreiteter
Kunstgriff, den wir schon aus *Thérèse, philosophe* und *La Philosophie dans le boudoir* kennen. Oft, wenn auch nicht immer,
handelt es sich bei der Älteren um eine (ehemalige) Prostituierte, weshalb solche Werke auch als Huren- oder Kurtisanen-
gespräche bezeichnet werden. Es ließen sich viele Beispiele aus
jener Zeit anführen, die offenbar alle von den *Ragionamenti*
oder *Gesprächen* des Pietro Aretino (1492–1556) inspiriert wurden, erstmalig 1536 erschienen (mit einer Fortsetzung im Jahr
1556). Aretino war ein Humanist der Renaissance und leistete
mit seinen *Sonetti sopra i ›XVI Modi‹* (1524) oder »Sonette über
die sechzehn Stellungen« einen noch nachhaltigeren Beitrag zur
erotischen Literatur. Inspiriert wurden diese Gedichte von einer
Serie von 16 Kupferstichen, die anatomisch so detailliert waren,
dass der Künstler dafür in einem päpstlichen Kerker landete.

Aretino setzte sich erfolgreich beim Papst für seine Freilassung ein und verfasste dann die begleitenden Sonette.[14] In den ersten *Ragionamenti* beraten Nanna und Antonia darüber, welcher der drei für eine Frau möglichen Berufe – Ehefrau, Nonne oder Hure – der beste für Nannas Tochter Pippa sei. Die Wahl fällt auf Hure, »denn die Nonne verrät ihr heiliges Gelübde, und die Ehefrau gibt dem Sakrament der Ehe den Todesstoß; aber die Hure tut weder dem Kloster noch dem Ehemann was zuleide«.[15] Im Fortsetzungsband erhält Pippa die Ausbildung für ihre zukünftige Karriere.

Die *Ragionamenti* Aretinos sind zum Teil als Satire auf die ernsteren Gespräche seiner humanistischen Zeitgenossen zu lesen, die sich wiederum einem neu erwachten Interesse an Platon verdankten. Platons Hauptwerke wurden im 15. Jahrhundert ins Lateinische übersetzt, nachdem sie in Westeuropa jahrhundertelang unbekannt gewesen waren.[16] Besonderen Nachhall fand das *Symposion*, ein Gespräch über das Wesen der Liebe und die Erhöhung der rein körperlichen Lust zu edleren Formen, letztendlich zum abstrakten Ideal der geistigen Liebe. In der Renaissance wurde daraus das Konzept von der »platonischen Liebe« – wobei wir bei unserer Verwendung des Begriffs meist vergessen, dass er seine Wurzeln in der körperlichen Intimität hat. Eine noch engere Beziehung zwischen Sex und Philosophie findet sich an anderer Stelle in Platons Werk. Sokrates sagt in Platons *Staat* über die Philosophie, ihr drängten sich, »wie einer von ihren nächsten Verwandten verlassenen Waise, andere Unberufene auf und hängen ihr dann dadurch solche Schmach und Schande an, wie sie deiner Aussage nach von ihren Anklägern vorgeworfen werden, von denen, die sich tiefer mit ihr einließen, wäre ein Teil zu nichts nütze, der größte Teil sogar verdiente das größte Unglück«.[17] Vielleicht markiert diese sexuelle Metapher den Beginn der Beziehung zwischen Philosophie und Pornografie.

Sokrates entwickelte seine philosophischen Ideen im Gespräch mit anderen, und Platon hat viele dieser sokratischen Dialoge niedergeschrieben. Aber auch andere ehemalige Schüler des Sokrates (wie Xenophon) sowie spätere Autoren, die ihn nicht direkt kannten, haben sokratische Gespräche verfasst. Da Sokrates selbst keinerlei Schriften hinterlassen hat, bieten diese Beiträge den einzigen Zugang zu seinem Denken, wobei zu berücksichtigen ist, dass der sokratische Dialog als wichtiges Genre antiker Philosophie ein Eigenleben entwickelte. In ähnlicher Weise stellt das Kurtisanengespräch ein wichtiges Genre antiker Pornografie dar. Das bekannteste überlieferte Beispiel sind die *Hetärengespräche* des Lukian, eines Satirikers aus dem 2. Jahrhundert, dessen Werk vermutlich auch noch Aretino beeinflusste.[18]

Auch Mischformen – nämlich Dialoge zwischen Philosophen und Kurtisanen – gibt es überraschend viele.[19] Sie werden von antiken Autoren zu unterschiedlichen Zwecken eingesetzt. Beispielsweise Satire: Epikur und seine Schule wurden häufig mit Kurtisanen in Zusammenhang gebracht, da er auch Frauen als Schülerinnen aufnahm und Lebensfreude als höchstes Gut lehrte. (Eine falsche Anspielung, da das epikureische Ideal eher auf die Vermeidung von Schmerz als auf ungezügelten Hedonismus zielte.) Sehr viel häufiger aber dient die Konstellation dazu, über die Überredungskunst, die in beiden Berufen eine Rolle spielt, zu reflektieren, also über die Verführung durch Wissenschaft oder durch Erotik. Dabei betonen die einen die Unterschiede, die anderen die Gemeinsamkeiten zwischen Philosophen und Kurtisanen, wie sich am Beispiel zweier jüngerer Zeitgenossen Lukians zeigen lässt. Alkiphron findet einen kleinsten gemeinsamen Nenner: »Die Mittel der Beeinflussung sind verschieden, doch ein Ergebnis – Gewinn – haben beide zum Ziel«, während Älian Sokrates erklären lässt, wie er sich allein schon durch seine relative Erfolglosigkeit von einer Kur-

Andrew Aberdein

tisane unterscheidet: »Du vermagst alle deine Anhänger auf den Pfad nach unten zu führen, während ich sie hin zur Tugend dränge. Der Anstieg ist steil und den meisten Menschen ungewohnt.«[20] Im letzten Abschnitt werde ich noch einmal auf diese beiden Arten der Beeinflussung zu sprechen kommen.

## Der gerittene Aristoteles

Platons Werke waren im Mittelalter kaum bekannt, dafür wurde der Name Aristoteles so sehr mit Philosophie assoziiert, dass man ihn schlicht als »den Philosophen« bezeichnen konnte. Dabei ist er in vielen mittelalterlichen und vormodernen Darstellungen nackt und auf allen vieren zu sehen, auf seinem Rücken eine Frau mit der Peitsche in der Hand (siehe Abb. S. 46).[21] Eine Analyse dieser überraschenden Lust an der Dominanz der Frau mag zur Erhellung der Beziehung zwischen Körperlichem und Philosophie beitragen. Die den Bildern zugrunde liegende Geschichte handelt von der Demütigung des Aristoteles durch die Geliebte seines Schülers Alexander des Großen. Die älteste überlieferte Version ist »Lai d'Aristote« von Henri d'Andeli und stammt aus dem 13. Jahrhundert. Ob es nun d'Andeli selbst war, der die immer wieder neu erzählte Geschichte erfunden hat oder nicht, kein zeitgenössischer Interpret geht davon aus, dass sie in irgendeinem Bezug zum historischen Aristoteles steht.[22] D'Andeli erzählt, wie Alexander während eines Feldzugs in Indien durch die Affäre mit einer jungen Einheimischen von seinen Pflichten abgelenkt wird. (Bei d'Andeli hat das Mädchen keinen Namen. In späteren Fassungen heißt sie Phyllis oder manchmal auch Campaspe – scheinbar eine Verwechslung mit einer anderen legendären Geliebten Alexanders.) Aristoteles rät ihm, die Affäre abzubrechen, und sagt: »Es war falsch von Ihnen, alle großen Herren Ihres Reiches wegen der Liebe

*Aristoteles und Phyllis* von Hans Baldung, 1513

zu einer einzigen Frau links liegen zu lassen.«[23] Phyllis erfährt
davon und will sich rächen. Sie erzählt Alexander:

> *Wenn Ihr Lehrer es mit mir zu tun bekommt, werden ihm*
> *Dialektik und Grammatik nichts nützen; er müßte schon*
> *ein hervorragender Kämpfer sein, wenn die Natur ihn*
> *nicht durch mich zu überwinden vermöchte, da ich es mir*
> *geschworen habe – das werden Sie morgen sehen.*[24]

Es geht hier um die »Regel des Maßhaltens«, die Aristoteles
dem Alexander auferlegte. In der Ethik des Aristoteles ist Tugend jener Mittelweg, den die praktische Vernunft zwischen
den entgegengesetzten Extremen des Lasters finden soll. Phyllis identifiziert sich selbst mit der Natur, die die Macht hat,

Andrew Aberdein

solche subtilen ethischen Überlegungen außer Kraft zu setzen. Am nächsten Morgen ergeht sie sich derart aufreizend vor dem Fenster seines Arbeitszimmers, dass er sie zu verführen versucht. Sie willigt ein, jedoch unter einer Bedingung:

*Herr Magister, ehe ich mit Ihnen eine Dummheit mache, müssen Sie für mich etwas sehr Exzentrisches tun, wenn Sie mich wirklich so sehr lieben; denn ich habe die allergrößte Lust, hier im Garten ein bißchen auf Ihrem Rücken über den Rasen zu reiten. Und ich möchte …, daß Sie sich einen Sattel auflegen lassen, denn so ist es korrekter.*[25]

Die Idee wird in die Tat umgesetzt, sehr zum Vergnügen von Alexander, der das Ganze aus einem Versteck heraus beobachtet. Nach dem bizarren Spektakel weiht er Aristoteles in die Täuschung ein. Das letzte Wort aber hat der Philosoph:

*In einer einzigen Stunde hat die Natur mir alles durcheinandergebracht, was ich je gelernt und getan habe; sie vernichtet alle Wissenschaft, wenn sie es darauf anlegt. Wenn ich also Anstrengungen unternehme, um Sie aus dem Gefängnis der Natur zu befreien, dann verübeln Sie mir das nicht; ich kannte ja genau den Kummer und Verdruß, die die Natur einem bereiten kann. Wenn ich unter Zwang stehe, mich auf eine so offensichtliche Torheit einzulassen, dann kann es auch bei Ihnen nicht ohne Verluste abgehen und ohne daß Ihre Leute Sie tadeln.*[26]

Die Geschichte und insbesondere ihre komische Auflösung sind in der Kunst des Mittelalters und der Renaissance häufig thematisiert worden. Typisch dafür ist die Abbildung auf Seite 46, die die zweite von Hans Baldung, einem Schüler Albrecht Dürers, geschaffene Version zeigt. Aristoteles trägt zwar keinen

Sattel, doch wie viele andere auch hat Baldung diese Szene mit Zügel und Reitpeitsche ausgestattet.

Die Geschichte kann auf zweierlei Arten gelesen werden. Für d'Andeli und seine Zeitgenossen hat Aristoteles recht: Die Natur ist der Vernunft zu unterwerfen (und im weiteren Sinne somit auch die Frau dem Mann). Die Erzählung illustriert die schädlichen Folgen eines Verstoßes gegen dieses Gebot. Für die von Diderot oder Argens vertretene Sichtweise aber hat Phyllis recht: Man kann die Natur nicht der Vernunft unterwerfen. Wenn selbst Aristoteles nicht in der Lage ist, seinen eigenen Postulaten gemäß zu handeln, wie sollen Alexander oder der Rest von uns das können? Diese unterschiedlichen Sichtweisen bestimmen auch die Rezeption der Zusammenführung von Pornografie und Philosophie. Für Aristoteles wäre sie eine groteske Anomalie, für Phyllis eine logische Fortführung. Auf der anderen Seite müsste Phyllis philosophische Argumente für eine Zensur von Pornografie ablehnen, wohingegen Aristoteles sie begrüßen würde.

## Zu guter Letzt

Wir haben gesehen, dass sich Phyllis' Perspektive in vielen verschiedenen Thesen widerspiegelt. Von besonderer philosophischer Relevanz ist dabei die Analyse der Beeinflussung. Ich möchte hier eine ganz neue Interpretation vorschlagen, mit der vielleicht die phyllissche Vielfalt gegen die aristotelische Zensur verteidigt werden kann. Zuvor allerdings muss ich auf das ungelöste Problem der Klassifizierung eingehen. Die Kategorien, die wir auf die Welt und insbesondere auf menschliches Handeln anwenden, mögen uns naturgegeben und unveränderlich erscheinen, in Wahrheit aber haben sie eine Geschichte und können schon in wenigen Generationen ganz anders aussehen.

Andrew Aberdein

Wir haben bereits gezeigt, dass auch »Pornografie« zu diesen Kategorien gehört. Genau wie auch »Philosophie«, ein Begriff, der über 2500 Jahre zurückverfolgt werden kann, dessen Verwendung allerdings sich im Laufe der Zeit gewandelt hat. Beispielsweise wurde vieles, was wir heute der Naturwissenschaft zurechnen, von den jeweiligen Entdeckern der Philosophie untergeordnet. Die Verwendung des Wortes »Philosophie« im französischen Buchhandel des 18. Jahrhunderts stellt eine Ausnahme dar, gehört aber dennoch zur komplexen Geschichte seiner sich wandelnden Bedeutung.

Im 19. Jahrhundert kam es zu einer immer stärkeren akademischen Spezialisierung und Professionalisierung. Philosophie und Naturwissenschaft entwickelten sich auseinander, und die Universitäten beanspruchten das Monopol auf beide. Neue Wege der Veröffentlichung taten sich auf, und der allgemeine Markt verlor an Bedeutung. Universitätsprofessoren waren um Ansehen bemüht, um das sich die Amateure früherer Zeiten nicht gekümmert hatten. Gegen Ende des 19. Jahrhunderts geriet das Studium der Sexualität ins Blickfeld der akademischen Naturwissenschaft. Und auch wenn manche Arbeiten die des vorangegangenen Jahrhunderts nur rekapitulierten, taten sie dies doch unter gänzlich anderen Vorzeichen, nämlich mit dem Ziel, die nüchterne Objektivität einer kleinen Elite zugunsten einer detailgenauen und auf ein breites Publikum ausgerichteten Darstellungsweise zu ersetzen. Auch die Idee von der Freiheit der Rede entstand im 19. Jahrhundert. Junge liberale Demokratien forderten die Freiheit der politischen Rede sowohl auf der Tribüne als auch im Druck – in absolutistischen Monarchien wie dem vorrevolutionären Frankreich undenkbar. Doch diese Freiheit erstreckte sich nicht auf alle Bereiche der bis dahin zensierten Rede. Und so wurde Pornografie zur Sonderkategorie, die auch in Gesellschaften, die sich ansonsten ihrer Freiheiten rühmten, noch verboten werden konnte. Das mag erklären, warum philosophische Pornografie in den letzten zwei Jahrhunderten so rar geworden ist.

Doch es gab auch die eine oder andere Neuauflage. Der New Yorker Philosophieprofessor John Lange, besser bekannt unter dem Pseudonym John Norman, ist Autor des *Gor*-Zyklus, einer Reihe von fast 30 Fantasy-Romanen, in denen die Darstellung und Rechtfertigung der sexuellen Unterwerfung der Frau eine immer größere Rolle einnimmt, wie der folgenden typischen Passage zu entnehmen ist: »Für den Goreaner ist weibliche Sklaverei eine gesellschaftliche Institution, die es der Frau ermöglicht, anders als die Gesellschaften auf der Erde, ihre biologische Natur in einer ihr gerechten Umgebung auszuleben. Sie bietet den fruchtbaren Boden, in dem die weibliche Schönheit, ihr natürliches Wesen und ihre Unterwerfung unter den Mann erblühen und gedeihen können.«[27] In den 1970er Jahren waren die *Gor*-Bücher Bestseller, in den 1980ern verloren sie an Popularität, und in den 1990ern fand sich kaum noch ein Verleger dafür – was Lange auf eine feministische Verschwörung zurückführt.[28] In den letzten Jahren jedoch hat sein Werk ein neues Publikum gefunden und inspiriert eine riesige, hauptsächlich im Internet beheimatete sexuelle Subkultur (ein Erfolg, den nicht viele Philosophen für sich verbuchen können!).[29] Erstaunlicherweise scheint das Lesepublikum zu einem nicht unbedeutenden Teil aus Frauen zu bestehen.[30] In seiner bislang einzigen philosophischen Monografie schreibt Lange: »Es liegt zweifellos ein gewisser schizophrener Charme darin, auf einer ausreichend abstrakten Ebene eine unmoralische Theorie zu vertreten und sich in der Praxis zugleich mit allem nötigen Ernst würdigeren Bemühungen zu verschreiben und dabei wie zur Wiedergutmachung seine Anstrengungen zu verdoppeln, in dieser Welt für mehr Gerechtigkeit zu sorgen.«[31] Man könnte geneigt sein, diese Zeilen autobiografisch zu lesen, als Hinweis darauf, dass die im Roman zum Ausdruck gebrachte Haltung

Andrew Aberdein

zu den Geschlechterbeziehungen als Satire zu verstehen ist. Andere Aussagen jedoch lassen vermuten, dass er sie ernst meint – und tatsächlich wäre es für ihn nur konsequent, würde er seine Romane als »würdigere Bemühung« und die Gleichberechtigung der Geschlechter als »unmoralische Theorie« verstehen.

In den letzten Jahrzehnten konzentrierte sich die philosophische Beschäftigung mit Pornografie hauptsächlich auf die Argumente für deren Zensur. Es liegt eine gewisse Ironie darin, dass Langes Romane ausgerechnet eines der feinsinnigsten dieser Argumente unterhöhlen könnten, dass nämlich Pornografie Frauen stillschweigend als untergeordnet darstellt.[32] Lange durchzieht seine pornografischen Romane mit unverblümten philosophischen Rechtfertigungen für diese Unterordnung. Daraus ergibt sich ein Dilemma. Wenn nun Zensoren über die Bücher zu entscheiden hätten, stünden sie vor der Wahl, entweder die Romane insgesamt oder nur die pornografischen Passagen zu indizieren. Entschieden sie sich für die erste Alternative, wäre das das Eingeständnis, dass sie nicht nur gegen minderwertige Unterhaltung zu Felde ziehen, sondern auch gegen die Meinungsfreiheit (wenn Freiheit auch die Freiheit zum Irrtum einschließt). Doch auf welcher Grundlage könnten sie die philosophischen Abschnitte von dem Verbot ausnehmen? Schließlich propagieren sie eine Einstellung, die nicht weniger anstößig ist als die Pornografie. Praktisch ließe sich die Tolerierung philosophischer Argumente, die zu Schlussfolgerungen führen, die der Pornografie verboten sind, wohl nur damit rechtfertigen, dass die Philosophie weniger schädlich, will sagen weniger überzeugend ist als Pornografie. Es mag sein, dass Langes philosophische Ausführungen weniger schlüssig sind als seine pornografischen, wenn seine Argumente aber tatsächlich so schwach sind, dann müssten die feministischen Gegenargumente doch umso überzeugender sein. Das wiederum würde die Indizierung überflüssig machen, es sei denn, selbst diese außerordentlich starken Argumente wären schwächer als Pornografie, das heißt, Philosophie wäre *grundsätzlich* weniger überzeugend als Pornografie. Aber wenn dieser deprimierende Gedanke wahr ist, wer sollte sich dann jemals von philosophischen Argumenten für die Indizierung überzeugen lassen, da sie ja gegen die Pornografie abzuwägen wären, die, wie sogar die Zensoren selbst zugeben, wenn nicht uneingeschränkt bestätigen müssten, sehr viel überzeugender ist? Damit ist natürlich nicht gesagt, dass die Philosophie nicht recht hätte, sondern dass sie auch damit nicht überzeugen kann. Woraus wiederum folgt, dass ihre Schlussfolgerung falsch sein muss, wenn ihre Argumente überzeugen.

## 3. JA. JA! JA!!

Was uns Monas Stöhnen über ihre Lust verrät

Die meisten Forschungen zum Thema Pornografie variieren eine einzige Fragestellung (und stimmen Sie gern mit ein): »Pornografie! … Bah! (Guter Gott!) Wozu soll das gut sein?«, und fast immer lautet die einhellige Antwort: »Zu nichts, absolut nichts!« Studien haben gezeigt, dass der Konsum von Pornofilmen dazu führen kann, dass Männer Frauen, denen sie im Beruf begegnen, als Sexobjekte betrachten und sich deutlicher an ihr Aussehen erinnern als an den Inhalt ihrer Worte.[1] Dass Pornokonsumenten eher als andere Männer falsche Vorstellungen entwickeln, beispielsweise dass Frauen Spaß daran haben könnten, vergewaltigt zu werden.[2] Dass insbesondere der Konsum gewalttätiger Pornofilme zu einem Abstumpfen gegenüber Vergewaltigungsopfern führen kann, weshalb diese Männer häufig für geringere Strafen für Vergewaltiger plädieren.[3] Dass Männer, die pornografische Darbietungen (das Mittelposter des *Playboy* zum Beispiel) betrachtet haben, sich von ihren Ehefrauen weniger angezogen fühlen und weniger verliebt sind als eine Kontrollgruppe, die beispielsweise abstrakte Kunst betrachtet hat.[4] Und dass intensiver Pornografiekonsum die Wahrscheinlichkeit sexueller Gewalttaten erhöht, vor allem bei Männern mit einer Prädisposition zu sexueller Gewalt.[5]

Zahlreiche Negativfolgen des Pornografiekonsums sind also dokumentiert, eine besonders perfide Wirkung allerdings ist bislang unbeachtet geblieben. Und zwar stellen wir hier die

These auf, dass der Konsum von Pornofilmen aus Männern schlechte Liebhaber macht! Entscheidend für diese These ist, dass Pornofilme, weil einprägsam und leicht zugänglich, als Ausgangspunkt für soziale Vergleiche und soziales Lernen dienen. Das Publikum könnte sich mit Pornodarstellern vergleichen und dabei jede Menge falscher Vorstellungen entwickeln.[6] Männliche Zuschauer könnten etwa den Schluss ziehen, dass ihr Penis viel zu klein ist, oder sich fragen, warum ihr Ejakulat nicht mit der Antriebskraft einer Boing 747 durchs Zimmer schießt. Weibliche Zuschauer könnten angesichts der erdbebenartigen Orgasmen, die Pornodarstellerinnen beim Geschlechtsverkehr ohne jegliche Klitorisstimulation zu erleben scheinen, zur Ansicht gelangen, dass mit ihnen selbst etwas nicht stimmt, weil sie beim Sex mit ihrem Partner nicht in gleicher Weise reagieren. Vor allem aber könnten Männer aus Pornofilmen lernen, dass Standardsex ohne Vorspiel und ohne emotionale Beteiligung ausreicht, eine Frau in sexuelle Ekstasen zu versetzen. Tatsache ist aber, dass die Klitoris ein gutes Stück von der Vagina entfernt liegt – von dieser noch durch die Harnröhre getrennt –, weshalb das stoßweise Rein-raus allein normalerweise nicht genügt, eine Frau zum Orgasmus zu bringen.[7]

Für die in Pornofilmen dargestellten Orgasmen haben wir den Begriff »Pornogasmus« geprägt und untersuchen in unserer Studie mehrere Fragen zur Wahrnehmung weiblicher Pornogasmen, beispielsweise folgende: Werden weibliche Pornogasmen in der Regel für echt oder für gespielt gehalten? Zeigen sich bei der Wahrnehmung weiblicher Pornogasmen Unterschiede zwischen Männern und Frauen? Lässt die Häufigkeit des Konsums von Pornofilmen Vorhersagen über die Wahrnehmung weiblicher Pornogasmen zu? Unsere Vermutung lautete, dass Männer weibliche Pornogasmen eher für echt halten als Frauen. Bevor wir zur Methodik und den Ergebnissen unserer Studie kommen, wollen wir unsere Arbeitshypothesen beleuchten.

Anne K. Gordon/Shane W. Kraus

## Weibliche Pornogasmen sind deutlich interessanter als männliche

Auch wenn Männer gelegentlich einen Orgasmus vortäuschen, ist es für sie in der Regel doch leichter, zum Höhepunkt zu kommen, als für Frauen. Männer sind schneller (manchmal unter 30 Sekunden!), und die emotionale Beziehung zum Sexualpartner ist für sie keine Vorbedingung für den Orgasmus. Bei Männern ist die Wahrscheinlichkeit, einen Orgasmus zu haben, unabhängig von Zeit und Partner konstanter. Darüber hinaus ist die Funktion des männlichen Orgasmus unstrittig. Natürliche Auslese hat Männer begünstigt, die schnell, ohne große Umstände und regelmäßig zum Orgasmus kommen. Und für gewöhnlich gibt es einen offensichtlichen Beweis, dass der Mann einen Orgasmus hatte. Auch für den weiblichen Orgasmus gibt es körperliche Indikatoren[8] wie Vaginalkontraktionen, erhöhte Pulsfrequenz und schnellere Atmung sowie Hautrötungen, doch sind sie nicht so auffällig wie die Ejakulation des Mannes.

## Pornografie zielt darauf, die kurzfristigen sexuellen Strategien von Männern anzusprechen und zu aktivieren

Wir stützen uns auf Erkenntnisse und Theorien der Evolutionspsychologie, um zu erklären, warum Männer üblicherweise mehr an Pornografie interessiert sind als Frauen.[9] Diese lassen vermuten, dass Pornografie Männer deshalb anspricht, weil sie im Gehirn evolutionär herausgebildete Mechanismen zur Umsetzung kurzfristiger sexueller Strategien aktiviert. Im Laufe der Evolutionsgeschichte war die Auswahl und Sicherung kurz- und langfristiger Paarungspartner für Männer und Frauen mit erheblichen Problemen verbunden.[10] Für beide Varianten, insbesondere aber für die kurzfristige Paarung, mussten Männer in der Lage sein, fruchtbare Frauen zu erkennen und für sich zu gewinnen, Frauen also, die jung und gesund waren – zwei Merkmale, die auf Fruchtbarkeit schließen lassen. Alter, Gesundheit und Fruchtbarkeit einer Frau lassen sich anhand visueller Merkmale ermitteln, beispielsweise dem Verhältnis von Hüfte zu Taille (ein Verhältnis von 0,7 finden die meisten Männer extrem sexy). Weitere Hinweise sind volle Lippen, glatte Haut, langes glänzendes Haar, gesunde Zähne, körperliche Symmetrie und hohe Vitalität. Aus diesen Gründen sind Männer in ihrem Paarungsverhalten für optische Reize deutlich empfänglicher als Frauen. Es ist kein Zufall, dass Pornografie in hohem Maße visuell ist und die meisten Konsumenten Männer sind.

Im Gegensatz dazu kam es für die Frau im Hinblick auf ihre erfolgreiche Fortpflanzung weniger darauf an, fruchtbare Männer zu identifizieren (die Fruchtbarkeit des Mannes ist nicht so stark altersabhängig). Für sie war es vielmehr wichtig, Männer anzuziehen, die in der Lage und willens waren, in sie und ihre Nachkommen zu investieren. Frauen mussten also die emotionale Ausstattung eines Mannes, seine Bindungsbereitschaft, seine Intelligenz, Freundlichkeit, Großzügigkeit und Verlässlichkeit sowie seinen sozialen Status abschätzen, Attribute also, die weniger eng an offenkundige körperliche Merkmale geknüpft sind. Das bedeutet nicht, dass Frauen am Aussehen des Mannes nicht interessiert wären. Gemeinhin geben sie Männern den Vorzug, die groß, stark und gut gebaut sind, weil diese Merkmale mit Gesundheit, gesellschaftlichem Durchsetzungsvermögen und der Fähigkeit zu beschützen assoziiert werden. Und gerade wenn sie kurzfristige Partner suchen, messen sie der Attraktivität eines Mannes erhebliche Bedeutung bei.

Vor allem aber haben Männer, weil Spermien billig, Eier, Schwangerschaft und Stillen dagegen teuer sind, im Durchschnitt eher als Frauen davon profitiert, mehrere Sexualpartner

Anne K. Gordon/Shane W. Kraus

zu haben, denen sie emotional notwendigerweise weniger verbunden sind. Für Frauen dagegen war es im Allgemeinen vorteilhafter als für Männer, bei der Partnerwahl wählerisch zu sein und den Sex so lange hinauszuschieben, bis die genannten Qualitäten, emotionale Verbundenheit zum Beispiel, entwickelt und eingeschätzt werden konnten. Unterschiedliche Einstellungen zu kurzfristigen Paarungen bei Männern und Frauen wurzeln also letztendlich in grundlegenden physiologischen Unterschieden. Täuschen Sie sich nicht. Frauen und Männer sind nicht gleich, was die Einstellung zu, das Verlangen nach und das Fantasieren über unverbindlichen Sex mit Fremden oder Bekannten angeht. Bei einer Studie erklärten sich 75 Prozent der Männer, die auf einem Universitätscampus von einer fremden Frau angesprochen wurden, bereit, noch in der gleichen Nacht mit ihr ins Bett zu gehen! Nicht eine einzige Frau, die unter ähnlichen Umständen von einem ihr unbekannten Mann angesprochen wurde, ging auf dessen sexuelle Avancen ein.[11] In der Pornografie allerdings ist Sex zwischen Fremden und zufälligen Bekanntschaften ein beliebtes Thema.

## Die meisten weiblichen Pornogasmen sind gespielt

Das Geheimnis ist noch nicht ganz gelüftet, aber Forscher haben doch schon eine Menge Daten zusammengetragen zu der Frage, was bei Frauen mit einiger Wahrscheinlichkeit zum Orgasmus führt (Jungs, Notizbücher raus!). Wir zitieren hier aus einer Liste von Faktoren, von denen man weiß, dass sie den weiblichen Orgasmus begünstigen: ein physiognomisch relativ symmetrischer Partner,[12] der körperlich attraktiv ist[13] und ein hohes Einkommen erzielt[14]; Klitorisstimulation, insbesondere durch Cunnilingus;[15] eine glückliche Ehe beziehungsweise eine stabile und feste Langzeitbeziehung.[16] Auf der anderen Seite gibt es eine Reihe von Faktoren, die sich nachteilig auf den weiblichen Orgasmus auswirken. Ganz oben auf der Liste steht der Konsum von Drogen (einschließlich Nikotin und Antidepressiva), hinzu kommen Übergewicht, Herz-Kreislauf-Erkrankungen oder eine gestörte Wahrnehmung des eigenen Körpers, Schuldgefühle oder der Glaube, Sex sei schmutzig und eine Sünde, ein geringer Testosteronspiegel, beim Sex eher abgelenkt, befangen oder unsicher sein, statt sich auf die angenehmen körperlichen Erfahrungen zu konzentrieren. Es fällt auf, dass alle diese Faktoren, die eine »sexuelle Dysfunktion der Frau« begünstigen, bei dieser selbst liegen, und das womöglich zu Unrecht. Nicht eine einzige verweist auf die Qualitäten und Fähigkeiten beziehungsweise die sexuellen Techniken der Männer, mit denen diese Frauen Sex haben. Darüber hinaus wird in der Diskussion über weibliche Orgasmen oft fälschlicherweise davon ausgegangen, dass Frauen ebenso schnell, mühelos und regelmäßig zum Orgasmus kommen sollten wie Männer.

Worin also besteht die Funktion des weiblichen Orgasmus? Warum haben Frauen überhaupt einen Orgasmus? Zur Beantwortung dieser Fragen wurden schon zahlreiche Erklärungen aus der Evolutionsforschung vorgebracht. Zu den gängigen gehören die Hypothese, der weibliche Orgasmus sei ein funktionsloses Nebenprodukt des männlichen Orgasmus, außerdem die hedonistische Hypothese, die Hypothese von der sicheren beziehungsweise von der unsicheren Vaterschaft oder die Hypothese von der Spermazurückhaltung. Wir konzentrieren uns hier auf die Mr.-Right-Hypothese, weil sie für unsere Fragestellung besonders interessant und relativ gut empirisch belegt ist.

Die Mr.-Right-Hypothese fußt nicht zuletzt darauf, dass der weibliche Orgasmus ungewiss und nicht vorhersagbar ist. Manche Frauen haben nie oder nur selten einen Orgasmus, andere mühelos und regelmäßig. Entscheidend ist auch, dass die Wahrscheinlichkeit eines Orgasmus bei Frauen abhängig vom Sexualpartner und von der jeweiligen Beziehung erheblich schwanken kann. Eine Frau kann mit einem Mann intensive Orgasmen erleben und bei einem anderen Schwierigkeiten haben, überhaupt zum Höhepunkt zu kommen. Auch reagieren Frauen auf denselben Liebhaber unter Umständen ganz unterschiedlich, je nachdem, wie zufrieden sie gerade in der Beziehung sind. Die Mr.-Right-Hypothese versteht den Orgasmus der Frau als Signal, das es ihr ermöglicht, den besten (fürsorglichsten, einfühlsamsten, hingebungsvollsten) Partner und Vater ihrer Kinder auszuwählen und zu halten und/oder sich für ihre Kinder den Vater mit dem besten Genmaterial zu sichern. So verstanden, spiegelt die Fähigkeit des Mannes, eine Frau zum Orgasmus zu bringen, gleich mehrere Qualitäten wider, die ihn als wünschenswerten Langzeitpartner und/oder genetisch guten Fang im Sinne von Gesundheit, Kraft und Männlichkeit auszuweisen vermögen.

Führen wir uns nun vor Augen, wie sich die Dreharbeiten zu einem Pornofilm gestalten, und zwar aus der Perspektive einer weiblichen Pornodarstellerin. Der Regisseur ruft: »Licht! Kamera! Action!« Wahrscheinlich sind mehrere Dutzend Menschen anwesend. Irgendjemand lässt eine Kaffeetasse fallen. Der Regisseur brüllt: »Schnitt! Fangt noch mal an bei ›Mach's mir, Baby‹.« Keine Intimität. Eine Kamera im Gesicht und eine zwischen den Beinen. Du musst dich an deinen Text erinnern. Die richtige, vermutlich eher unbequeme Stellung halten, damit die Kamerawinkel genau passen. Ein Scheinwerfer fällt aus. Wieder schreit der Regisseur: »Schnitt! Noch mal von ›O Gary, ich habe immer davon geträumt, mit dir und deinem Kumpel Steve ins Bett zu gehen‹.« Kein Mondlicht, das durchs Fenster scheint, kein Liebesgeflüster im Ohr. Keine sanfte Musik, kein Duft von Jasmin in der Luft. Und sofern Gary nicht vielleicht Pizzabote ist und das Abendessen bringt, auch kein Geschenk, kein Mitbringsel, das seinen Wunsch und seine Fähigkeit bezeugen würde, zu investieren. Und natürlich wenig bis gar kein Vorspiel und keinerlei emotionale Verbundenheit. Alles in allem ist Gary also nicht gerade der Mann, der für Mona – oder irgendeine Frau – Mr. Right sein könnte.

Leider standen uns keine Pornodarstellerinnen zur Verfügung, die wir direkt nach ihren Pornogasmen oder dem Ausbleiben derselben hätten fragen können (viel Glück bei der Suche nach Geldgebern für dieses Projekt!). Und so stützen wir uns auf die oben genannten Argumente und Fakten, aus denen wir schlussfolgern, dass die Mehrzahl der Pornogasmen nicht echt ist. Schätzungen sind natürlich schwer, aber wir nehmen an, dass 5 bis 20 Prozent der weiblichen Pornogasmen echt sind (Anne tippt auf 5 Prozent, Shane auf 20).

## Die Studie

Wir haben einen Online-Fragebogen erstellt und an 111 männliche und 153 weibliche Studierende verschickt. Die freiwilligen Informanten wurden in Einführungskursen für Psychologie an einer großen Universität im Mittleren Westen der USA gewonnen, die Teilnahme wurde ihnen für das Studium angerechnet. Unsere Gruppe war überwiegend weißer Hautfarbe (86 Prozent), heterosexuell (94 Prozent) und unverheiratet (96 Prozent). Die meisten Probanden (99 Prozent) waren zwischen 18 und 24 Jahre alt. Teilnehmer dieses Alters waren für uns deswegen interessant, weil sie gemeinhin besonders mit Paarungsstrategien beschäftigt sind und volljährig wurden, als Internet-Pornografie bereits leicht zugänglich und ihr Konsum normal geworden war.

Den Testpersonen wurde mitgeteilt, man werde ihnen Fragen zu ihren Einstellungen und Auffassungen zu Pornografie stellen, die sie anonym beantworten sollten. Für die Zwecke der

Studie wurde Pornografie definiert als direkte Darstellung sexueller Handlungen in Filmen oder Videos, die dem Zuschauer sexuelle Gefühle und Gedanken vermitteln oder diese verstärken sollen. Diese Definition schließt Softpornos aus, in denen die sexuellen Handlungen nur simuliert werden. Orgasmus war definiert als echter sexueller Höhepunkt.

Die Teilnehmer erklärten sich mit diesen Bedingungen einverstanden und beantworteten 31 Fragen über ihre Ansichten zu Pornografie, weiblichen Pornogasmen und der sexuellen Lust der Pornodarstellerinnen. Hier je ein Beispiel aus diesen drei Kategorien: »Ich bin der Meinung, dass die Pornoindustrie Gewalt gegen Frauen fördert; Ich glaube, dass die meisten in Pornofilmen dargestellten Orgasmen der Frauen gespielt sind; Ich glaube, dass Frauen, die in Pornofilmen mitspielen, Spaß an der Arbeit haben.« Folgende Antworten waren möglich: 1 = stimme überhaupt nicht zu, 2 = stimme nicht zu, 3 = neutral, 4 = stimme zu, 5 = stimme voll und ganz zu.

Außerdem baten wir die Teilnehmer zu schätzen, welcher Prozentsatz der von Frauen in Pornofilmen dargestellten Orgasmen echt ist, und anzugeben, wie viele Stunden sie durchschnittlich, pro Woche und in den letzten sechs Monaten Pornos geschaut hatten. Mögliche Antworten waren: »Ich habe noch nie einen Porno gesehen; 1 bis 29 Minuten, 30 bis 59 Minuten, 60 bis 89 Minuten, 90 bis 119 Minuten, 120 bis 149 Minuten, 150 bis 179 Minuten, über 180 Minuten.«

TABELLE 1   Geschlechterunterschiede bei der Dauer des Pornografiekonsums

| Konsumdauer | Frauen | Männer |
| --- | --- | --- |
| Noch nie | 30,7 % | 1,8 % |
| 1–29 Minuten | 62,7 % | 55,0 % |
| 30–59 Minuten | 3,9 % | 25,2 % |
| 60–180 + Minuten | 2,7 % | 18,0 % |

*Anmerkung:* Die Kategorien 60–89 Min., 90–119 Min., 120–149 Min., 150–179 Min. und über 180 Minuten wurden zu einer zusammengefasst.

TABELLE 2 Geschlechterunterschiede bei Einstellungen und Ansichten zur Pornografie

| Position | Frauen | Männer |
|---|---|---|
| Ich schaue gerne Pornos. | 2,24 | 3,64* |
| Pornografie erniedrigt Frauen. | 3,36 | 2,97* |
| Pornografie erniedrigt Männer. | 2,51 | 2,30* |
| Pornografie fördert Gewalt gegen Frauen. | 2,63 | 2,35 |
| Pornografie fördert Gewalt gegen Männer. | 2,05 | 1,79* |
| Es ist erschreckend, dass so viele Menschen Pornofilme schauen. | 2,69 | 2,11* |
| Wenn mein Partner Pornos schaut, ist das eine Form der Untreue. | 2,40 | 2,03* |
| Die Haltung der Gesellschaft zur Pornografie ist zu negativ. | 2,86 | 3,15* |
| Viele Menschen schauen Pornos, um neue sexuelle Techniken zu erlernen. | 3,68 | 3,70 |

Anmerkung: Die hier verwendeten Formulierungen decken sich nicht wortwörtlich mit denen im Fragebogen. Der Übersichtlichkeit halber haben wir die Positionen gekürzt und gelegentlich umgangssprachliche Ausdrücke verwendet. Die Sternchen in den Tabellen 2 und 3 markieren statistisch signifikante Unterschiede zwischen den Mittelwerten bei den weiblichen und den männlichen Probanden, die per t-Tests für unabhängige Stichproben ermittelt wurden.

## Ergebnisse

Es ist kaum überraschend, dass die Ergebnisse hinsichtlich der Pornokonsumgewohnheiten markante Unterschiede zwischen den Geschlechtern zeigen (vgl. Tabelle 1). Mehr Frauen als Männer haben noch nie einen Pornofilm gesehen beziehungsweise die geringste Sehdauer angekreuzt. Mehr Männer als Frauen gaben an, in einer Woche zwischen einer halben und einer ganzen Stunde Pornos zu schauen. (Drei Teilnehmer gaben an, in der Woche drei oder mehr Stunden Pornos zu schauen. Wir haben diese Personen nicht kennengelernt, sollte es aber dazu kommen, wären wir nicht allzu erpicht darauf, ihnen die Hand zu schütteln.)

Anne K. Gordon/Shane W. Kraus

Die Männer haben ihren Angaben zufolge mehr Spaß am Pornokonsum als die Frauen (vgl. Tabelle 3). Dieser Geschlechterunterschied wurde schon mehrfach nachgewiesen und dürfte niemanden mehr in Erstaunen versetzen.[17] Wie bereits erwähnt, spricht Pornografie Männer mehr an als Frauen, weil sie Aspekte der Sexualität bedient, die eher die evolutionär herausgebildete Sexualität der Männer als die der Frauen spiegeln. Darüber hinaus könnten Frauen Pornografie ablehnen, weil sie unseren Ergebnissen zufolge eher als Männer glauben, dass sie Frauen erniedrigt (und in geringerem Maße auch Männer) und Gewalt gegen Frauen fördert (und in geringerem Maße auch gegen Männer). Auch finden Frauen es erschreckender als Männer, dass so viele Menschen Pornos schauen, vielleicht weil sie den Pornokonsum ihres Partners eher als Untreue empfinden. (Und insofern, als Pornokonsum Männer dazu verleitet zu glauben, dass viele Frauen an Sex *mit ihnen* interessiert seien, was ihre Bindung an die Partnerin schwächt, ist diese Einschätzung vielleicht gar nicht unbegründet.) Dagegen legen Männer eine deutlich gelassenere Einstellung zu Pornografie an den Tag. Sie glauben eher als Frauen, dass die Haltung der Gesellschaft zu Pornografie zu negativ sei. Entscheidend aber ist, dass sowohl männliche als auch weibliche Testpersonen vermuten, dass viele Menschen Pornos schauen, um neue sexuelle Techniken zu erlernen.

Die in Tabelle 3 dargestellten Ergebnisse sind für unsere Ausgangshypothese von entscheidender Bedeutung. Sowohl männliche als auch weibliche Probanden widersprechen der Annahme, dass die meisten weiblichen Pornogasmen echt seien, und stimmen zu, dass sie vorwiegend gespielt sind. Ein erfreuliches Ergebnis. Zumindest wissen wir jetzt, dass die Teilnehmer beim Ausfüllen des Fragebogens nicht geschlafen haben. Man führe sich den Ernst der Lage vor Augen, wenn allgemein der Glaube herrschte, die meisten weiblichen Pornogasmen seien echt!

TABELLE 3   Geschlechterunterschiede bei der Wahrnehmung weiblicher
Pornogasmen und weiblicher Lust

| Position | Frauen | Männer |
| --- | --- | --- |
| Die meisten weiblichen Pornogasmen sind echt. | 1,97 | 2,10 |
| Die meisten weiblichen Pornogasmen sind gespielt. | 3,85 | 3,77 |
| Zumindest manche weibliche Pornogasmen sind echt. | 3,23 | 3,55* |
| Pornodarstellerinnen genießen den Sex. | 2,85 | 3,15* |
| Pornodarstellerinnen erfahren ein hohes Maß an sexueller Lust. | 3,03 | 3,57* |
| Pornodarstellerinnen haben Freude an ihrem Beruf. | 3,23 | 3,54* |

Wir haben damit gerechnet, dass Männer den Prozentsatz der echten weiblichen Pornogasmen signifikant höher einschätzen würden als Frauen, tatsächlich aber tippten sie auf 38 Prozent und Frauen im Durchschnitt auf 40 Prozent. Allerdings neigten Männer erwartungsgemäß eher dazu als Frauen zu glauben, dass zumindest manche weibliche Pornogasmen echt sind und dass Pornodarstellerinnen den Geschlechtsverkehr und andere sexuelle Handlungen am Filmset genießen. Mehr noch, Männer neigten eher als Frauen dazu zu glauben, dass Pornodarstellerinnen bei ihrer Mitarbeit an einem Pornofilm ein *hohes Maß* an sexueller Lust erleben. Und sie glaubten eher als Frauen, dass Pornodarstellerinnen Freude an ihrem Beruf haben!

Je mehr Zeit eine Person mit dem Konsum von Pornofilmen verbringt, umso mehr neigt sie dazu zu glauben, dass zumindest manche weibliche Pornogasmen echt sind, dass Pornodarstellerinnen bei der Produktion eines Pornofilmes ein hohes Maß an sexueller Lust erleben und dass ihr Beruf ihnen Freude bereitet (vgl. Tabelle 4). Das zeigt, dass auch hier, genau wie beim

Anne K. Gordon/Shane W. Kraus

TABELLE 4   Beziehung zwischen der Dauer des Pornokonsums und der Wahrnehmung weiblicher Pornogasmen und weiblicher Lust

| Position | r | p |
|---|---|---|
| Zumindest manche weibliche Pornogasmen sind echt. | 0,19 | 0,003* |
| Pornodarstellerinnen genießen den Sex. | 0,26 | 0,000* |
| Pornodarstellerinnen erfahren ein hohes Maß an sexueller Lust. | 0,20 | 0,001* |
| Pornodarstellerinnen haben Freude an ihrem Beruf. | 0,21 | 0,001* |

*Anmerkung:* r steht für den Pearson-Korrelationskoeffizienten. Die Dauer des Pornokonsums wurde in Minuten angegeben und wie folgt kodifiziert: 0 = noch nie einen Porno gesehen; 1 = 1–29 Min., 2 = 30–59 Min., 3 = 60–89 Min., 4 = 90–119 Min., 5 = 120–149 Min., 6 = 150–179 Min., 7 = 180 Min. und mehr. Sternchen markieren statistisch relevante Korrelationen.

Zusammenhang von Pornokonsum und anderen Einstellungs- oder Verhaltensänderungen, die Dosis zählt.

### Aber Pornodarstellerinnen haben Spaß am Sex!

An dieser Stelle mögen Sie (insbesondere wenn Sie ein Mann sind) vielleicht denken: »Ja! Ich glaube auch, dass Pornodarstellerinnen den Sex vor der Kamera genießen!« Viele Männer, denen wir ganz inoffiziell von unseren Erkenntnissen berichteten, stammelten: »Aber … aber … aber ich habe einige Pornodarstellerinnen im Interview mit Howard Stern gesehen, und die haben alle gesagt, dass sie den Sex genießen!« Selbst Dave Monroe, Herausgeber dieses Bandes, gab zu Protokoll, *praktisch alle* Pornodarstellerinnen, mit denen er gesprochen habe, hätten zum Ausdruck gebracht, dass sie nur deshalb beim Pornofilm gelandet seien, weil sie Sex mögen. Es gibt jedoch gleich mehrere Gründe, diese Behauptungen mit Vorsicht zu genießen.

Erstens gelten Angaben zur Einschätzung der eigenen Person in der Regel nur dann als zuverlässig, wenn sie in einem anonymen und/oder vertraulichen Rahmen gesammelt wurden. Andernfalls ist davon auszugehen, dass sie durch den Wunsch der Person zur Selbstdarstellung beeinflusst sind. Die Aussagen von Menschen, deren Identität bekannt ist, lassen häufig eher Rückschlüsse darauf zu, welchen Eindruck sie zu hinterlassen wünschen, als was sie wirklich denken. Zweitens handelt es sich bei Pornodarstellerinnen um bezahlte Vertreterinnen einer überaus lukrativen Industrie. Ihren Beteuerungen, wie sehr sie ihren Beruf und den Sex lieben, ist per se nicht mehr Glauben zu schenken als den Behauptungen eines Autoverkäufers, der für Marke XY arbeitet und von seinem Auto schwärmt, das zufällig eines der Marke XY ist. Menschen sagen oft das, was ihr Beruf von ihnen verlangt.

Und selbst wenn die von Howard Stern oder Dave Monroe befragten Pornodarstellerinnen bei der Produktion eines Pornofilms tatsächlich großen Spaß am Sex haben, besteht noch immer das latente Problem der Stichprobenverfälschung. Es wäre denkbar, dass die Erfahrungsberichte dieser Frauen ehrlich, aber für die Gesamtheit der Pornodarstellerinnen nicht repräsentativ sind. Vielleicht mögen die Pornodarstellerinnen, die Interviews geben, tatsächlich ihren Beruf. Es gibt viele Gründe, warum eine junge Frau Pornodarstellerin wird, und nur einer davon ist der Spaß am Sex. Die Behauptungen von Pornodarstellerinnen, im Beruf große sexuelle Lust zu erfahren, sind also nicht unbedingt zuverlässig.

Und warum dann weiterlesen?

Die Mehrheit der Informanten gab zu Protokoll, dass sie die meisten weiblichen Pornogasmen für nicht echt halten. Damit könnte die Angelegenheit erledigt sein, da sich das mit unserer Überzeugung deckt. Zum Glück aber haben wir die Beurteilung weiblicher Pornogasmen auf mehrere Arten ermittelt. Vier Frage-

Anne K. Gordon/Shane W. Kraus

stellungen enthielten ausdrücklich den Begriff Orgasmus, und nur bei einer davon erhielten wir den erwarteten Geschlechterunterschied. Drei Fragen galten allgemeiner der Beurteilung der sexuellen Lust, der Freude am Sex und der Zufriedenheit im Beruf der Pornodarstellerinnen. Interessanterweise zeigte sich der erwartete Geschlechterunterschied bei den subtiler formulierten Fragen, was vermutlich damit zusammenhängt, dass die Teilnehmer nicht naiv wirken wollten. Auf die direkte Frage nach ihrer Beurteilung weiblicher Pornogasmen reagierten sie mit: »Natürlich halte ich die meisten weiblichen Pornogasmen nicht für echt. Ich bin ja nicht blöd!« Von Fragen zur allgemeinen Wahrnehmung der sexuellen Lust von Pornodarstellerinnen wurde dieser Verteidigungsmechanismus eher nicht ausgelöst. Das liefert uns ausreichend Grund zu der Annahme, dass Menschen, insbesondere Männer, das Maß der sexuellen Lust von Pornodarstellerinnen und die Häufigkeit ihrer Orgasmen überschätzen.

## Attributionsfehler

Beim Konsum von Pornofilmen und der Beurteilung weiblicher Pornogasmen scheinen viele Menschen dem sogenannten Attributionsfehler aufzusitzen. Nach Dan Gilbert und Patrick Malone beschreibt der »Attributionsfehler die Tendenz, aus dem Verhalten einer Person, das voll und ganz aus den jeweils gegebenen Umständen zu erklären ist, Schlussfolgerungen über die spezifischen und dauerhaften Dispositionen dieser Person zu ziehen«.[18] Anders ausgedrückt besteht ein Attributionsfehler darin zu glauben, dass das Verhalten einer Person auf entsprechende zugrunde liegende Haltungen, Eigenschaften, Einstellungen und Meinungen, Emotionen oder Gefühle zurückzuführen ist, selbst wenn das in Anbetracht der situativ gegebenen, das Verhalten dieser Person beeinflussenden

Zwänge nicht logisch ist. Bezogen auf den weiblichen Pornogasmus bedeutet das, aus dem Anblick von Pornodarstellerinnen, die wie beim Orgasmus stöhnen und schreien, zu schlussfolgern, dass der Hauptgrund für dieses Stöhnen und Schreien echte sexuelle Erregung sein muss. Dabei scheint kurzzeitig in Vergessenheit zu geraten, dass es sich bei diesen Frauen um Schauspielerinnen handelt, die für ihre schauspielerischen Leistungen bezahlt werden.

## Fehlermanagementtheorie

Attributionsfehler allein können unsere Ergebnisse jedoch nicht erklären, liegen sie doch in der Natur des Menschen allgemein (allerdings eher in der des westlichen als in der des östlichen Menschen) und nicht vorwiegend in der des Mannes oder der Frau. Dennoch legen unsere Ergebnisse nahe, dass Männer gleich in mehrerer Hinsicht eher geneigt sind als Frauen, aus der Darstellung eines weiblichen Pornogasmus auf sexuelle Ekstase zu schließen. Es ist bekannt, dass Menschen Informationen häufig in einer Art und Weise wahrnehmen, verarbeiten und sich einprägen, annehmen oder ablehnen, die ihnen bestätigt, was sie ohnehin glauben wollen.[19] Aber warum sollten Männer eher als Frauen glauben, dass dort, wo gestöhnt und geschrien wird, auch jemand einen sexuellen Höhepunkt erfährt?

Hier kommen Studien der Evolutionspsychologen Martie Haselton und David Buss über kognitive Verzerrungen beim Lesen der Gedanken anderer ins Spiel.[20] Ihre Forschungen zeigen, dass Männer hinter den Freundlichkeiten einer Frau durchweg mehr sexuelle Intentionen vermuten als vorhanden. Der Fehlermanagementtheorie zufolge sehen sich Männer seit jeher vor die Herausforderung gestellt herauszufinden, ob eine Frau sexuell an ihnen interessiert ist oder nicht. Man geht

Anne K. Gordon / Shane W. Kraus

davon aus, dass Männer angesichts dieser schwierigen Aufgabe eine kognitive Architektur entwickelt haben, die sie zu systematischen und vorhersehbaren Fehlern verleitet. Konkret wird das sexuelle Interesse einer Frau von Männern oft überbewertet, weil zwar die Möglichkeit besteht, dass nicht interessierte Frauen auf unerwünschte Anmache mit Überraschung, Verwirrung, Spott oder echtem Entsetzen reagieren, gelegentlich aber trotzdem ein sexueller Erfolg dabei herausspringen kann. Wird dagegen ein möglicherweise vorhandenes sexuelles Interesse zu gering eingeschätzt, ist der Preis – die verpasste sexuelle Gelegenheit – deutlich höher.

Natürlich ist es ein Unterschied, ob wir einzuschätzen versuchen, in welchem Maße die nette Frau im Büro sexuell interessiert ist, oder ob die Berührungen des Pornodarstellers Gary seine Kollegin Mona tatsächlich erregen. Vergessen wir aber nicht, dass Pornografie evolutionsgeschichtlich ein Novum ist und vermutlich alte, vor langer Zeit entwickelte Mechanismen aktiviert. Das bedeutet, dass bei der Beurteilung der sexuellen Lust einer Pornodarstellerin, der sexuellen Interessen einer Kollegin oder des Orgasmus der Geliebten im männlichen Gehirn vermutlich immer dieselben Regionen aktiviert werden.

## Schlussfolgerungen

Wir sind davon überzeugt, dass der Konsum von Pornofilmen Männer zu schlechten Liebhabern macht. Entscheidend dabei ist die Tatsache, dass der Großteil der Pornofilme die kurzfristigen Paarungsstrategien von Männern anspricht. Pornos orientieren sich nicht an den sexuellen Wünschen der Frau, zu denen in der Regel Klitorisstimulation und eine stärkere emotionale Verbundenheit gehören. Sie konzentrieren sich in erster Linie auf die sexuelle Lust des Mannes, wohingegen die sexuelle und emotionale Befriedigung der Frau selten eine Rolle spielt. Dennoch zeigen unsere Ergebnisse, dass Männer eher als Frauen dazu neigen zu glauben, dass zumindest manche weibliche Pornogasmen echt sind, dass Pornodarstellerinnen den Sex genießen, ein hohes Maß an sexueller Lust erleben und ihren Beruf mögen. Hinzu kommt, dass sowohl männliche als auch weibliche Testpersonen im Durchschnitt der Aussage »Viele Menschen schauen Pornos, um neue sexuelle Techniken zu erlernen« zustimmten. In dem Maße, in dem männliche Beurteilungen der sexuellen Lust von Pornodarstellerinnen verzerrt oder aber Pornodarstellerinnen im Vergleich zu anderen Frauen untypisch sind, lassen diese Erkenntnisse vermuten, dass Pornofilme hinsichtlich der Nuancen weiblicher Befriedigung zu Fehleinschätzungen verleiten. Viele Jugendliche schauen Pornos,[21] und gerade in der Jugend werden sexuelle Skripts erlernt, sexuelle Techniken entwickelt und sexuelle Einstellungen gebildet. Junge Männer, die aus Pornofilmen etwas über Sex lernen wollen, könnten vollkommen unzutreffende Vorstellungen davon entwickeln, wie man eine Frau befriedigt.

Natürlich braucht es weitere Studien, um die Gültigkeit unserer Behauptungen auf die Probe zu stellen, dass weibliche Pornogasmen in der Regel vorgetäuscht sind, dass der Konsum von Pornofilmen Männer zu irrigen Ansichten über die Ursachen des weiblichen Orgasmus verleiten kann und dass der Konsum von Pornofilmen aus manchen Männern schlechte Liebhaber macht. Als Erstes wäre eine anonyme und vertrauliche Studie über tatsächliche Orgasmen und die sexuelle Lust einer großen Gruppe von Pornodarstellerinnen erforderlich. Zweitens könnten männlichen und weiblichen Teilnehmern einer Studie dieselben Darstellungen weiblicher Pornogasmen vorgeführt und ihre Beurteilung von deren Echtheit ermittelt werden. Drittens könnte man einer Gruppe von Männern einen Porno- und einer anderen Gruppe einen Nichtpornofilm vorführen und sie an-

Anne K. Gordon/Shane W. Kraus

schließend dazu befragen, was ihrer Ansicht nach eine Frau sexuell befriedigt und zum Orgasmus bringt. Viertens ließe sich untersuchen, ob zwischen der Häufigkeit des Pornokonsums von Männern und der sexuellen Befriedigung ihrer Partnerinnen ein umgekehrter Zusammenhang besteht.

Selbstverständlich gibt es da gleich mehrere Vorbehalte. Erstens lässt sich aus Korrelationsstudien nur schwer die Kausalitätsrichtung ermitteln. Wenn also tatsächlich ein Zusammenhang zwischen Pornokonsum und falschen Vorstellungen von der Natur des weiblichen Orgasmus oder minderwertigen Qualitäten als Liebhaber besteht, könnte das auch daran liegen, dass Männer, die bereits falsche Vorstellungen vom weiblichen Orgasmus haben oder schlechte Liebhaber sind, eher Pornofilme konsumieren als andere. Zweitens basiert unsere Annahme, dass die meisten weiblichen Pornogasmen nicht echt sind, auf einer prototypischen Vorstellung von Pornofilmen. Es gibt jedoch viele Arten von Pornofilmen und auch von Pornodarstellerinnen, die Häufigkeit echter weiblicher Pornogasmen kann also extrem variieren. Hilfreich wäre hier eine Analyse, wie oft Darstellerinnen in Pornofilmen allein durch Vaginalverkehr zum Orgasmus kommen und wie oft sie multiple Orgasmen haben. Je häufiger solche Darstellungen, umso sicherer könnten wir sein, dass die meisten weiblichen Pornogasmen nicht echt sind. Und selbst wenn sich herausstellen sollte, dass Pornodarstellerinnen tatsächlich anders sind als die meisten anderen Frauen, bleibt es problematisch, wenn Männer Pornos schauen und glauben, dass das, was dort zum (echten oder gespielten) Pornogasmus führt, auch bei ihren Partnerinnen zum Orgasmus führen wird.

Unsere Schlussfolgerungen mögen banal klingen, tatsächlich aber ist es eine schwerwiegende Behauptung, dass der Konsum von Pornofilmen Männer dazu verleiten könnte, falsche Vorstellungen von den Ursachen weiblicher Orgasmen zu entwickeln, und sie in der Konsequenz zu schlechten Liebhabern macht. Für die meisten Menschen ist ein befriedigendes Liebesleben ein wichtiger Bestandteil einer Partnerschaft. Sexuelle Probleme können zu einer enormen Belastung für eine Liebesbeziehung werden. Wenn der Sex die Sehnsüchte der Frau und des Mannes nicht erfüllt, kann das Konflikte nach sich ziehen und die Zufriedenheit in der Partnerschaft beeinträchtigen.

Daher sind wir der Meinung, dass Porno-Webseiten und Porno-DVDs folgenden Warnhinweis führen sollten: »Der Konsum von Pornofilmen kann Gefühle sexueller Minderwertigkeit und Langeweile im eigenen Sexleben hervorrufen und Männer zu schlechten Liebhabern machen!« Darüber hinaus glauben wir, dass Pornografie – genau wie gewalttätige Computerspiele – zu Unrecht für gesellschaftliche Probleme verantwortlich gemacht wird. Zwar gibt es kaum Studien über den Nutzen von Pornografie, aber trotzdem gibt es ihn. Unter bestimmten Umständen kann Pornografie zur Verbesserung des Sexlebens beitragen oder zur kostengünstigen Unterhaltung dienen. Und nebenbei bemerkt finden sich in der psychologischen Literatur nur sehr wenige Studien über die negativen Auswirkungen von Liebesromanen auf Frauen!

## 4. VIRTUELLE SEITENSPRÜNGE

Monogamie, Pornografie und Erotika

Eigentlich hatte Kelly an diesem Abend etwas vor, aber ihre Lesegruppe wurde im letzten Moment abgesagt. Im Grunde ist sie ganz froh darüber; endlich eine Gelegenheit, mit Zach bei einem Gläschen Wein einen ruhigen Abend zu verbringen. Als sie die Wohnung betritt, hört sie Zach im Arbeitszimmer. Sie öffnet die Tür, und ihr Freund dreht sich erschreckt zu ihr um, er ist hochrot geworden und wirkt schuldbewusst. Sie wirft einen Blick auf den Bildschirm und rennt aus dem Zimmer.

Kelly hat Zach beim Pornoschauen und Masturbieren erwischt. Sie ist zutiefst verletzt. Für sie ist es, als hätte er sie und die Beziehung verraten. Dass er allein, hinter ihrem Rücken, Pornos schaut, fühlt sich an, als hätte er sie betrogen. Ihre Reaktion mag etwas überzogen sein, aber völlig unrealistisch ist sie nicht. Viele Menschen würden sich betrogen fühlen, wenn sie herausfänden, dass ihr Partner allein Pornos schaut. Dieser Essay beschäftigt sich mit der Frage, ob diese Reaktion angemessen ist: Gibt eine Liebesbeziehung den Partnern das Recht, dem anderen den Pornokonsum zu untersagen oder sich davon hintergangen oder betrogen zu fühlen?

Untersucht wird hier der Konsum von Pornografie durch einen der Partner einer monogamen Liebesbeziehung, also Fälle wie der von Zach und Kelly, wo die Partner ausdrücklich oder unausgesprochen vereinbart haben, einander treu zu sein, und dennoch einer der beiden allein Pornografie konsumiert.

Der Konsum von Pornografie bietet schon an sich ein interessantes Themenfeld, innerhalb einer monogamen Partnerschaft aber wirft er besondere Fragen auf. Wenn Kelly verletzt ist, weil Zach vor dem Bildschirm masturbiert, dann weil sie das Gefühl hat, dass Zach sie hintergangen, ihre *Beziehung* verraten hat. Ich möchte untersuchen, ob der Konsum von Pornografie in einer Liebesbeziehung Restriktionen unterliegen sollte oder nicht.

Ich werde zwei Argumente beleuchten, die ein Partner in einer Liebesbeziehung gegen den Pornokonsum des anderen anführen könnte. Erstens: Sexuelle Handlungen beim Betrachten erotischer Darstellungen einer anderen Person sind eine Form der Untreue. Ich werde dieses Argument widerlegen. Kelly mag sich hintergangen fühlen, aber tatsächlich betrogen wurde sie nicht. Zweitens: Der Konsum von Pornografie durch einen der Partner allein ist unzulässig, weil er Einstellungen (in der Regel zu Frauen) widerspiegelt, die mit einer Liebesbeziehung unvereinbar sind. Ich möchte zeigen, dass dieser Einwand bei manchen, nicht aber bei allen pornografischen Darstellungen greift. Das Fazit meiner Überlegungen wird sein, dass die Frage, ob Kellys Empörung berechtigt ist oder nicht, von der Art der Pornografie abhängt, die Zach konsumiert hat.

Wie steht es also mit der Auffassung, Zach sei seiner Freundin dadurch, dass er allein einen Porno geschaut hat, untreu geworden – er habe Kelly mit einem Pornosternchen betrogen? Schließlich führen sie eine monogame Beziehung. Zach hat sich zu sexuellen Handlungen mit einer anderen Person hinreißen lassen – oder zumindest mit Bildern von einer anderen Person. Stellt das eine Form der Untreue dar?

Vielleicht haben Zach und Kelly explizite Vereinbarungen über die Regeln ihrer Beziehung getroffen. Vielleicht sind sie übereingekommen, dass der Konsum von Pornografie durch einen der Partner allein als Untreue gelten soll. Tatsächlich aber tun dies nur sehr wenige Paare. Normalerweise gehen wir davon aus, dass unser Partner intuitiv weiß, was verboten ist. Außerdem hat allein die Art und Weise, wie wir unsere Beziehungen führen, normativen Charakter. Wir können untersuchen, welche Regeln ein Paar akzeptieren *sollte* und welche es tatsächlich akzeptiert. Beispielsweise könnte ein Paar die Vereinbarung treffen, dass keiner der beiden jemals mit einem anderen Menschen Schokokekse essen wird. Dies gehört zu den Regeln ihrer Beziehung, und ein Verstoß dagegen würde eine »Untreue« darstellen. Wir können uns über diese Regel eine Meinung bilden: Sofern keine besonderen Umstände vorliegen, ist es eine alberne Regel. Sich außerehelichen Kekskonsum zu verbieten ist unsinnig. Generell bedarf jede Regel einer Partnerschaft, die dem anderen Zugang zu wertvollen Gütern – wie Keksen oder sexueller Lust – verwehrt, einer Rechtfertigung. Ist es ratsam für Paare, im Rahmen ihrer Monogamieregeln auch den Gebrauch von Erotika einzuschränken? Ich möchte zeigen, dass die Gründe, die für ein Monogamiegebot sprechen, nicht zugleich auch ein Verbot von Erotika rechtfertigen. Tatsächlich gibt es sogar gute Gründe, dem Partner in einer monogamen Liebesbeziehung den Konsum von Erotika zu erlauben.

Wie Bryan R. Weaver und ich andernorts bereits ausgeführt haben, umfassen die Regeln der Monogamie mindestens zwei Grundsätze: Sexuelle Handlungen beschränken sich auf Beziehungen mit einem bestimmten Merkmal, und die Anzahl von Partnern, zu denen man eine Beziehung mit diesem bestimmten Merkmal unterhalten kann, beschränkt sich auf einen.[1] Ein monogamer Mensch darf nur dann mit einer anderen Person Sex haben, wenn er zu dieser anderen Person eine (geschlechtliche) Liebesbeziehung unterhält, und er darf eine solche Beziehung nur zu *einer* anderen Person zur Zeit unterhalten.[2] Offensichtlich berührt die Frage nach dem Pornografiekonsum in einer Partnerschaft nur den ersten dieser Grundsätze, da der Pornokonsum keine weitere geschlechtliche Liebesbeziehung ein-

geht. Ich konzentriere mich daher allein auf diejenige Mono-
gamienorm, die Sex auf Liebesbeziehungen beschränkt.

Bryan R. Weaver und ich zeigen, dass manche, aber nicht
alle Paare zu Recht monogam sind. Das heißt, sie haben guten
Grund, alle Regeln der Monogamie anzuerkennen und ein-
zuhalten. In diesem Essay allerdings konzentriere ich mich, wie
gesagt, auf die erste: Sexuelle Handlungen sollen auf Liebesbeziehungen beschränkt sein. Ist das sinnvoll?

Es gehört zum Wesen der geschlechtlichen Liebe, dass Paare
ihr instinktiv eine besondere Bedeutung beimessen. Sex bedeutet Intimität, und zwar ein hohes Maß an körperlicher Intimität,
aber auch einer Intimität ganz anderer Art. Sex ist eine gemeinsame Erfahrung intensiven Genusses. Dieser Genuss resultiert
aus der Interaktion der Partner – es ist die Lust am und mit dem
anderen. Diese gelebte Intimität kann sowohl Ausdruck als auch
Grundlage der partnerschaftlichen Liebe sein. Es ist also folge-
richtig, dem Sex eine besondere Bedeutung beizumessen, ihm
eine wesentliche Rolle für die Beziehung zuzuschreiben. Sex,
der diese Bedeutung trägt, werde ich als »Liebesakt« bezeichnen. Es ist berechtigt (wenn auch nicht zwingend), jedwedem
Sexualverkehr des Partners Bedeutung beizumessen: Die mit
dem Sexualverkehr einhergehenden Handlungen sind von Be-
lang, weil sie eigentlich Bestandteil der intimen Paarbeziehung
sind. Sobald einer der Partner dem Sex diese Bedeutung gibt, ist
es für ihn oder sie schmerzhaft, wenn der andere mit einer dritten Person, in die er oder sie nicht verliebt ist, Sex hat. Durch
den Sex ohne Liebe negiert der untreue Partner stillschweigend
die Bedeutung, die der andere dem Sex beimisst. Der verletzte
Partner interpretiert den Geschlechtsakt als Liebesakt, während
der andere in der Lage ist, Sex ohne Liebe zu praktizieren. Für
das Verständnis ihrer vorherigen gemeinsamen sexuellen Erlebnisse kann das verheerend und für den betroffenen Partner
zutiefst verletzend sein. Wenn also Sex ohne Liebe einen oder

beide Partner berechtigterweise verletzt, ist es sinnvoll, Sex auf Liebesbeziehungen zu beschränken.[3]

Wenn diese Argumentation korrekt ist, kann es für ein Paar richtig sein, monogam zu leben und mit dem Bekenntnis zur Beziehung sexuelle Begegnungen ohne Liebe auszuschließen. Was bedeutet das für den Pornografiekonsum durch einen der Partner? Sollten die Regeln der Monogamie auch die Masturbation beim Porno ausschließen? Sollte Masturbation als Untreue gelten?

Eine solche rationale Begründung für Monogamie mag vordergründig auch ein Verbot von Pornografiekonsum durch einen der Partner allein rechtfertigen. Masturbation lässt sich, genau wie ein One-Night-Stand, als Sex ohne Liebe interpretieren und damit implizit als Verstoß gegen die partnerschaftliche Übereinkunft, dass Sex Ausdruck und grundlegender Bestandteil ihrer Intimität ist.

Ich halte dieses Argument für nicht überzeugend. Um die Bedeutung des Sex in der Partnerschaft untergraben zu können, müsste der Pornografiekonsum signifikante Ähnlichkeiten zu diesem aufweisen. Sofern aber beim Pornografiekonsum nicht die gleichen Handlungen vollzogen werden wie beim Sex mit dem Partner, kann er der als bedeutungsvoll empfundenen sexuellen Begegnung der Partner nicht die Relevanz nehmen. Sofern also Pornografiekonsum keinen Geschlechtsverkehr involviert, kann er die Verbindung zwischen Sex und Liebe in der Partnerschaft nicht untergraben. Wer im September Geleebohnen isst, leugnet nicht den ganz speziellen Zusammenhang zwischen Schokoladeneiern und Ostern.

Sex innerhalb einer Partnerschaft ist vom Pornografiekonsum ohne den Partner zu unterscheiden. Zum Pornografiekonsum gehört auch Selbstbefriedigung. Man *kann* die durch Pornografie stimulierte Masturbation als Sexualakt mit einer anderen Person beschreiben: Das Bild der Darstellerin (nennen wir sie Jenna) ruft sexuelle Erregung hervor und spielt in den Fantasien des Masturbierenden eine Rolle. Doch Jenna ist nur sehr indirekt beteiligt. Eine tatsächliche Interaktion zwischen Zach und Jenna findet nicht statt. Hier liegt der entscheidende Unterschied zwischen Masturbation und Liebesakten. Masturbation ist fraglos eine sexuelle Handlung, die durch sexuelle Erregung ausgelöst wird und für gewöhnlich zum Orgasmus führt. Aber sie beinhaltet keinen »Sexualverkehr«, womit nicht zwingend die Penetration, in jedem Fall aber sexuelle Interaktion zwischen zwei oder mehreren Personen gemeint ist. Im Gegensatz zu einer Affäre ist bei der Masturbation kein Geschlechtsverkehr ohne Liebe, keine körperliche Intimität ohne emotionale Intimität involviert. Die Bedeutung des Liebesakts rührt aus der zutiefst freudvollen und hochgradig intimen Interaktion der Partner her. Da diese Interaktion bei der Masturbation fehlt, gibt es keinen Grund, dass sie die Bedeutung des Liebesaktes in der Wahrnehmung der Partner beeinträchtigen sollte.[4] Ein Paar kann sexuelle *Interaktionen* als bedeutsam ansehen. Damit wären im Kontext der Monogamie sexuelle Interaktionen – nicht aber die Selbstbefriedigung – auf Liebesbeziehungen beschränkt.

Kelly mag einwenden, dass es zwischen Zach und Jenna zwar nicht zu sexuellen Interaktionen gekommen ist, dass Zach aber Fantasien mit Jenna entwickelt und sich möglicherweise ausgemalt hat, mit ihr Sex zu haben, und dass er sich mit Hilfe dieser Fantasien zum Orgasmus gebracht hat. Zach hat sich also Geschlechtsverkehr ohne Liebe vorgestellt, die Idee von Geschlechtsverkehr ohne Liebe damit befürwortet und implizit geleugnet, dass Sexualverkehr etwas Bedeutungsvolles ist, das mit der in seiner Partnerschaft vorhandenen Liebe zu tun hat.

Sie versteht Fantasie damit als eine Form des Wunschdenkens und geht davon aus, dass Zach sich wünscht, der Held seiner Fantasie zu sein. Tatsächlich aber funktionieren Fantasien oft ganz anders. Menschen malen sich Situationen aus, die sie im wirklichen Leben als äußerst unangenehm empfinden würden, Fantasien über Sex in der Öffentlichkeit zum Beispiel scheinen recht weit verbreitet zu sein. Zach kann auch so verstanden werden, dass er in seiner Fantasie die Perspektive einer Person einnimmt, die mit Jenna Sex hat. Dass er an dieser Perspektive Spaß hat, bedeutet nicht, dass er tatsächlich mit Jenna Sex haben will. Der Held in seiner Fantasie mag ebenfalls »Zach« heißen und vielleicht sogar ein bisschen so aussehen wie Zach (wenn auch vermutlich deutlich besser). Aber es ist nicht Zach. Zach kann sich diese Konstellation ausmalen und trotzdem dabei bleiben, dass Sex ihm aufgrund der Rolle, die er in seiner Beziehung zu Kelly spielt, etwas bedeutet, weshalb er nicht mit jemandem ins Bett gehen will, den er nicht liebt.

Es ist ein himmelweiter Unterschied, ob man sich Sex mit Jenna ausmalt oder Sex mit Jenna hat. Hätte Zach tatsächlich mit Jenna Sex gehabt, hätte er damit die Bedeutung des Liebesaktes für sich und Kelly in Frage gestellt. Er hätte einen Akt vollzogen, in dem Sex von Liebe getrennt ist. Indem er sich Sex mit Jenna aber nur vorstellt, malt er sich lediglich aus, ein Mensch zu sein, für den Sex und Liebe zu trennen sind. Tatsächlich aber gibt es diese Trennung für ihn nicht. Zwei Aspekte spielen dabei eine Rolle: Erstens liegt kein realer Fall von Sex ohne Liebe vor, sondern nur ein imaginierter. Zweitens ist es nicht Zach, sondern »Zach«, der Sex ohne Liebe hat. Für Zach selbst ist Sex immer noch an seine Liebe zu Kelly geknüpft und kann damit weiterhin als Ausdruck und Grundlage ihrer gegenseitigen Liebe eine wichtige Rolle in der Partnerschaft spielen.

Der entscheidende Gedanke hinter der Ablehnung von Sex ohne Liebe besteht darin, dass Sex in einer Partnerschaft sowohl Ausdruck von Intimität als auch teilweise Stifter dieser Intimität ist. Wenn die Partner Sex haben, ist das ein Akt der Liebe. Wenn nun einer der Partner mit einer anderen Person

Sex hat, die er nicht liebt, untergräbt er die Bedeutung des Sex innerhalb der Partnerschaft, weil er den normalerweise bedeutungsvollen Akt ohne seine übliche Bedeutung vollzieht. Wenn er Sex ohne Liebe hat, kommt seinen Handlungen beim Liebesakt nicht mehr die gleiche Bedeutung zu, sie symbolisieren oder begründen nicht länger die liebende Intimität. Sich Sexualverkehr ohne Liebe aber lediglich vorzustellen oder auszumalen ist weder gleichbedeutend mit tatsächlichem Sex ohne Liebe, noch sagt es aus, dass derjenige Sex ohne Liebe für sich persönlich als reale Möglichkeit ansieht. Wenn er Sex hat, ist das für ihn weiterhin ein Akt der Liebe.

Der entscheidende Punkt hierbei ist, dass Sex für Zach persönlich untrennbar mit Liebe verbunden sein kann, er deswegen aber nicht jede Form von Gelegenheitssex verdammen muss. Er kann sich Sex zwischen »Zach« und Jenna vorstellen und diese Vorstellung sogar genießen. Dies steht in direktem Widerspruch zu John Finnis' Behauptung, eine angemessene Wertschätzung von ehelichem Sex verlange, dass »außereheliche sexuelle Handlungen im eigenen Bewusstsein aus der Sphäre der akzeptablen und wertvollen menschlichen Optionen vollständig ausgeschlossen werden«.[5] Finnis behauptet, wer Gelegenheitssex für zulässig halte, verrate damit »eine vorhandene, wenn auch vorbehaltliche Bereitschaft«, selbst Gelegenheitssex zu haben. Wenn Gelegenheitssex für andere gut ist, dann folgt daraus im Sinne der Verallgemeinerbarkeit, dass er unter den gleichen Umständen auch für mich gut wäre.[6] Zu meiner monogamen Beziehung gehört aber eine bestimmte Wahrnehmung von Sex, die jede, auch vorbehaltliche Bereitschaft zu Gelegenheitssex ausschließt. Finnis kommt zu dem Schluss, dass monogame Partner Gelegenheitssex generell und für alle als unzulässig ansehen müssen.

Im Gegensatz dazu bin ich der Ansicht, dass monogame Partner Sex eine Bedeutung beimessen können, die Gelegenheitssex für beide Partner ausschließt, während sie ihn gleich-

Fiona Woollard

zeitig für andere als zulässig oder sogar gut einstufen. Für ein monogames Paar hat Sex mit Liebe zu tun, und zwar *bedingt* durch die Rolle, die er in ihrer Partnerschaft spielt. Für alle, die nicht in einer solchen Beziehung leben, muss es diesen Zusammenhang von Sex und Liebe nicht geben. Das monogame Paar kann diese andere Sichtweise verstehen und billigen, ohne damit das eigene Verständnis von Sex als emotional bedeutend zu untergraben. Grund für ihre Ablehnung von Gelegenheitssex ist ja die Partnerschaft. Eine Bereitschaft zum Gelegenheitssex, die unter dem Vorbehalt steht, dass dieser Grund nicht vorläge, ist von einer tatsächlich bestehenden Bereitschaft deutlich verschieden. Die Bereitschaft zu Gelegenheitssex in einer Partnerschaft, in der dem Sex eine tiefe emotionale Bedeutung beigemessen wird, würde diese Bedeutung auf eine Art und Weise untergraben, die für den anderen zutiefst verletzend sein kann. Eine bedingte Bereitschaft zum Gelegenheitssex jedoch untergräbt nicht die Bedeutung, die die Partner dem Sex zuschreiben.

Damit ist gezeigt, dass der Konsum von Pornografie ohne den Partner auch dann, wenn er mit Fantasien über Sex mit der Darstellerin ohne jede Liebe einhergeht, die emotionale Bedeutung von Sex innerhalb der Partnerschaft nicht zwingend untergräbt. Aber vielleicht ist Masturbation – mit oder ohne Pornografie – gar nicht ganz so lieb- und bedeutungslos, wie mancher denken mag. Wie Alvy Singer alias Woody Allen es ausdrückt: »Sag nichts gegen Masturbation. Das ist Sex mit jemandem, den ich liebe.«[7]

Wir haben hoffentlich die Zeiten hinter uns gelassen, als Masturbation noch als gesundheitsschädlich verschrien war, als man noch glaubte, Jungs könnten davon blind werden oder ihnen würden Haare in den Handflächen wachsen, aber dennoch besteht noch immer die Tendenz, über Masturbation die Nase zu rümpfen. Manche halten sie noch immer für emotional schädlich, weil sie angeblich eine selbstsüchtige oder abschätzige Haltung zu Sex fördert. Bestenfalls gilt sie als Methode, sexuelle Anspannung abzulassen, wenn die wünschenswertere Option – Sex mit dem Partner – nicht zur Verfügung steht. Ich hingegen bin der Ansicht, dass Masturbation im Sexualleben eines Menschen eine wertvolle Rolle spielen kann und dass der Konsum von Pornografie ohne den Partner eine in dieser Hinsicht besonders effektive Form von Masturbation ermöglicht.

Masturbation kann, insbesondere wenn sie an Fantasien gekoppelt ist, eine persönliche sexuelle Entdeckungsreise sein. Sie liefert Erkenntnisse über den eigenen Körper und den eigenen Geist. Indem wir den eigenen Körper erforschen, finden wir heraus, welche Gefühle wir besonders genießen, welche Zonen besonders erogen sind. Mit der Fantasie erforschen wir die sexuellen Seiten unseres Geistes, die Vorstellungen und Bilder, die uns erregen.

Pornografie und Erotik können auf dieser Entdeckungsreise überaus hilfreich sein. Zuerst und vor allem können sie den Anreiz geben, der alles ins Rollen bringt: die erotische Repräsentation als Sprungbrett für die eigene Imagination. Darüber hinaus kann sie sexuelle Alternativen aufzeigen, die einem selbst noch nie in den Sinn gekommen sind. Wendy McElroy schreibt: »Pornografie vermittelt Frauen einen Eindruck von den sexuellen Möglichkeiten, die ihnen zur Verfügung stehen: Masturbation, Voyeurismus, Exhibitionismus, Sex mit Fremden, in der Gruppe, gleichgeschlechtlicher Sex … Man nennt sie auch ›Reiseführer durch die sexuelle Galaxis‹.«[8] Pornografie eröffnet der weiblichen Fantasie neue Möglichkeiten, die die Grenzen der eigenen Imagination sprengen. Und über die schlichte Vervielfältigung der Optionen hinaus kann Pornografie die Fantasien auch lebendiger machen. Indirekt können wir die dargestellten Situationen selbst durchleben. Wir gewinnen einen Eindruck davon, wie diese Situation sich anfühlt und wie wir darauf reagieren.

Solche sexuellen Entdeckungen können der Partnerschaft guttun. Zeitschriften für junge Frauen verweisen ja immer wieder darauf, dass es durch eine gute Vorarbeit in Form der persönlichen sexuellen Erkundung leichter ist zu wissen, was beim Sex mit einem Partner zu tun ist und was man will. Durch Masturbation lernen wir die Reize kennen, auf die unser Körper am stärksten reagiert, was in einer Partnerschaft helfen kann, einander zu befriedigen. Auch kann man Anregungen aus erotischen Darbietungen für sich ausprobieren. Dazu ist es wichtig, dass beide Partner den Raum haben, für sich allein auf Entdeckungsreise zu gehen, weil wir so unseren Reaktionen auf bestimmte Fantasien nachgehen können, ohne uns zu kompromittieren. Wir können aufhören, wann wir wollen, und so weit gehen, wie wir wollen, ohne Angst, den Partner zu enttäuschen oder ihm ein ungutes Gefühl zu vermitteln.

Aber mehr noch als das ist die Erforschung der eigenen Sexualität und die Freude daran an sich wertvoll. Masturbation ist ein wichtiger Bestandteil einer ungestörten Beziehung zur eigenen Sexualität. Nicht zuletzt geht es dabei um Selbsterkenntnis und Selbstverständigung: Wie soll ein Mensch die eigene Sexualität voll und ganz bejahen, wenn er sie gar nicht kennt? Gleichzeitig geht es auch um liebevolle Aufmerksamkeit für den eigenen Körper, die ganz allein auf den persönlichen Genuss gerichtet ist. Ein Ersatz für eine sexuelle Begegnung kann Masturbation nicht sein. Es fehlt die geteilte Intimität, das Spiel von Aktion und Reaktion, das Sex mit einem Partner auszeichnet. Dennoch hat sie ihre Qualitäten. Beim Geschlechtsverkehr, der diesen Namen verdient, sind beide Partner zumindest teilweise auf den anderen ausgerichtet und darum bemüht, ihm Genuss zu verschaffen und auf seine Bedürfnisse zu reagieren. Bei der Masturbation ist man allein auf den eigenen Genuss konzentriert. Diese Freiheit, auf sich selbst bezogen (ohne selbstsüchtig) zu sein, ermöglicht eine Form der Befriedigung, die mit einem Partner vielleicht nicht zu haben ist. Außerdem ist die Erkenntnis, dass man sich in dieser Weise auf den eigenen Genuss ausrichten, ihn als erstrebenswertes Ziel erleben darf, Teil der Selbstakzeptanz.

Masturbation spielt also gleich für mehrere Aspekte einer gesunden Sexualität eine wichtige Rolle: den auf sich selbst bezogenen sexuellen Genuss, das Verstehen und Annehmen der eigenen Sexualität, die Erkundung neuer sexueller Techniken und Erfahrungen. Pornografie ist ein nützliches Werkzeug, mit dessen Hilfe Masturbation diese verschiedenen Funktionen erfüllen kann. Es spricht also vieles dafür, die weit gefasste Variante von Monogamie, die den Partnern den Konsum von Pornografie ohne den anderen verbietet, abzulehnen. Wie oben bereits erläutert, sind Pornografiekonsum und Gelegenheitssex grundlegend verschieden. Ein Verbot von Gelegenheitssex impliziert nicht automatisch ein Verbot von Pornografie. Die Tatsache, dass der Konsum von Pornografie ohne den Partner für das Sexualleben eines Menschen eine bedeutende Rolle einnehmen kann, ist Anlass genug, die schwächere Version der Monogamie zu wählen: nämlich die, die Gelegenheitssex, aber nicht Pornografie ausschließt.

Kelly könnte jedoch für ihren Protest gegen Zachs Pornokonsum noch andere Gründe haben als den vermeintlichen Verstoß gegen die Monogamie. Sie könnte der Meinung sein, dass dadurch etwas an Zach zum Vorschein gekommen ist, das ihre Beziehung untergräbt. Zach ist nicht der Mann, den sie zu kennen glaubte. Die Einstellung zu Frauen, die Zach mit seinem Pornokonsum zum Ausdruck gebracht hat, verletzt sie.

Zach lebt eine sexuelle Liebesbeziehung mit Kelly, und diese Beziehung basiert auf gegenseitigem Respekt. Selbst wenn wir, wie oben erläutert, unsere Fantasien nicht notwendigerweise persönlich ausleben wollen, so stellt das sexuelle Vergnügen daran doch in gewisser Weise eine Billigung dar. Es bedeutet,

Fiona Woollard

dass wir das, was wir sehen, für erstrebenswert halten. Wenn also Zach von Darstellungen erregt wird, die Frauen erniedrigen, wenn sein sexuelles Vergnügen aus der Misshandlung und Unterwerfung von Frauen herrührt, untergräbt das seine Beziehung zu Kelly. Wie Thomas Scanlon zeigt, liegt das unter anderem daran, dass eine Beziehung (sei es Liebe oder Freundschaft) zu einem Menschen, der unseren eigenständigen moralischen Status nicht anerkennt, stets unbefriedigend bleibt.[9] Eine echte Liebesbeziehung zu einer Frau erfordert Respekt vor Frauen im Allgemeinen. Wenn Frauen für Zach nur Sexobjekte sind, dann ist auch Kelly für ihn nur Sexobjekt. Er mag der Meinung sein, dass sie als *seine Frau* mit Respekt zu behandeln sei, aber ihren eigenen Status als Person erkennt er nicht an. Erniedrigende Pornografie stellt auch noch in anderer Hinsicht eine Bedrohung dar. Sex spielt in der Partnerschaft von Kelly und Zach eine wichtige Rolle. Zach ist ihr Liebhaber, was für Kelly Anlass genug ist, sich genau anzuschauen, wie er in sexueller Hinsicht zu Frauen in Beziehung tritt. Wenn die Erniedrigung von Frauen ihn sexuell erregt, wirft das kein gutes Licht auf seinen sexuellen Austausch mit Kelly. Sie mag sich außerstande sehen, das zu vergessen und sich ihm gegenüber genauso zu öffnen wie bisher.

So zumindest reagiert in Alice Walkers Erzählung »Porno« die Protagonistin auf die Pornografiesammlung ihres Liebhabers: »... seitenweise Frauen ... gefesselt, oft geknebelt. Mit gespreizten Beinen. Auf die Knie gezwungen.« Später unternimmt das Paar den Versuch, miteinander zu schlafen. Walker beschreibt die körperliche Reaktion der Frau in zwei Worten: »Sie würgt.« Nachdem sie diese andere Seite der Sexualität ihres Liebhabers entdeckt hat, sein Vergnügen an Darstellungen, die sie »arm«, »widerwärtig« und »deprimierend« findet, kann sie nicht mehr mit ihm schlafen.[10]

Manche Menschen finden Gefallen an Sadomasochismus,

Bondage und Dominanz, häufig auch innerhalb einer Liebesbeziehung. Richtig verstanden, erklären sie, müssten diese Praktiken keine geringschätzige Einstellung zum anderen mit sich bringen. Für die Zwecke dieses Essays muss ich diese Frage nicht diskutieren. Mir geht es lediglich darum zu zeigen, dass *wenn* die konsumierte Pornografie eine verächtliche Haltung zu Frauen vermittelt, dies erhebliche Auswirkungen auf die Liebesbeziehung hat. Dieser Vorwurf trifft auf einige Formen von Pornografie zu, und jedem, der sie sexuell erregend findet, mangelt es offensichtlich an Respekt vor Frauen. Andrea Dworkin beschreibt eine Fotoserie von »einer Frau, die sich die Brüste mit dem Messer aufschlitzt, sich ein Schwert in die Vagina einführt«.[11] Erotische Lust an echter körperlicher Qual, an Angst und Folter ist mit einer Liebesbeziehung nicht vereinbar. Ob Gleiches auch für nuanciertere Formen von Dominanz und Lustschmerz gilt, lasse ich bewusst offen. Wo aber die Partnerin eines Pornokonsumenten Grund hat, die Pornografie als frauenfeindlich zu verstehen, kann sie auch begründeten Einwand erheben und ihren Partner auffordern zu erklären, warum die Dinge nicht so sind, wie sie zu sein schienen. Natürlich ist die Forderung, der Partner möge sich für das, was ihn anmacht, rechtfertigen, nicht unproblematisch: Persönliche sexuelle Fantasien sind ja nicht zuletzt deshalb so wertvoll, weil sie die Möglichkeit bieten, die eigene Sexualität ohne Angst vor Konsequenzen zu erkunden. Dieses Spannungsverhältnis beziehungsweise diese Beeinträchtigung der persönlichen sexuellen Freiheit ergibt sich wohl unvermeidlich aus der Tatsache, dass wir, indem wir eine sexuelle Liebesbeziehung eingehen, dem anderen ein gewisses Mitspracherecht an unserer Sexualität einräumen.

Verrät Pornokonsum grundsätzlich eine abschätzige Haltung gegenüber Frauen? Für manche feministische Pornografiegegnerinnen gehört die Misshandlung von Frauen zur De-

Fiona Woollard

finition von Pornografie. Laut Dworkin und MacKinnon ist Pornografie »die plastische, eindeutig sexuelle Unterwerfung von Frauen in Wort und/oder Bild«.[12] Der erniedrigenden Pornografie stellen sie die ermächtigende Erotik gegenüber. Dem allgemeinen Sprachgebrauch scheint das allerdings nicht zu entsprechen, in dem fast alle »anzüglichen« Bilder oder Bücher als »Porno« bezeichnet werden. »Erotik« klingt nach sepiafarbenen Fotografien, nach Pornografie, die nach Erhabenheit strebt, und weniger nach einer besonders positiven Einstellung zu Frauen. Vermutlich brauchen wir einen neuen Begriff für gewalttätige Pornografie, so dass die Ablehnung solcher Inhalte nicht zugleich als Ablehnung aller Formen der Erotik missverstanden werden kann. Doch unabhängig von Begrifflichkeiten geht es darum zu verstehen, dass Erotika ihr Subjekt nicht zwingend in seinem autonomen Menschsein abwerten, sondern voll und ganz mit diesem vereinbar sein können. Es kommt nicht zwangsläufig einer Entwürdigung der Frau (oder des Mannes) gleich, sie oder ihn als sexuelles Wesen, in sexueller Pose darzustellen. Sofern wir Sexualität selbst nicht für entwürdigend halten, gibt es keinen Anlass, sexuelle Darstellungen als entwürdigend zu empfinden.

Ich habe gezeigt, dass der Konsum von Pornografie keine Form der Untreue darstellt. Eine vernünftige Norm der Monogamie schränkt den Konsum von Pornografie ohne den Partner nicht ein. Pornografiekonsum ohne den Partner ist keine Form von Gelegenheitssex. Er zerstört nicht die Bedeutung von Sex für die Partnerschaft. Darüber hinaus gibt es gute Gründe, den Konsum von Pornografie ohne den Partner zu erlauben, da Masturbation und Fantasie für eine gute Sexualität eine bedeutende Rolle spielen und Pornografie in dieser Hinsicht als wichtiges Hilfsmittel dienen kann. Dessen ungeachtet kann der Konsum bestimmter Formen von Pornografie durchaus als Untreue verstanden werden. Die erotische Billigung der Erniedrigung von Frauen kann die vermeintlich gleichberechtigte Liebes- und Sexualbeziehung untergraben. In diesem Sinne wären manche, aber nicht alle Formen der Pornografie unzulässig. Wo Frauen aber als sexuelle Subjekte dargestellt werden, die ihre eigene Sexualität genießen und kontrollieren, ist der Konsum solcher Inhalte mit einer monogamen Liebes- und Sexualbeziehung nicht nur voll vereinbar, sondern könnte ihr sogar zugutekommen.

# 5. DIE »SCHÖNE KUNST« DER PORNOGRAFIE?

## Im Spannungsfeld von künstlerischem und pornografischem Wert

Kann ein pornografisches Werk einen künstlerischen Wert haben? Es gibt pornografische Darstellungen, die, zumindest oberflächlich betrachtet, Ähnlichkeiten zur Kunst aufweisen. Filme, Fotografien, Gemälde und literarische Werke können, grundsätzlich, künstlerisch wertvoll sein. Und natürlich können Filme, Fotografien, Gemälde und Romane auch pornografisch sein. Ist aber künstlerischer Wert für pornografische Werke ausgeschlossen?

Zur Annäherung an das Thema hilft es vielleicht, sich die Art der Aufmerksamkeit anzuschauen, die wir künstlerischen beziehungsweise pornografischen Werken schenken. Aus der Beschäftigung mit einem Gegenstand, sei es ein Bild, ein Text oder ein Musikstück, kann sich ein künstlerisches Interesse an ihm entwickeln. Wenn das geschieht, gehen daraus typischerweise eine Kritik, eine Interpretation oder eine Beurteilung des Werkes hervor – und das Ergebnis dieser Auseinandersetzung ist offenbar genau das, worum es uns geht, wenn wir uns auf der Ebene der Kunst mit einem Gegenstand beschäftigen. Wir können auch ein pornografisches Interesse an einem Werk haben, das heißt uns im Dienste unserer sexuellen Erregung damit beschäftigen. Dass es sich dabei um zwei gänzlich voneinander verschiedene Zugänge handelt, liegt auf der Hand: Um den künstlerischen Wert eines Werkes anerkennen zu können, bedarf es keiner sexuellen Erregung, und die sexuelle Erregung bedarf keiner künstlerischen Wertschätzung des jeweiligen Werkes. Besteht aber auch die Möglichkeit, dass die sexuelle Erregung die Voraussetzung dafür ist, dass wir den künstlerischen Wert eines Gegenstandes erfassen können?

Ich halte es zweifelsohne für möglich, dass jemand mal ein pornografisches Interesse und mal ein künstlerisches Interesse an einem Werk hat. So kann ein Betrachter einmal an der Oberflächenstruktur des »David« von Michelangelo interessiert sein, ein anderes Mal schlicht an David, was festzustellen nicht weiter aufregend ist. Denken wir an unsere Ausgangsfrage zurück, ob nämlich pornografische Werke einen künstlerischen Wert haben können. Es gibt eine Reihe von Philosophen und Kunstwissenschaftlern, die sich dagegen ausgesprochen haben,[1] andere Philosophen wiederum halten es für möglich, doch scheint für diese Verfechter »pornografischer Kunst« der künstlerische Wert einer Arbeit irgendwie unabhängig von ihrem pornografischen Inhalt zu sein – was nichts anderes besagt, als dass ein Werk *trotz* seines pornografischen Inhalts künstlerisch wertvoll sein kann.[2] Das ist vermutlich richtig, aber eine eher schwache Aussage. Im Grunde steckt nicht mehr darin als die Beobachtung, dass ein Mensch an einem Werk unterschiedliche Interessen hegen kann, was nicht weiter überrascht. Es gibt viele verschiedene Interessen und viele verschiedene Werte, die man einem Werk zuschreiben kann: künstlerische, historische, finanzielle, ideelle und natürlich pornografische. Und manchmal können diese Interessen und Werte zueinander in Beziehung stehen, oft tun sie das aber auch nicht: Die Fingermalerei eines Kindes kann künstlerisch anspruchslos sein, für die Eltern aber dennoch einen hohen ideellen Wert besitzen. Ebenso kann sich ein Werk, das aktuell einen hohen Preis erzielt, auf lange Sicht als historisch unbedeutend erweisen.[3]

Ein überzeugenderes Argument für die These von der por-

Christopher Bartel

nografischen Kunst wäre, dass sich der künstlerische Wert eines Werkes gerade seinem pornografischen Inhalt verdankt. Es wäre dies der Beweis, dass zumindest bei manchen Werken deren künstlerischer Wert erst durch das pornografische Interesse an ihnen erkannt wird – dass also das pornografische Interesse eine notwendige Voraussetzung dafür ist, den künstlerischen Wert bestimmter Werke erkennen zu können. Ein solcher Fall wäre hochhochinteressant. Nur stimmt es wohl leider nicht, und in diesem Essay will ich begründen, warum das so ist. Dazu müssen wir uns zunächst folgende Fragen stellen: Was bedeutet es, ein »pornografisches Interesse« an einem Werk zu haben? Was bedeutet es, ein »künstlerisches Interesse« an einem Werk zu haben? Und schließlich: Ist es auch denkbar, dass der künstlerische Wert eines Werkes durch ein pornografisches Interesse daran erkannt wird? Diese letzte Frage ist der philosophische *money shot* des vorliegenden Essays.

## Zwei Hinweise vorab

Die meisten Beispiele, die ich in diesem Essay diskutieren werde, stammen aus der bildenden Kunst. Trotzdem ist meine Argumentation (*mutatis mutandis*) allgemein genug, um für alle pornografischen Werke, egal welcher Form, zu gelten. Grundsätzlich geht es um die Frage, ob die Produktion von Pornografie und die eines Kunstwerkes in ihren Zielen übereinstimmen. Diese allgemeine Frage kann auf alle Genres, Stile und Formen der Kunst angewandt werden und ist in jedem Fall angemessen. Natürlich können sich bei manchen Kunstformen auch ganz spezielle Probleme ergeben. Ist etwa pornografische Literatur notwendigerweise künstlerisch minderwertig, weil sie scheinbar auf klischeehafte und unoriginelle literarische Mittel zurückgreifen muss, die den künstlerischen Spielraum begrenzen?[4] Kann reine Musik pornografisch sein?[5] So interessant solche Fragen auch sind, werde ich ihnen an dieser Stelle dennoch nicht nachgehen. Außerdem richtet sich die Mehrzahl der hier diskutierten Beispiele typischerweise an heterosexuelle Männer, und das nicht, weil ich eine heteronormative Vorstellung von Sexualität befördern möchte, sondern weil ich den Wunsch hatte, beim Schreiben einigermaßen authentisch zu bleiben. Die Aussagekraft meiner Argumente hängt indes nicht von der Auswahl der Beispiele ab; vielmehr sollten sie so allgemeingültig sein, dass sie auf Pornografie generell anwendbar sind, unabhängig von der sexuellen Orientierung, auf die sie zugeschnitten ist.

Zweitens ist aus meiner Sicht die Frage, ob pornografische Werke künstlerischen Wert haben können, noch weit entfernt von der Frage, ob sie der *Kunst* zuzurechnen sind oder nicht. Meiner Ansicht nach hat die Einstufung von Pornografie als Kunst oder Nichtkunst wenig mit den Interessen zu tun, die diese Werke für uns bedienen, oder dem Wert, den wir ihnen zuschreiben. Dennoch: Sollten pornografische Werke als Kunst gelten? Diese Frage beantworten zu wollen wäre frustrierend kompliziert. Als Erstes müssten wir eine verlässliche Definition von *Kunst* vorlegen, was schon an sich eine verzwickte Aufgabe ist, die uns zudem zu weit von unserem Thema abbringen würde. Und selbst wenn wir über eine verlässliche Definition von Kunst verfügten, müssten wir als Nächstes verstehen, warum man überhaupt auf den Gedanken kommen sollte, dass pornografische Werke keine Kunst sein könnten. Gibt es moralische Gründe für diese Annahme? Aber auch wenn der eine oder andere dies denken mag – für mich ist es intuitiv nicht zu begründen. Sind alle pornografischen Werke zwingend unmoralisch? Und selbst wenn, warum sollte der moralische Wert eines Gegenstandes in irgendeinem Zusammenhang zu seinem künstlerischen Wert stehen? Es gibt Philosophen, die zu zei-

Christopher Bartel

gen versucht haben, dass moralische Kunstwerke notwendigerweise schlechte Kunstwerke sind.[6] Entscheidend ist hierbei jedoch, dass etwas nur dann ein »schlechtes Kunstwerk« sein kann, wenn es überhaupt ein Kunstwerk ist. Man denke beispielsweise an Rick Gibsons berühmt gewordene Kunstperformance aus dem Jahr 1990. Sein Werk bestand aus zwei Leinwänden, zwischen denen sich eine Ratte namens Sniffy befand, darüber hängend ein 25 Kilo schweres Gewicht. Gibson stellte sich mit dieser Vorrichtung auf die Straße und bot den Passanten eine »Kunstlektion« an. Er forderte die frischgebackenen Kunststudenten auf, einen Hebel zu ziehen, woraufhin das Gewicht herabfallen und Sniffy zwischen den beiden Leinwänden zerquetschen würde. Gibson hatte keine Gelegenheit, sein Werk zu vollenden: Ein wütender Mob zwang ihn zum Abbruch. Daraufhin brachte er die Ratte in die Tierhandlung zurück, wo sie später als Schlangenfutter weiterverkauft wurde.[7] Nun könnte man argumentieren, dass es sich bei Gibsons Arbeit nicht um Kunst handelte, weil sie unmoralisch war. Ohne weiter darauf eingehen zu wollen, bin ich doch der Ansicht, dass Gibsons Performance ein unmoralisches Kunstwerk darstellte – dass sie also zugleich Kunst *und* (wegen der Tierquälerei) unmoralisch war. Dies mag ein extremes Beispiel sein, doch mir geht es darum zu zeigen, dass das, was einen Gegenstand zu einem »Kunstwerk« macht, etwas ganz anderes ist als das, was ihn »moralisch verwerflich« macht; dass ein Wertmaßstab wie »moralisch gut« wenig damit zu tun hat, ob ein Gegenstand Kunst ist oder nicht, und dass der Begriff der »unmoralischen Kunst« kein Oxymoron ist. Ich bin also der Ansicht, dass die Bewertung eines Gegenstandes als »moralisch verwerflich« seiner Einordnung als Kunstwerk nicht im Wege steht und dass es keine Rolle spielt, ob es um die Ratte Sniffy oder pornografische Werke geht.[8]

Pornografie, so ein anderes Argument, könne schon deswegen nicht Kunst sein, weil sie auf Klischees und abgegriffene künstlerische Mittel angewiesen ist. Es heißt, Pornografie sei zu realitätsfern oder zu vorhersehbar oder zu explizit sexuell, um als Kunst zu gelten.[9] Doch auch darin sehe ich keine überzeugende Begründung für die Abgrenzung pornografischer Werke von der Kunst. Bestenfalls ließe sich so zeigen, dass klischeehafte, abgegriffene, realitätsferne oder vorhersehbare Werke keine sonderlich guten Kunstwerke sind – na und? Um als Kunst zu gelten, ist es keine (ob moralisch oder ästhetisch) notwendige Voraussetzung, dass der in Rede stehende Gegenstand »gut« sein muss. Sollten pornografische Werke also als Kunst gelten? Mir ist das herzlich gleichgültig. Meine Fragestellung zielt im Wesentlichen auf die Interessen und Werte, die wir bestimmten Gegenständen zuschreiben. Die ontologische Kategorie eines Gegenstandes mag die Art und Weise seiner Bewertung beeinflussen, aber ich würde doch Michael Rea zustimmen, dass »Pornografie« an sich keine ontologische Kategorie darstellt.[10]

## Die Abgrenzung von Interesse und Wert

Man könnte natürlich auch untersuchen, was ein Werk zu einem pornografischen macht. Das hieße zu ermitteln, welche notwendigen und hinreichenden Bedingungen ein Werk erfüllen muss, um als pornografisch zu gelten – allerdings scheint es auch auf diese Frage keine eindeutige Antwort zu geben. Wenn wir alle Werke, die als pornografisch gelten könnten, als eine Gattung betrachten, würden wir vermutlich feststellen, dass es nichts gibt, was alle Gegenstände innerhalb dieser Gattung gemeinsam haben – nichts, das entweder notwendig oder hinreichend wäre, um einen Gegenstand der Gattung »Gegenstände, die als pornografisch gelten können« zuzurechnen. Manche pornografischen Werke sind nicht übermäßig drastisch (die Fotos im *Playboy* beispielsweise zeigen nackte Haut, sind aber nicht sonderlich explizit), während auf anderen nicht einmal nackte Haut zu sehen ist (Fragonards Gemälde *Die Schaukel* zum Beispiel dürfte auf den zeitgenössischen Betrachter durch die verschlüsselte Suggestion verbotener Sexualität erregend gewirkt haben, dabei sind alle Personen im Bild vollständig bekleidet). Am Ende müssen wir schlicht anerkennen, dass es kompliziert und überaus heikel wäre, Pornografie definieren zu wollen, und noch schwieriger, alle vermeintlichen Sonderfälle wegzuerklären. Glücklicherweise brauchen wir keine Definition von Pornografie, um meine Frage beantworten zu können. Vielmehr reicht es aus zu klären, was es bedeutet, ein pornografisches Interesse an einem Gegenstand zu haben, ob es sich bei diesem Gegenstand nun um einen unschuldigen Schuhkatalog oder einen Hardcoreporno handelt.

Das »pornografische Interesse« ist eine Haltung, die eine Person zu einem bestimmten Gegenstand einnehmen kann. Wie oben bereits ausgeführt, können wir ganz unterschiedliche Interessen an einem Gegenstand haben. Die Haltung des pornografischen Interesses einzunehmen bedeutet im Wesentlichen zweierlei: Der Konsument macht am Inhalt des Werkes etwas aus, das normalerweise sein sexuelles Interesse erregt, und er lässt sich auf diesen Inhalt imaginativ in einer Art und Weise ein, die bei ihm normalerweise sexuelle Erregung hervorruft.[11] Selbstverständlich variiert das, was als sexuell erregend empfunden wird, von Person zu Person, doch für das pornografische Interesse gilt generell das Merkmal, dass der Einzelne seine Aufmerksamkeit in einer Art und Weise auf den erregenden Inhalt richtet, die bei ihm normalerweise sexuelle Erregung hervorruft.

Die Notwendigkeit der ersten Bedingung dieser Definition – dass im Inhalt eines Werkes etwas ausgemacht wird, das man normalerweise als sexuell erregend empfindet – liegt auf der Hand. Wen das Dargestellte nicht anspricht, der wird auch an der Darstellung kein pornografisches Interesse entwickeln. Die Notwendigkeit der zweiten Bedingung aber verlangt nach einer Erklärung. Es ist denkbar, dass jemand im Inhalt eines Werkes etwas ausmacht, das er sexuell erregend findet, ohne sich in der erforderlichen Art und Weise imaginativ darauf einzulassen. Ein Beispiel: Ich stelle mir vor, dass die Redakteure pornografischer Zeitschriften die Fotos für ihr Magazin danach auswählen, was aus ihrer Sicht den Lesern die stärkste Erregung zu vermitteln verspricht – in anderen Worten, sie entdecken etwas im Inhalt, von dem sie annehmen, dass es das sexuelle Interesse ihres Publikums erregen wird. Trotzdem kann ein Redakteur in diesem konkreten Moment von dem Bild gänzlich unerregt sein, und das sogar dann, wenn er das Foto auch für sich selbst als sexuell erregend erkennt. Stellen wir uns vor, dass er am Layout der Zeitschrift arbeitet, beispielsweise das Foto so freistellen muss, dass es auf die Seite passt – da wäre es doch hochgradig störend, in diesem Moment sexuell erregt zu sein! Ist ein Redakteur mit den Designqualitäten eines Bildes beschäftigt (Größe, Farbe, Kontrast, Auflösung etc.), muss er in dem Moment kein pornografisches Interesse an dem Bild fassen – das bedeutet, man kann erkennen, dass man den Inhalt eines Bildes normalerweise als sexuell erregend empfinden würde, ohne sich gleichzeitig imaginativ auf das Bild einzulassen, um tatsächlich sexuell erregt zu werden. Im Gegenteil, der Redakteur will lediglich seine Arbeit zu Ende bringen. Statt sich imaginativ auf eine Art und Weise auf das Werk einzulassen, die sexuelle Erregung hervorrufen würde, kann man schlicht in dem Aufmerksamkeitsmodus verharren, in dem auch der Redakteur arbeitet: Auf distanzierte, nahezu akademische Weise wird im Inhalt etwas erkannt, das erregend sein könnte. Um also ein im eigentlichen Sinne pornografisches Interesse an einem Werk zu ent-

Christopher Bartel

wickeln, ist die zweite notwendige Bedingung, sich »imaginativ darauf einzulassen«.

Was bedeutet es, sich »imaginativ in der erforderlichen Art und Weise auf einen Gegenstand einzulassen«? Ganz allgemein bedeutet es meiner Ansicht nach, sich vorzustellen, selbst an sexuell befriedigenden Handlungen mit der dargestellten Person teilzuhaben. Natürlich sieht das bei jedem Menschen anders aus und hängt ganz und gar davon ab, was der Einzelne als »sexuell befriedigend« empfindet. Wenn jemand beim Anblick von Michelangelos »David« Erregung verspürt, so ist diese Erregung, wie ich annehme, ein Produkt der Vorstellung, an sexuellen Handlungen mit der Person, die von der Skulptur dargestellt wird, teilzunehmen. Wieder wird deutlich, dass der von mir beschriebene Begriff des »pornografischen Interesses« einen ganz und gar subjektiven psychologischen Zustand beschreibt. Was genau eine bestimmte Person als sexuell erregend oder sexuell befriedigend empfindet, hängt völlig von ihren individuellen sexuellen Vorlieben ab. Davon unberührt bleibt indes meine allgemeine Behauptung, dass ein pornografisches Interesse sich darin äußert, dass der Konsument im Inhalt des Werkes irgendetwas ausmacht, das normalerweise sein sexuelles Interesse erregt, und dass er sich auf diesen Inhalt imaginativ auf eine Art und Weise einlässt, die bei ihm normalerweise sexuelle Erregung hervorruft.

Wenn das also das pornografische Interesse an einem Werk umschreibt, was bedeutet es dann, ein »künstlerisches Interesse« an einem Werk zu haben? Dieser Begriff könnte deutlich kontroverser sein, vor allem weil das Spektrum der Gegenstände, an denen man ein künstlerisches Interesse entwickeln kann, sehr viel breiter ist als das Spektrum der Gegenstände, an denen man ein pornografisches Interesse entwickeln kann. Außerdem scheint fraglich, ob es überhaupt eine klar umrissene Form von Interesse gibt, die als »das« künstlerische Inte-

resse zu bezeichnen wäre. Vielmehr steht zu befürchten, dass es
viele verschiedene Interessen gibt, die ein Kunstwerk wecken
kann und die alle mit Recht als künstlerisches Interesse zu bezeichnen wären. Dieses Problem ist so grundsätzlich, dass ein
Klärungsversuch den Rahmen dieses Essays sprengen würde.
Doch auch wenn die Definition von künstlerischem Interesse,
die ich vorschlagen werde, das Phänomen nicht erschöpfend beschreibt, so bliebe dennoch zu prüfen, ob es mit einem pornografischen Interesse vereinbar ist oder nicht.

Einem allgemeinen Verständnis zufolge ist das künstlerische Interesse nicht einfach das am Inhalt eines Werkes. Vielmehr richtet sich das künstlerische Interesse an einem Gegenstand grundsätzlich eher auf seine formalen Qualitäten. Wenn
das Werk dann zufällig auch über einen erkennbaren Inhalt ver-
fügt – wenn es also nicht abstrakt ist –, kann sich das künstlerische Interesse auch auf die Frage richten, wie dieser Inhalt
durch das gewählte Medium zum Ausdruck gebracht wird. In
diesem Fall kann ein Gleichgewicht zwischen Interesse an der
Form und Interesse am Inhalt entstehen. Insbesondere gilt das
künstlerische Interesse der Art und Weise, wie der Künstler den
gewählten Inhalt innerhalb der Grenzen seines Mediums und
seiner Technik darstellt. Das Interesse gilt nicht allein dem Dargestellten, sondern vielmehr der Art der Darstellung, wie auch
Jerrold Levinson ausführt:

*Eine Darstellung, die ein künstlerisches Interesse, eine
künstlerische Dimension oder Absicht hat, ist eine, durch
die man nicht einfach hindurchschaut oder an der man vor-
beischaut, so dass der Betrachter, zumindest in der Vorstellung, dem Subjekt Auge in Auge gegenübersteht. Insofern
sind Darstellungen mit einer künstlerischen Dimension in
dieser Hinsicht eher opak denn transparent. Anders ausgedrückt: Künstlerische Darstellungen laden uns ein, bei*

Christopher Bartel

*den Merkmalen der Darstellung selbst zu verweilen und nicht allein bei dem Dargestellten.*[12]

Wer an den formalen Eigenschaften eines Werkes kein Interesse hat, schaut wie durch ein transparentes Medium auf den dargestellten Gegenstand selbst, was wiederum eine gute Perspektive für ein pornografisches Interesse an ebendiesem Gegenstand wäre.[13] Wer aber forschend bei den formalen Merkmalen eines Gegenstandes verweilt, der hat, selbst wenn er sich des Inhalts in gewisser Weise noch bewusst ist, ein künstlerisches Interesse an dem Gegenstand. Die Unterscheidung zwischen opak und transparent erfasst genau, was ich mit »künstlerischem Interesse« meine, selbst wenn sie nicht immer ganz leicht anzuwenden ist. Beispielsweise ist nur schwer vorstellbar, wie pornografische Literatur in der von Levinson beschriebenen Weise transparent sein könnte.[14] Trotzdem können wir auch bei pornografischer Literatur unterscheiden zwischen dem Interesse an der Verwendung von Metaphern, Anspielungen oder Alliterationen, dem *literarischen Interesse* also, auf der einen und dem Interesse an den beschriebenen Szenen oder Handlungen auf der anderen Seite.

Diese Unterscheidung zwischen pornografischem und künstlerischem Interesse lässt sich analog auch auf den pornografischen oder künstlerischen Wert anwenden. Wenn wir ein bestimmtes Interesse an einem Gegenstand haben, bedeutet das im Wesentlichen, dass wir ihm einen bestimmten Wert beimessen. Wer also ein pornografisches Interesse an einem Gegenstand einnimmt, schreibt ihm damit einen pornografischen Wert zu, und wer ein künstlerisches Interesse an einem Gegenstand hat, schreibt ihm damit einen künstlerischen Wert zu. Ein Gegenstand wird »als pornografisch bewertet«, wenn er zu der Kategorie von Gegenständen gehört, die ein pornografisches Interesse belohnen. Wenn pornografisches Interesse darin be-

steht, im Inhalt eines Werkes etwas auszumachen, das normalerweise das sexuelle Interesse erregt, und sich auf diesen Inhalt
imaginativ auf eine Art und Weise einzulassen, die normalerweise sexuelle Erregung hervorruft, dann hat ein Werk einen
pornografischen Wert, wenn es diese Art von Interesse fördert.
Dabei sind manche Gegenstände in ihrer Wirkung stärker pornografisch als andere. In gleicher Weise wird ein Gegenstand
»als Kunst bewertet«, wenn er zu der Kategorie von Gegenständen gehört, die ein künstlerisches Interesse belohnen. Weil aber
diese Idee von Wert wesentlich an den psychologischen Zustand geknüpft ist, in dem eine Person ein besonderes Interesse
an einem Gegenstand hegt, ist die Frage, welche Gegenstände
einen pornografischen und welche einen künstlerischen Wert
haben, abhängig vom jeweiligen Subjekt – Pornografie liegt im
Auge des Betrachters![15]

Natürlich sind dies nicht die einzigen Werte, die wir einem
Gegenstand zuschreiben können – wie bereits erwähnt, kann
ein Gegenstand vielerlei Interessen dienen und vielerlei Werte
repräsentieren. Wenn ich beispielsweise ein historisches Interesse an einem Gegenstand habe, gebe ich ihm damit einen historischen Wert. Der pornografische Wert ist nur einer unter
vielen, und er kann durchaus neben anderen einem Werk zu-
gesprochenen Werten stehen und gegen sie abgewogen werden.
Auch das Maß eines bestimmten Wertes, den wir einem Gegenstand beimessen, kann von anderen stark abweichen. Ein Gegenstand, der in einer Hinsicht einen hohen Wert besitzt, kann
in anderen Bereichen weniger wertvoll sein: Dass ein Gegenstand eine bestimmte Art von Interesse belohnt, bedeutet nicht,
dass er auch jedes andere Interesse belohnt. Man denke beispielsweise an die frühen Kompositionen Mozarts, die er noch
als Kind schrieb. Aus künstlerischer Sicht sind sie vielleicht
nicht besonders hochwertig – wir könnten Mozarts Kindheits-
kompositionen einen sehr geringen künstlerischen Wert bei-

Christopher Bartel

messen –, aber sie sind von hohem historischem Wert. Mit Hilfe dieser Differenzierung können wir nun dem pornografischen Wert eines Werkes in Beziehung zu seinem künstlerischen Wert nachgehen.

## Beziehungen zwischen dem Pornografischen und dem Künstlerischen

Ein einzelnes Werk kann also verschiedene Werte auf sich vereinen und im Konsumenten verschiedene Interessen hervorrufen. Auch scheint unmittelbar einleuchtend, dass man ein Objekt zu unterschiedlichen Zeitpunkten für unterschiedliche Interessen nutzen kann, und in dem Maße, wie man zwischen diesen Interessen hin und her wechselt, richtet sich wohl auch die Aufmerksamkeit auf die jeweils entsprechenden Eigenschaften des Objekts (wobei es gelegentlich auch vorkommen kann, dass unterschiedliche Interessen an einem Gegenstand tatsächlich auf die gleichen Eigenschaften gerichtet sind). Ein künstlerisches Interesse an einem Gemälde von Elvgren beispielsweise würde die Art und Weise würdigen, wie der Künstler das von ihm gewählte Sujet darstellt. Ein pornografisches Interesse an den Gemälden von Elvgren dagegen bedeutet schlicht, in seinen Gemälden etwas zu entdecken, das man als sexuell erregend empfindet, in diesem Falle also mehr oder weniger unvollständig bekleidete Damen, und sich imaginativ auf eine Art und Weise darauf einzulassen, die normalerweise sexuelle Erregung hervorruft – beispielsweise indem man sich vorstellt, diesen Damen beim Ausziehen zu helfen! Elvgrens Gemälde würden insofern als Kunst wertgeschätzt, als sie ein künstlerisches Interesse belohnen, und als Pornografie insofern, als sie ein pornografisches Interesse belohnen.

Während ein Gegenstand also offensichtlich viele verschiedene Interessen befriedigen und auf viele verschiedene Arten wertgeschätzt werden kann, ist noch immer unklar, wie diese unterschiedlichen Interessen und Werte möglicherweise zusammenhängen. Ist es vorstellbar, dass die künstlerische Wertschätzung eines Werkes notwendigerweise voraussetzt, dass der Betrachter zugleich ein pornografisches Interesse an dem Werk hat? Und ist außerdem vorstellbar, dass der künstlerische Wert eines Werkes ohne ein pornografisches Interesse daran nicht gewürdigt werden kann? Ich denke nicht: Die künstlerische Wertschätzung eines Werkes verlangt niemals, dass der Betrachter ein pornografisches Interesse daran einnimmt. Ich möchte sogar noch weiter gehen und sagen, dass ein pornografisches Interesse an einem Werk mit dem künstlerischen Interesse daran unvereinbar ist. Ein pornografisches Interesse an einem Werk zu haben bedeutet, am Medium vorbeizuschauen und die Aufmerksamkeit ausschließlich auf den Inhalt zu richten, während das künstlerische Interesse an einem Werk vom Konsumenten verlangt, seine Aufmerksamkeit gerade auf das Medium zu lenken. Natürlich ist denkbar, dass man in seiner Aufmerksamkeit nach freiem Willen zwischen pornografischem und künstlerischem Interesse hin und her wechselt. Mir geht es aber darum zu zeigen, dass künstlerisches Interesse an einem Werk nicht vermittels pornografischen Interesses daran hervorgerufen wird – was ein Werk zu guter Kunst macht, ist nicht das, was es zu guter Pornografie macht.

Erinnern wir uns an die Unterscheidung zwischen transparentem und opakem Sehen: Einen Gegenstand »transparent« zu sehen bedeutet, so durch ihn hindurchzuschauen, dass die Aufmerksamkeit am Medium vorbeigeht. Etwas »opak« zu betrachten heißt, bei den speziellen formalen Eigenschaften des Mediums zu verweilen und sie zu würdigen. Wenn nun ein pornografisches Interesse an einem Werk aber bedeutet, in seinem Inhalt etwas auszumachen, das normalerweise sexuelles Interesse erregt, und sich auf diesen Inhalt imaginativ auf eine Art und Weise einzulassen, die normalerweise sexuelle Erregung hervorruft, so heißt das, mit dem Medium des Werkes so umzugehen, als wäre es transparent und lediglich Träger der Darstellung. Für ein pornografisches Interesse an einem Werk ist eine künstlerische Würdigung seiner formalen Eigenschaften zwar möglich, aber keineswegs erforderlich. Auf der anderen Seite bedeutet ein künstlerisches Interesse an einem Werk, bei seinen formalen Eigenschaften zu verweilen und diese zu würdigen – das Medium also opak zu betrachten. Und genau das ist der Punkt: Das pornografische Interesse gilt allein dem Inhalt, nicht dem Gleichgewicht von Inhalt und Form. Für das pornografische Interesse ist das Medium transparent, das künstlerische Interesse aber ist opak. Man kann den künstlerischen Wert eines Gegenstandes, den man transparent betrachtet, nicht erkennen, weil das die opake Sicht erfordert.

Im Übrigen frage ich mich, ob auch der umgekehrte Fall gilt: Kann der pornografische Wert eines Werkes über Vermittlung eines künstlerischen Interesses daran erkannt werden? Dies wäre dort der Fall, wo das pornografische Interesse durch die Beschäftigung mit den formalen Eigenschaften eines Werkes befriedigt wird, wo also durch die Beschäftigung mit jenen Eigenschaften des Werkes, die normalerweise dem künstlerischen Interesse zuzuschreiben sind, sexuelle Erregung aufkommt. Denkbar wäre das zum Beispiel bei Bondage-Fotos. Wer von Bondage sexuell erregt wird, könnte vielleicht der Stille einer fotografischen Darstellung besondere Aufmerksamkeit zuwenden. Möglicherweise verstärkt dies beim Betrachter das Gefühl der Beklemmung und der Anspannung oder aber das Empfinden, von der fotografischen Darstellung »gefesselt« zu sein, trägt zur sexuellen Erregung bei. Wenn genau dadurch sexuelle Erregung erzeugt wird, dann könnte in diesem Fall das künstlerische Interesse an einem formalen Merkmal zugleich zur sexuellen Erregung des Betrachters beitragen. Denkbar ist aber auch, dass hier das formale Merkmal gleichzeitig sowohl das künstlerische als auch das pornografische Interesse des Betrachters anspricht. Das heißt aber nicht, dass das künstlerische Interesse eine Voraussetzung für das pornografische Interesse wäre. Vielmehr ergibt es sich eher zufällig, dass die Stille der Fotografie – ein formales Merkmal des Gegenstandes, an dem der Betrachter ein künstlerisches Interesse entwickelt – gleichzeitig auch das sexuelle Interesse des Betrachters bedient. In diesem Falle wäre fotografische Stille so etwas wie ein »formaler Fetisch«[16]. Und auch wenn es sich um einen eher eigenwilligen Fetisch handeln mag, die Möglichkeit, dass es ihn geben kann, besteht zweifellos und ist letztlich eine empirische Frage.

Wie erklären wir diesen Fall? Dass es formale Fetische geben kann, widerlegt nicht meine bisherige Argumentation, sondern verdeutlicht noch einmal, was ich bereits angesprochen habe: dass nämlich ein Mensch vielerlei Interessen an einem Gegenstand haben kann, die von dessen verschiedenen Eigenschaften bedient werden, die sich bisweilen aber auch auf ein und dieselbe Eigenschaft richten können. Bondage-Fotos sind vielleicht nur ein Fall unter vielen: Die Stille der Fotografie erzeugt sowohl ein pornografisches als auch ein künstlerisches Interesse. Das beweist aber nicht, dass der pornografische Wert über Vermittlung des künstlerischen Interesses an der Fotografie erkannt wird. Um das zu beweisen, müsste gezeigt werden, dass das künstlerische Interesse des Betrachters eine notwendige Voraussetzung für sein pornografisches Interesse darstellt, und das ist im vorliegenden Fall nicht gegeben.

Können pornografische Werke einen künstlerischen Wert haben? Ja, ein Gegenstand kann sowohl ein künstlerisches als auch ein pornografisches Interesse befriedigen. Aber ist es denkbar, dass die künstlerische Würdigung eines Werkes aus dem pornografischen Interesse daran erwächst? Nein, weil das

künstlerische Interesse eine Ausrichtung auf die formalen Eigenschaften eines Werkes erfordert, während das pornografische Interesse diese Eigenschaften ignoriert, um sich einzig
und allein auf den Inhalt des Werkes zu richten.[17]

## 6. DAS PROBLEM MIT DEM PROBLEM MIT DER PORNOGRAFIE

### Das Problem mit dem Problem

Es ist ein Problem zu behaupten, es gebe ein Problem mit pornografischen Darstellungen und Gegenständen. Nicht, weil sie nicht problematisch wären, sondern weil das Problem nur sehr schwer in Worte zu fassen ist. Es beruht auf der Annahme, dass Pornografie ganz anders zu behandeln sei als andere ästhetische Gegenstände (Literatur, Filme, Gemälde etc.), weil sie zwangsläufig mit unmoralischen Praktiken einhergeht. Kunstgegenstände, die als solche anerkannt sind, werden – unabhängig von Überlegungen zu unmoralischen Praktiken bei ihrer Produktion oder unmoralischen Ideen in ihrem Ausdruck – ästhetisch beurteilt, und unmoralische Praktiken oder Entscheidungen des Künstlers, wie beispielsweise Gauguins Verhalten gegenüber seiner Familie, werden sehr häufig unter Verweis auf den Wert der Kunstwerke selbst entschuldigt. Bei pornografischen Gegenständen geschieht das nicht. Kunst kann unmoralisch sein, und der Künstler, der andere ausbeutet, wird kritisiert oder abgestraft, aber Kunst kommt auch ohne diese Praktiken aus. Bei der Pornografie dagegen wird allgemein davon ausgegangen, dass man an ihr nicht teilhaben kann (beispielsweise als Produzent oder Konsument), ohne sich mit etwas Falschem gemeinzumachen. Worin diese Amoralität aber bestehen soll, ist deutlich schwerer zu ergründen.

Als Erstes müssen wir also an pornografischen Gegenständen etwas festmachen, das sie von anderen ästhetischen Gegenständen unterscheidet, und zweitens ein allgemeines Einvernehmen darüber erzielen, dass dieses Etwas zu missbilligen ist. Es reicht nicht, wenn ich, David Rose, erkläre, dass ich persönlich Pornografie für obszön halte und deshalb finde, dass sie verboten gehört, weil ich vielleicht auch Kapern im Essen nicht mag, was aber nur meine persönliche Meinung wäre, der niemand gezwungen ist zuzustimmen, selbst wenn kein Mensch mein Recht auf diese Meinungsäußerung in Zweifel zieht. Daher wollen wir für den Anfang zwischen zwei Kategorien des Moralurteils unterscheiden. Wer stiehlt oder tötet, wird (meistens) auf Grundlage bestehender Gesetze vom Staat bestraft. Eine moralische Verfehlung dieser Art verlangt nach gesetzlichen Sanktionen. Wenn jemand seine Frau betrügt, greift der Staat nicht ein, dafür wird derjenige vermutlich die Missbilligung von Freunden und Verwandten erfahren. Ist das Unrecht an der Pornografie von ersterer Art, müssten pornografische Darstellungen Gesetz und Zensur unterworfen werden. Ist es aber von der zweiten Art, könnten pornografische Darstellungen und ihr Gebrauch nur der gesellschaftlichen Ächtung unterliegen.

In diesem Essay hoffe ich zeigen zu können, dass sich an Pornografie nichts ausfindig machen lässt, was die ausdrückliche Missbilligung pornografischer Gegenstände oder gar gesetzliche Sanktionen rechtfertigt, und dass es keinen überzeugenden Grund gibt, Pornografie in irgendeiner Weise als wesensmäßig anders zu betrachten als andere ästhetische Objekte. Betrachtet man aber Pornografie als ästhetischen Gegenstand, sind Mahnungen an deren Produzenten und Konsumenten zu gesellschaftlichem Engagement und gesellschaftlichen Verpflichtungen hinfällig, und wir können uns in weniger vereinfachender und moralistischer Weise mit ihr auseinandersetzen.

## Was ist Pornografie?

Kaum zu leugnen ist das Problem der Bestimmung, was Pornografie sei und was nicht. Es kursieren zahlreiche Definitionen: Pornografie als Produktion eindeutig sexuellen Materials zum Zwecke des Austauschs; künstlerisches Material mit geringem bis gar keinem ästhetischen Wert; Darstellung von Menschen als reine Sexobjekte; Darstellung institutionalisierter Ungleichheit der Geschlechter; Material zur Unterstützung bei der sexuellen Befriedigung. Die meisten der Analysen sind für den vorliegenden Essay allerdings unerheblich, und zwar aus dem einfachen Grund, dass wir die Diskussion mit einem paradigmatischen Beispiel für Pornografie eröffnen wollen. Genaue Definitionen sind erst dann wichtig, wenn wir bereits übereingekommen sind, dass eine bestimmte Praxis unmoralisch ist. Beispielsweise wissen wir alle, dass Mord Unrecht ist, dass es aber auch Grauzonen gibt: Selbstverteidigung, Abtreibung, Euthanasie und Krieg. Deshalb könnte man den ungenauen Begriff »Mord« ersetzen durch »einem unschuldigen Menschen das Leben nehmen«, und um lästigen Gegenargumenten zuvorzukommen, fügen wir noch »ohne guten Grund« hinzu. Daraufhin bewegt sich das Gespräch hin zu einer Diskussion der anderen Begriffe: »Leben« (wenn es um Abtreibung geht), »Unschuldige« (wenn es um Krieg und Abtreibung geht), »guter Grund« (bei Selbstverteidigung und Euthanasie). Wenn aber ein Mann über die Hauptstraße läuft und einen Passanten erschießt, sei es aus Vergnügen, aus einer Laune heraus oder für Geld, gibt es keine derartige Kontroverse. Was dieser Mann getan hat, ist unbestritten Unrecht.

Der Unterschied zwischen dem Fall des Mordens und dem Fall der Pornografie besteht darin, dass Mord meistens unmoralisch ist und wir lediglich entscheiden müssen, ob diese oder jene Handlung einen Fall von Mord darstellt oder nicht. Pornografie aber halten nicht alle intuitiv für verwerflich. Deshalb wollen wir ein paradigmatisches Beispiel heranziehen, um herauszufinden, ob Pornografie aus rationalen Gründen als unmoralisch verurteilt werden kann.

Nehmen wir also einen professionell produzierten und vermarkteten Siebenminutenfilm, den wir von youporn.com oder einer ähnlichen Seite heruntergeladen haben und in dem Fellatio, Cunnilingus und penetrierender Geschlechtsverkehr zu sehen sind. Es gibt weder einen Plot noch eine Charakterisierung der Figuren, und der ästhetische Wert der Darstellung tendiert gegen null: Die Kameraführung ist mäßig, die Inszenierung trivial. Es gibt keinerlei Hinweise auf Gewalt (wie wir sie üblicherweise verstehen), weil das die moralische Diskussion komplizieren würde. Gewalt, zumindest im gängigen Gebrauch des Wortes, ist in aller Regel Unrecht und nicht zwingend Bestandteil pornografischen Materials (auch wenn da offensichtlich eine sehr intime Beziehung besteht, die wir hier leider nicht diskutieren können).

Ich gehe davon aus, dass kaum jemand auf die Idee kommen würde zu leugnen, dass es sich hier um ein Beispiel für einen pornografischen Gegenstand handelt. Im zitierten Fall des Mordens war die Verwerflichkeit der Handlung unstrittig; hier aber geht es gerade darum, ob der Gegenstand tatsächlich unmoralisch ist oder zwangsläufig unmoralische Praktiken involviert. Wenn es an der Pornografie irgendetwas wesensmäßig Unrechtes gibt, dann müsste ein solcher Film dieses Unrecht zeigen, verkörpern oder zum Ausdruck bringen. Auf diese Weise umgehen wir das Problem der Definition, denn wenn wir zeigen können, dass das paradigmatische Beispiel von Pornografie ein Unrecht darstellt, können wir uns über die Definition von Pornografie (und den Umgang mit den Grauzonen) immer noch Gedanken machen. Wenn aber nicht, dann wäre die Definitionsarbeit, moralisch betrachtet, reine

David Rose

Zeitverschwendung (wenn auch vielleicht nicht für andere Diskurse).

## Was an Pornografie verwerflich ist

Die üblichen Begründungen für die Verwerflichkeit von Pornografie lassen sich zu vier Einwänden zusammenfassen: Sie sei obszön, die Akteure würden unterdrückt und ausgebeutet, sie schade insbesondere den Frauen oder der Gesellschaft als ganzer. Wir wollen uns diese Argumente eines nach dem anderen anschauen.

Die Problematik des Begriffs »obszön« ist leicht zu umgehen, wenn wir ihn auf den Begriff »anstößig« herunterfahren. Obszöne Darstellungen erregen Anstoß. Selbstverständlich ist ein solcher Anstoß in der Kunst gerechtfertigt (beziehungsweise entschuldigt), wenn das betreffende Objekt irgendeinen ästhetischen Wert aufweist. Julio Médems *Lucía und der Sex* hat zweifellos einen ästhetischen Wert, *Debbie Does Dallas* hingegen nicht. Über Batailles *Die Geschichte des Auges* und de Sades *Die 120 Tage von Sodom* lässt sich streiten.[1]

Ein vorbewusstes Urteil, ob ein Gegenstand obszön ist oder nicht, kann davon abhängen, ob er die Simulation einer Handlung oder die Aufzeichnung einer tatsächlichen Handlung ist. Offenbar besteht das intuitive Bedürfnis, zwischen »echten« und »simulierten« Handlungen zu unterscheiden, denn genau entlang dieser Linie verläuft auch die Grenze zwischen Soft- und Hardcore-Pornografie. Aber diese Unterscheidung hat auch ein gewisses moralisches Gewicht, weil Snuff-Filme gerade deshalb unmoralisch sind, weil die gezeigte Tötung echt und nicht simuliert ist. Snuff-Filme sind gesetzlich verboten, weil die »Darsteller« tatsächlich sterben und nicht nur so tun, als ob. Der Grund dafür ist allerdings, dass, wie wir gesehen haben, Mord Unrecht ist, Sex aber nicht. Wir bestrafen Menschen, wenn sie gemordet haben, aber nicht, wenn sie Sex hatten. (Es mag noch immer Gesetze geben, die bestimmte sexuelle Praktiken wie beispielsweise die Sodomie verbieten, aber diese werden selten durchgesetzt.) Sex an öffentlichen Orten aber wird bestraft, weil es obszön ist – die Angelegenheit ist wohl doch komplizierter, als wir zunächst dachten.

Doch eine solche Unterscheidung verwirrt. Häufig ist ja schwer zu beurteilen, ob die Darsteller tatsächlich Sex hatten oder nicht: Auf Anhieb fallen mir da Filme wie *Der letzte Tango in Paris* oder *Stilles Chaos* ein.[2] Die meisten Softpornos sind nicht weniger problematisch – doch für unser paradigmatisches Beispiel ist all das nebensächlich. Hier handelt es sich zweifellos um echten und nicht gespielten Sex und damit um einen vorzüglichen Kandidaten für die moralische Missbilligung. Man könnte den Film gerade deshalb für obszön halten, weil er in seiner Wahrhaftigkeit regelrecht schwelgt: Penetration und Ejakulation werden uns in Großaufnahme vorgeführt, wohl als Beweis, dass der Sex wirklich echt ist.

Schauspieler in Mainstream-Filmen küssen. Sie küssen wirklich und tun nicht nur so, als würden sie küssen. In Softpornos wird geküsst, geleckt, an Brustwarzen geknabbert und dergleichen mehr. Diese Handlungen werden nicht simuliert. Der Unterschied besteht darin, dass gewisse Praktiken als anstößig gelten, wenn sie nicht simuliert sind: die Penetration, die Zunge an der Vagina, der Penis im Mund und so weiter. Es ist also nicht die Frage nach Simulation oder Realität, die den Unterschied ausmacht, sondern welche Handlungen gefilmt werden.

Jemand könnte einwenden: »Man kann küssen, ohne es ernst zu meinen, aber man kann nicht Sex haben, ohne es ernst zu meinen.« Aber worauf stützt sich diese Behauptung? Beides sind simple körperliche Aktivitäten mit gewissen emotionalen Konnotationen. Diese Konnotationen differieren von Mensch

David Rose

zu Mensch, von historischem Zeitpunkt zu historischem Zeitpunkt und insbesondere von Kultur zu Kultur. Ist unser Siebenminutenfilm also obszön, weil er eine Handlung zeigt, die nicht allgemein akzeptabel wäre?

Das Wort »obszön« aber beschreibt nicht eine erkennbare Eigenschaft eines Gegenstandes, so wie das Wort »salzig« eine Eigenschaft des Meeres beschreibt. »Obszön« beschreibt vielmehr die Wirkung auf den Betrachter. Ein Gegenstand ist obszön, wenn er im Betrachter Abneigung, Abscheu oder Ekel erregt, wobei derlei Reaktionen von der jeweiligen Person und ihren Einstellungen abhängig sind. Auf der Grundlage von Einstellungen aber lässt sich kein Konsens erzielen: Sie sind zwangsläufig veränderlich, je nach Alter, Ort und Zeit. Vielleicht könnte man »obszön« für eine bestimmte Kultur definieren, doch auch innerhalb dieser Kultur werden sich die entsprechenden Einstellungen im Laufe der Geschichte verändern. Und eben weil sie variabel sind, können Einstellungen keine Rechtfertigung für moralische Urteile oder gar gesetzliche Sanktionen liefern. Diesem kulturellen Aspekt unserer Fragestellung werden wir uns später noch einmal zuwenden.

Vielleicht kommen wir weiter, wenn wir uns vom Obszönen lösen. Um noch einmal auf das Beispiel von Snuff-Filmen zurückzukommen: Es liegt auf der Hand, dass man solche Filme nicht produzieren kann, ohne an einer unmoralischen Handlung teilzuhaben. Vielleicht ist es bei der Pornografie ganz ähnlich. Wenn wir Snuff-Filme als unmoralisch bezeichnen, meinen wir, dass die Darsteller – wenn sie nicht gezwungen oder manipuliert würden oder schlicht und ergreifend vernünftig wären – niemals freiwillig in einem solchen Film mitwirken würden. Man mag versucht sein zu behaupten, die Intimität von Sex sei solcherart, dass kein Darsteller – sofern er nicht gezwungen oder manipuliert wird oder einfach unvernünftig ist – freiwillig Sex haben würde, damit er von anderen medial konsumiert werden kann. Das führt uns weg von Überlegungen zur Obszönität und hin zu einer Betrachtung der Geschädigten.

## Die Leidtragenden der Pornografie

Einigen wir uns als Ausgangspunkt darauf, dass es moralisches Unrecht nicht geben kann, solange nicht ein Geschädigter auszumachen ist. Es kann kein Unrecht geben, weder moralischer noch juristischer Natur, solange es nicht jemanden gibt, dem Unrecht getan wurde. Gelegentlich wird auch Anstoß als Variante der Schädigung verstanden, so dass der Anstoßnehmende als Geschädigter bezeichnet werden könnte, doch wirft das nur die gleichen Probleme des Relativismus und Subjektivismus auf: Wer sollte über den tatsächlichen Schaden entscheiden? Man kann den Begriff der Schädigung weit fassen und ihm sowohl körperliche und seelische Schäden als auch den Verstoß gegen Rechte unterordnen. Ausbeutung ist Unrecht, weil sie einen Verstoß gegen die Freiheitsrechte des Individuums darstellt: Ich hätte in diesem Film nicht mitgespielt, wenn da nicht jemand gewesen wäre, der mich gezwungen hätte. Gäbe es diese Person nicht, hätte ich anders gehandelt.

Pornografie gilt vielen als ein Fall von Ausbeutung der Frauen, die angeblich zur Mitwirkung gezwungen werden. Von den männlichen Darstellern ist seltener die Rede. Ausbeutung ist Unrecht. Ich darf Ihnen nicht mit vorgehaltener Waffe die Brieftasche abnehmen, weil das gegen Ihre Freiheitsrechte verstößt. Hätte ich keine Waffe, würden Sie mir Ihre Brieftasche nicht geben. Mit Hilfe der Waffe übe ich eine unrechtmäßige Macht über Sie aus. Es mag sein, dass ein Produzent über einen Darsteller Macht ausübt, weil er Geld hat. Das Angebot einer finanziellen Entlohnung aber kann nicht als Zwang gelten. Ebenso wenig wie die Kombination aus Geld und grotesker Internetprominenz, wie sie Webseiten wie moneytalks.com (wenn sie denn echt sind!) anscheinend versprechen (hier wird ganz normalen Passanten für sexuelle Handlungen, die als Webcast veröffentlicht werden sollen, Geld geboten). Andernfalls wäre es ausgeschlossen, dass jemand für einen anderen arbeitet oder mit einem anderen Waren austauscht, was wir ja Tag für Tag mit stillschweigendem Einverständnis tun. Natürlich kann Ausbeutung vorliegen, wenn der Darsteller in extremer Armut lebt und der Produzent das weiß oder wenn er das Geld braucht, um seine Drogensucht zu finanzieren, und keine andere Erwerbsmöglichkeit hat. Auch wenn Darsteller mit falschen Versprechungen aus ihren Heimatländern hergelockt wurden und man ihnen die Pässe abgenommen hat oder sie schlicht durch Androhung von Gewalt gezwungen werden, dann liegen selbstverständlich unmoralische Umstände vor.

Aber keine dieser Bedingungen muss bei der Produktion eines pornografischen Filmes oder Fotos gegeben sein. Es gibt zahllose exhibitionistische Amateurpornos, die ohne jeden finanziellen Anreiz produziert wurden. Bei unserem paradigmatischen Beispiel allerdings ist das nicht der Fall. Es handelt sich um einen professionell produzierten Film. Somit gibt es auch keinen Grund zu der Annahme, dass die Darsteller für ihre Zeit und ihre Leistung nicht angemessen entlohnt wurden und dass sie ihr Geld nicht lieber auf diese Weise verdienen als in einem Büro oder als Lehrkraft. Ausbeutung ist Unrecht und gesetzlich verboten. Werden bei der Produktion von Pornografie Menschen ausgebeutet, gehört das ebenso bestraft wie die Ausbeutung von Muschelsammlern oder Näherinnen. Das Verbrechen hier ist die Ausbeutung und nicht die Produktion von Pornografie. Für die moralische Verurteilung ist es nebensächlich, in welcher Branche und für welches Produkt Ausbeutung stattfindet.

Wird mit der Vorstellung von einem Geschädigten argumentiert, ergibt sich daraus interessanterweise auch, dass pornografische Literatur moralisch nicht zu beanstanden wäre, weil ja keine Darsteller involviert sind. Romane wie die der *Emanuelle*-Reihe und *Die Geschichte der O* sind zu Recht als pornografisch zu bezeichnen, und auch *Lady Chatterleys Liebhaber* zählte zu seiner Zeit zu dieser Kategorie.[3] Verbale Pornografie benötigt einen Autor und einen Leser und sonst niemanden. Nun könnte man die Kröte schlucken und behaupten, verbale Pornografie sei etwas ganz anderes als audiovisuelle Pornografie, aber was ist dann mit animierten Pornos? Doch es gibt ja noch einen weiteren Teilnehmer: den Konsumenten. Vielleicht ist ja der Konsument der Geschädigte?

Der Unvoreingenommenheit halber wollen wir die Betrachter, Leser und Zuschauer von Pornografie als »Fans« bezeichnen. Kann der Fan durch seine Teilhabe an pornografischen Praktiken zum Geschädigten werden? Nun, Kindern ist der Konsum pornografischer Objekte, seien sie nun auditiver, verbaler oder visueller Natur, nicht gestattet, weil sie daran Schaden nehmen könnten. In den allermeisten Ländern ist der Konsum pornografischer Medien bis zu einem bestimmten Alter gesetzlich verboten, meistens bis zum 18. Lebensjahr. Wenn nun Pornografie ihrem Wesen nach etwas an sich hätte, das auch den erwachsensten und vernünftigsten unter uns durch das bloße Anschauen oder Lesen in irgendeiner Weise Schaden zufügte?

Ähnlich wie bei der Anstoßnahme ist auch hier nur schwer vorstellbar, wie in dieser Angelegenheit – zumindest in einer konstitutionellen Demokratie im Unterschied zu einem theokratischen Staat – ein juristischer oder moralischer Konsens zu erzielen wäre, weil das bedeuten würde, dass wir es bestimmten Personen überlassen zu entscheiden, was für andere am besten ist, und das stünde in krassem Widerspruch zu unserem gemeinsamen Glauben an die Autonomie des Individuums.

David Rose

Trotzdem hat die Aussage, dass die Erfahrung von Pornografie schädlich sein kann, einen wahren Kern. Nur ist dieser Schaden nicht so leicht festzumachen oder zu bemessen. Wir werden später auf dieses Thema zurückkommen. Vorher wollen wir uns mit einem anderen aussichtsreichen Kandidaten für den Titel des Geschädigten befassen, der durch audiovisuelle und verbale Pornografie gleichermaßen Schaden nimmt.

Der feministischen Pornografiekritik zufolge sind es einzig und allein die Frauen, denen durch die Produktion und den Konsum von Pornografie Unrecht geschieht. Manche sehen das im Zusammenhang mit Ausbeutung, die aber ist nicht geschlechterspezifisch und wurde oben bereits diskutiert. Frauen werde besonderer Schaden zugefügt, weil wir in einer patriarchalischen Gesellschaft leben, in der die Gleichheit noch nicht institutionell verankert sei, und das sei Unrecht. Frauen in unserer Gesellschaft sollten gleichberechtigt sein, und der gegenwärtige Zustand der Ungleichheit werde durch die Institution Pornografie bestärkt und erhalten. (Genau wie das Erzählen von Iren-Witzen als harmlos gilt, tatsächlich aber unterbewusst Einfluss darauf nimmt, wie die Mehrheit der Briten über Iren denkt.) Pornografie macht Frauen in der Gesellschaft insofern zu Opfern, als ihnen auch als Folge von Pornografie die volle Gleichberechtigung verweigert wird. Diese Kritik hat zwei Aspekte: 1.) Pornografie schadet einzelnen Frauen, 2.) Pornografie stellt immer und grundsätzlich eine Herabwürdigung von Frauen als gesellschaftlicher Gruppe dar.

Man kann die Behauptung aufstellen, dass Pornografie einzelnen Frauen Schaden zufügt, weil sie die Misshandlung von Frauen begünstigt, und zwar besonders extrem in ursächlich damit zusammenhängenden Fällen von Vergewaltigung, aber auch auf subtilere Weise wie zum Beispiel durch sexuelle Belästigung und Herabwürdigung von Frauen. Die empirischen Belege aber für den – kausalen oder andersgearteten – Einfluss von Pornografie auf das Verhalten ihrer Anhänger sind, gelinde gesagt, umstritten und anfechtbar. Was die eine Studie bestätigt, widerlegt die nächste, und die Interpretation der Daten ist nicht selten von Vorurteilen geprägt. Die zugrunde gelegten Begriffe und Definitionen deuten von Anfang an auf die gewünschten Ergebnisse hin, und keine empirische Studie wird jemals in der Lage sein, die Beziehung zwischen Pornografie und Verhalten auf endgültige und nicht zu widerlegende Weise zu beschreiben.

Diffiziler ist die Behauptung, Frauen als gesellschaftliche Gruppe würden von Männern schlecht behandelt, eben weil diese Pornografie konsumieren. Ein Mann könnte Frauen zuerst und vor allem als Sexobjekte wahrnehmen, er könnte der Auffassung sein, dass sie ihm unterlegen sind und nach ihm verlangen, und insofern wäre seine Wahrnehmung von Frauen durch seinen Pornografiekonsum verzerrt. Die vermeintliche Gleichberechtigung der Geschlechter wäre beschädigt. In unserem paradigmatischen Beispiel aber besteht kein Unterschied zwischen dem, was der Mann tut, und dem, was die Frau tut. Sie haben Sex miteinander. Dennoch wird für die Kennzeichnung der Handlungen des Mannes gemeinhin die aktive grammatische Form und für die Handlungen der Frau die passive gewählt, und das allein spiegelt schon die Ungleichheit: Pornografie trägt zum Erhalt der diskriminierenden Ungleichheit in unserer Gesellschaft bei. Er penetriert, sie wird penetriert. Er steckt ihr den Schwanz in den Mund, sie nimmt ihn in den Mund, und so weiter. Pornografie bekräftigt diese Sicht auf die Szene, sie präsentiert Frauen in hierarchischen Beziehungen zu Männern.

Allerdings steht Pornografie mit dieser Darstellung von Frauen nicht allein da, viele Rap- und Hip-Hop-Videos sind weitaus herabwürdigender, weil sie Frauen zu Objekts machen und die hierarchische Beziehung bewusst in Szene setzen – »P. I. M. P.« von 50 Cent ist da ein hervorragendes Beispiel.[4] Doch auch diese Videos ließen sich moralisch verurteilen, genau wie auch pornografische Objekte moralisch verurteilt werden, und oft geschieht das auch. Als Gegenargument möchte man die zahlreichen Produzentinnen und Regisseurinnen anführen, die inzwischen weite Teile der Pornoindustrie dominieren, und behaupten, Pornografie könne ein Mittel sein, die ungerechte kulturelle Ungleichheit der Geschlechter zu thematisieren und letztlich zu beseitigen. Man könnte einen pornografischen Film drehen, der Frauen stark macht, und *Fick mich* scheint diesen Versuch zu unternehmen, ob nun mit Erfolg oder nicht.[5]

Das eigentliche Problem mit der Kritik der Gleichberechtigungsverfechter aber besteht darin, dass jedes hierarchische Machtverhältnis, das nicht auf Legitimation, sondern allein auf Macht basiert, für die Männer nicht weniger nachteilig ist als für Frauen: Wer beherrscht, hat in der Regel ein verzerrtes Selbstverständnis, weil er nicht sicher sein kann, ob das Gegenüber seine Deutung der Beziehung teilt. Vielleicht spielt die Frau die Rolle der Geliebten, ohne ein aufrichtiges Interesse an ihm als Person zu haben. Ohne eine echte wechselseitige und ehrliche Beziehung ist es ihm nicht möglich zu wissen, wie sie ihn wahrnimmt oder wie er in den Augen anderer dasteht. Die sozialen Beziehungen, wie sie in der Pornografie gezeigt werden, erlauben es weder Männern noch Frauen (oder Schwulen und Lesben oder Angehörigen verschiedener Kulturen etc.), Praktiken und Beziehungen zu honorieren und umzusetzen, die ihrer persönlichen Entwicklung und dem eigenen Selbstverständnis zuträglich wären. Das Problem betrifft also nicht allein Frauen.

Wäre es demnach sinnvoll, von unserer Kultur als einer durch Pornografie geschädigten zu sprechen? Versuchen wir, unsere bislang ergebnislosen Anmerkungen zusammenzufassen, die allesamt ein Körnchen Wahrheit über Pornografie enthalten, aber eben nur ein Körnchen. Wenn in pornografischen Gegenständen irgendein Unrecht zu erkennen ist, dann muss es aus diesen Überlegungen zu ermitteln sein. Innerhalb einzelner Kulturen gelten gewisse festgelegte Praktiken als Tabu und nicht für den einfachen öffentlichen Konsum bestimmt. Diese Tabus sind veränderlich, und die Produktion bestimmter Filme, Bücher oder Bilder eröffnet einen Raum zwischen dem allgemeinen Verständnis von dem, was tabu ist, und dem, was bis zu diesem konkreten historischen Zeitpunkt allgemein als tabu galt. Beispielsweise ist das Küssen in der Öffentlichkeit heute allgemein akzeptiert, Geschlechtsverkehr in der Öffentlichkeit aber nicht. Die öffentliche Meinung ist von der bestehenden Kultur geprägt, und diese Kultur ist formbar und Veränderungen unterworfen. Bestimmte Praktiken sind nicht für bestimmte Gruppen gedacht (Kinder zum Beispiel), die aufgrund fehlender Begriffe oder Erfahrungen nicht in der Lage sind, sie zu verstehen, und deren eigene, persönliche Erfahrung dieser Praktiken dadurch verfälscht würde. Manche zeitgenössische Pornos verleiten ihre Fans zu einer verzerrten und eher ungesunden Wahrnehmung gesellschaftlicher Beziehungen. Pornografie ist die Repräsentation dessen, was tabu ist, doch auch wenn das nicht unbedingt der Fall sein muss, liefert sie doch kontextbezogene und historische Darstellungen der Ungleichheit der Geschlechter. Das Unrechte an der Pornografie liegt demnach darin, dass sie Beziehungen zwischen Männern und Frauen darstellt, die ein gleichberechtigtes Verhältnis erschweren und die Institutionen der Ungleichheit aufrechterhalten und bestärken.

Kinder zum Beispiel sind vor Gewalt in den Medien zu schützen, weil gewalttätige Bilder einer klaren Unterteilung in Wirklichkeit und Fiktion bedürfen. In den Massenmedien wird Gewalt praktisch durchgängig als erstrebenswert dargestellt, als Lösung für einen Konflikt, und nur sehr selten werden die wahren Folgen realer Gewalt gezeigt. Ein Kind, das aufgrund mangelnder Erfahrung und Kenntnis nicht in der Lage ist, zwischen Darstellungen von Gewalt und tatsächlicher Gewalt zu unterscheiden, könnte wenig wünschenswerte Verhaltensweisen entwickeln. Würde man Kindern ungehinderten Zugang zu solchen Bildern ermöglichen, könnten sie daraus ebenso wenig wünschenswerte moralische Schlussfolgerungen ziehen: dass Gewalt richtig sein kann, dass Macht erstrebenswert ist, dass Gewalt eine Lösung darstellt und so weiter. Nur die Differenziertheit von Filmen und Literatur für Erwachsene kann der Komplexität von Gewalt und ihrer Rolle in unserer Gesellschaft gerecht werden. In ähnlicher Weise könnten auch Erwachsene, denen die erforderliche soziale und emotionale Intelligenz abgeht, durch den Konsum von Pornografie in ihren gesellschaftlichen Beziehungen ein wenig wünschenswertes Verhalten entwickeln: emotionale Verflechtungen ohne Konsequenzen, ein höchst oberflächlicher emotionaler Austausch, die Überbewertung von Sex als grundlegendem Bestandteil einer intakten Beziehung, die Neigung, allen Beziehungen eine sexuelle Dimension zu verleihen, und vieles andere mehr. Solche Verhaltensweisen wirken sich nicht nur auf Beziehungen zwischen Männern und Frauen aus, sondern auch auf das Verhältnis von Schwarzen und Weißen, Heteros und Schwulen sowie auf schwule Beziehungen. Unglücklicherweise gibt es – bei all den Shakespeares, Tolstois und Dostojewskis als Gegengewicht zu sämtlichen Seagals, Willises und Schwarzeneggers dieser Welt – nur sehr wenig erwachsene Pornografie als Gegengewicht zur kindischen, unreifen Variante. Und das ist das größte Unrecht der Pornografie.[6]

Unsere Kultur wird »geschädigt«, ihr wird »Unrecht getan«, weil Tabus in Übereinstimmung mit den Grundprinzipien einer Gesellschaft funktionieren müssen. Ein rationales und unumstößliches Grundprinzip unserer Gesellschaft ist die Gleichberechtigung, und die allermeisten Beispiele für Pornografie sind mit diesem Prinzip nicht vereinbar. Dabei sei angemerkt, dass dies von der feministischen Kritik insofern abweicht, als hier nicht nur eine bestimmte gesellschaftliche Gruppe, sondern die Gesellschaft als ganze sowie sämtliche zwischenmenschlichen Beziehungen durch die unreglementierte Produktion, Weitergabe und den Konsum von Pornografie als Geschädigte angesehen werden. Allerdings unterscheidet das Pornografie nicht von anderen ästhetischen Gegenständen – Filmen, Fernsehen, Musik, Literatur etc. –, die Konzepte und Formen gesellschaftlicher Beziehungen vorgeben, anhand derer Einzelne ihr Selbstverständnis entwickeln.

## Ein anderer Ansatz

All diese moralischen Einwände gegen Pornografie sind nicht völlig aus der Luft gegriffen. Jeder einzelne spricht eine Facette von dem an, was an bestimmten konkreten Beispielen für Pornografie Unrecht ist, und erfasst damit einen Aspekt der Wahrheit. Aber zugleich überdehnen sie ihre Bedenken zu einem Definitionskriterium von Pornografie: Obszönität beginnt an der Grenzlinie zwischen dem öffentlich Akzeptablen und dem Tabu, aber man kann nicht so tun, als sei »obszön« irgendwie unveränderlich und nicht kulturell bedingt. Beim Vorwurf der Ausbeutung geht es um die Freiheit des Einzelnen, an etwas teilzunehmen oder auch nicht, er beruht aber auch auf der Annahme, dass das, was wir zu tun die Freiheit haben, Grenzen hat und dass auch diese Grenzen unveränderlich sind. Feministinnen verstehen Pornografie grundsätzlich als Ausdruck der Unterdrückung der Frau; fehlt dieser Aspekt, handelt es sich nicht um Pornografie. Und schließlich die Behauptung, Pornografie könne sich schädigend auf unsere Kultur auswirken, weil sie uns ein verzerrtes Selbstverständnis vermittelt – nur ist da kein Raum für Pornografie, die unserer Selbstverständigung vielleicht sogar zugutekommt, was, wie bei anderen ästhetischen Gegenständen auch, durchaus der Fall sein kann. Das Problem liegt darin, dass wir Pornografie anders betrachten als andere ästhetische Objekte, als hätten wir es mit irgendwie »unechten« oder »Möchtegern«-Kunstgegenständen zu tun.

Es gibt keinen Grund, Pornografie als etwas wesensmäßig anderes zu behandeln als andere ästhetische Gegenstände, und das heißt auch, dass sie den gleichen moralischen Urteilen unterliegt. Handelt es sich um ein konservatives oder ein progressives Werk? Animiert es dazu, sinnvolle gesellschaftliche Beziehungen zu beschädigen? Überdies sollte das Urteil ein ästhetisches sein, also zum Beispiel: »Dies ist ein schlechter Vertreter des Genres Pornografie, da hier ein falsches Bild von der menschlichen Wirklichkeit gezeichnet wird.« Ein augenfälliges Beispiel dafür wäre die Anonymität der meisten Pornofilme, die von den charakterlosen (und gesichtslosen) Darstellern bis zum derzeit vorherrschenden Trend zum *Glory Hole*-Porno reicht. Die Botschaft ist klar: Sex braucht weder Kommunikation noch Interaktion oder Intimität und ist am besten, wenn er ohne Konsequenzen und persönliche Verstrickungen mit gerade verfügbaren Fremden stattfindet. Solche Überlegungen sollten unter keinen Umständen gesetzliche Sanktionen zur Folge haben, können aber Grundlage moralischer Billigung oder Verurteilung sein, genau wie auch das Genre der Blaxploitation-Filme moralisch zu verurteilen ist. Aus moralischer Sicht ergibt es keinen Sinn, den pornografischen Diskurs von anderen Sphären der Kunst abzugrenzen, weil die moralischen Überlegungen in allen Fällen dieselben sind, deshalb liegt es nahe, pornografisches Material genauso zu kritisieren und in die Pflicht zu nehmen, wie wir es mit anderen ästhetischen Gegenständen tun.

Wir sollten Pornografie nicht einfach unter den Teppich kehren, will sagen sie *entweder* in ihrer Existenz ignorieren *oder* willkürlich mit simplen moralischen Begriffen aburteilen.

Das Verhältnis von Pornografie zur Kultur ist komplex, aber auch notwendig. Jede Gesellschaft stellt ihre Tabus auf, um zu justieren, was die Norm sein soll, und eine Erfahrung vom Tabu kann unsere Haltung zu dieser Norm bestärken. Die Frage ist, ob ein bestimmtes gesellschaftliches Tabu mit den moralischen Konzepten, die der jeweiligen Kultur wichtig sind, vereinbar ist: Gleichberechtigung zum Beispiel, Freiheit, individuelles Wohlergehen und dergleichen. Dabei geht es nicht darum, ob Pornografie verboten oder stark reglementiert werden sollte oder ob sie moralisch ist, sondern um einen Dialog über das, was akzeptabel ist und was nicht. Findet dieser Dialog nicht statt – und Pornografie ist eine Art, in dieses Gespräch einzutreten –, kann es leicht passieren, dass die vereinbarten öffentlichen Normen von Recht und moralischem Verhalten durch bestimmte kulturelle Einstellungen unterlaufen oder gestört werden. Moralische Konzepte und Kategorien sind ein Resultat unserer Selbstverständigung, die letztlich auf vielfältige Weise mit der Selbstdarstellung unserer Kultur verwoben ist. Die Frage ist nicht, ob Pornografie moralisch oder unmoralisch ist, sondern ob sie die richtigen Tabus und Normen gesellschaftlicher Beziehungen erkennt und uns Zugang zu einem Verständnis unserer selbst in Beziehung zu anderen ermöglicht. Kunst reguliert angemessenes kulturelles Verhalten, indem sie Handlungen höchsten Eigensinns und höchster Exzentrizität vollzieht, sich aber auch mit den gesellschaftlichen Erwartungen der Einzelnen auseinandersetzt. Sie oszilliert zwischen diesen beiden Extremen, um herauszufinden, was kulturell angemessenes Verhalten sei und wo die Grenzen liegen, und wirft dabei Tabus über den Haufen, die, wie Hamlet es ausdrücken würde, »aus den Fugen« geraten sind. Derzeit ist die Pornoindustrie fast ausschließlich

David Rose

kapitalistisch ausgerichtet und mehr am Profit denn an wertvoller Kunst interessiert, wie so viele andere Bereiche der Kulturproduktion auch.

Nur ist das kein spezifisches moralisches Problem an der Pornografie, sondern an der Kunst und ihrer Beziehung zur Kultur. Und vielleicht ist der Kern des Problems ja in den materiellen Realitäten der Kunstproduktion zu finden – und also im Kapitalismus. Aber das ist eine andere, sehr viel längere Geschichte.

## 7. DIE GESCHMÄCKER SIND VERSCHIEDEN

Analsex mit vollbusigen Latina-Krankenschwestern in
Lederoutfit und Brille

Technologische Neuerungen haben unser Leben auf vielfältigste Weise verändert. Transport und Kommunikation, Unterhaltung und Kochen: Uns stehen heute Mittel zur Verfügung, an die vor 30 Jahren noch niemand gedacht hat. Technologische Neuerungen waren Herr und Sklave der sich verändernden »Bedürfnisse« der Öffentlichkeit. Manche Neuerungen haben unzweifelhaft Verbesserungen gebracht, während andere uns das Leben vielleicht nur etwas bequemer machen oder für Extravaganz sorgen. Letztere sind weit davon entfernt, »Bedürfnisse« zu befriedigen, vielmehr schaffen sie neue Märkte in einer Gesellschaft, die alles konsumiert, was neu ist. Stellt sich die Frage, ob Technologie unsere Wünsche befeuert oder von ihnen befeuert wird. Haben wir uns wirklich 400 Fernsehprogramme, beheizbare Tassenhalter und Popcorn aus der Mikrowelle gewünscht, oder wollen wir das alles jetzt nur, weil es zu haben ist?

Wohl nirgends sind diese Veränderungen so drastisch wie in der Welt der Pornografie. Egal in welchem Bereich – auf der Kurve der Unterhaltungstechnologie ist Pornografie praktisch durchgehend ganz oben an der Spitze anzutreffen. Stets von dem Wunsch getrieben, alle verfügbaren Mittel zu nutzen, um das eigene Material zu verbessern und auf den Kunden zuzuschneiden, haben sich Pornomacher immer wieder mutig, wenn auch manchmal blind, über alle möglichen Grenzen gestürzt. Dank technischen Fortschritts können Pornomacher ihr Produkt heutzutage an den ehemals wichtigsten Vertriebsformen, dem Pornokino und dem Einzelhandel, vorbei direkt an den Endkunden liefern, was weitreichende Konsequenzen nicht nur für die Pornoindustrie, sondern auch für den Endverbraucher hat. Neu entstandene Vertriebsformen haben die Pornoindustrie kontinuierlich verändert, indem sie ihr Wege eröffneten, zusehends enger definierte Zielgruppen kostengünstig mit Material zu versorgen. In der Folge hat sich auch die Pornografie selbst deutlich spezialisiert und auf zahllose Fetische ausgerichtet. Es drängt sich also die Frage auf: Wird die moderne Pornografie von den spezialisierten Nischenfetischen ihrer neuen Zielgruppen getrieben, oder treibt sie ihr Publikum auf unbekanntes Terrain, indem sie zeigt, welche »Wunder« es nicht alles gibt?

## Die 1970er Jahre: Das Pornokino

In den 1950er und 1960er Jahren waren Zeitschriften und Groschenhefte die bevorzugten Medien der Pornografie, doch das Publikum sehnte sich nach bewegten Bildern. Zwar gab es von Anfang an »pikante Filme«, aber es fehlte das Vertriebssystem, das ihnen zum Erfolg verholfen hätte. Sie waren meist auf 16-mm-Film gedreht, nur sehr schwer zu bekommen und nur für die zu sehen, die über die entsprechende technische Ausrüstung verfügten. Ein besseres Vertriebssystem für Pornofilme musste her, und da lag es nahe, Mainstream-Hollywood zu kopieren und eigene Lichtspielhäuser zu gründen, um das Publikum zu erreichen.

In den 1970ern stellten diese Pornokinos die beste Vertriebsmöglichkeit für Pornomacher dar, auch wenn sie weiterhin recht selten waren und weit verstreut lagen. Es gab sie fast nur in größeren Städten, und meistens waren sie von den Stadtplanern in die weniger einnehmenden Viertel verbannt worden. Auch das Publikum, das regelmäßig solche Kinos besuchte, war verrufen. Das Klischee vom Mann im Trenchcoat, in dem er ungesehen masturbieren kann, war so plausibel, dass es bis heute überdauert hat. Noch immer werden Anhänger von härteren Pornos (im Gegensatz zu den fernsehtauglichen, auf Pärchen zugeschnittenen »Softpornos«) als »Trenchcoater« bezeichnet. Und als wären lange Wege in zweifelhafte Stadtteile und widerwärtige Sitznachbarn nicht Strafe genug, waren die Pornokinos auch bei Politikern nicht sonderlich beliebt und mussten häufig wieder schließen. Pornografie galt als unmoralisch und unerwünscht und als Magnet für andere Varianten kriminellen Verhaltens. Häufige Polizeirazzien wegen des Verdachts auf Prostitution und Drogenhandel vermochten nur die glühendsten Anhänger nicht fernzuhalten, so dass das Pornokino letztlich nicht zu einer Stätte anspruchsvoller Erwachsenenunterhaltung avancierte.

Doch im Jahre 1973 wurde alles anders. Mit *Behind the Green Door* und *Deep Throat* begann das Goldene Zeitalter der Pornofilme. Beide haben relativ hohe Produktionsstandards, und beide halfen, den »Pornostar« einzuführen, zunächst in Person der beiden Hauptdarstellerinnen Marilyn Chambers und Linda Lovelace. Entscheidender aber ist, dass beide Filme auch außerhalb der Pornoszene enorm erfolgreich waren. Obwohl sie in den USA nur auf ein paar hundert Leinwänden liefen, wurden sie über Nacht zur Sensation. Sie waren die ersten Filme, die über den typischen Pornokinobesucher hinaus ein Publikum fanden und einen allgemeinen Hype auslösten, der eine kurze Zeit des *Porno-Chic* zur Folge hatte. Porno war, in gewisser Weise, im Mainstream angekommen. Auf einmal waren »normale« Leute und sogar der eine oder andere Prominente im Publikum eines Pornofilms zu sehen. Für die Pornoindustrie war

das ein Schritt nach vorn, für die meisten Zuschauer aber war
es noch immer alles andere als leicht, auch nur die populärsten
Pornofilme zu Gesicht zu bekommen.

Die mangelnden Vertriebsmöglichkeiten hatten an vielen
Orten zur Folge, dass dem Publikum von Pornofilmen faktisch
nur eine einzige Wahl blieb. Und weil teils erhebliche Entfer-
nungen zu überwinden waren, um das wichtigste Vertriebssystem überhaupt nutzen zu können, das zudem häufig in juristische Scharmützel verwickelt war, hatten die Kinobesitzer
Mühe, ihren Besuchern überhaupt eine Auswahl zu bieten. Populäre Pornofilme liefen nicht selten über Wochen und Monate
am Stück. Das Aladdin Theatre in Portland, Oregon, zum Beispiel zeigte von 1975 an ganze 16 Jahre lang ohne Unterbre-
chung den Film *Deep Throat*. Zum Ende kam diese Serie nur
deshalb, weil das Kino 1991 seine Pforten schloss. So weit trie-
ben es nur wenige Kinobesitzer, doch die Wahlmöglichkeiten
des Publikums blieben durch die Art des Vertriebs auf wenige
Titel begrenzt, und zwar solche, von denen der Kinobesitzer
annahm, dass sie ein breites Publikum finden würden.

Diese dem Pornokino innewohnenden Beschränkungen
wirkten sich auch auf die kreativen Möglichkeiten des Produkts
aus. In Anbetracht von vielleicht 1000 möglichen Vorführorten
mussten die wenigen Anfang der 1970er Jahre produzierten
Pornofilme ein möglichst breites Publikum ansprechen, wollten
sie hohe Gewinne erzielen. Während Mainstream-Hollywood
mit seinen Produkten alle möglichen Genres abdeckte, Komö-
die, Horrorfilm, Action- und Abenteuerfilm sowie Familien-
film, musste die Pornofilmindustrie mit jedem einzelnen Schuss
ihr gesamtes Zielpublikum treffen. Für sexuelle Erkundungs-
touren blieb da wenig Raum, weil jeder Film, um finanziell erfolgreich zu sein, eher breit angelegte sexuelle Interessen befriedigen musste. Natürlich war für das Mainstream-Publikum
zunächst jeder unverhüllte Sex im Film neu und aufregend, aber

ein breites Zielpublikum ansprechen zu müssen bedeutete, dass die meisten (wenn nicht alle) Pornofilme sich auf recht standardisierte Formen des Geschlechtsverkehrs beschränkten. Analverkehr, Oralsex, lesbischer Sex und gelegentlich auch eine Prise SM kamen vor, die meisten Pornofilme aber boten wenig Abwechslung. Sie waren 08/15, und das mit voller Absicht, bauten allein auf die Neuartigkeit von Sexszenen an sich und mieden jeden Fetisch, der die Allgemeinverträglichkeit hätte schmälern können. Und natürlich gab es auch gar keinen Grund, Liebhaber spezieller Fetische oder ein Nischenpublikum anzusprechen – Konkurrenz gab es schließlich keine.

## Die 1980er Jahre: Der Heimvideorekorder

Bis in die 1980er Jahre hinein blieben Pornokinos der beherrschende Vertriebsweg für Pornofilme. Mit dem neuen Jahrzehnt jedoch hielt der Videorekorder Einzug, und auf einmal waren Pornofilme einem ganz neuen Publikum zugänglich. Man musste sich nicht länger in verrufene Gegenden wagen oder das Risiko eingehen, beim Betreten eines Pornokinos gesehen zu werden, nur um dann zwischen lauter Fremden einen Pornofilm zu schauen. Der Porno in Spielfilmlänge, der bislang nur im Kino zu sehen gewesen war, konnte nun auf Videokassetten überspielt und ganz privat im eigenen Heim angesehen werden. Das Peinliche und potenziell Riskante an der Angelegenheit war damit weitgehend gebannt. Freunde des erotischen Kitzels mussten nur noch in der nächsten Videothek durch die Schwingtüren oder den Perlenvorhang der »Erwachsenenabteilung« schlüpfen.

Indem der Videorekorder das Pornokino als wichtigsten Vertriebsweg für Pornofilme ablöste, wurden aus ein paar tausend Vertriebsstellen plötzlich mehrere Millionen. Das Publikum war nicht mehr an bestimmte Zeiten oder die vom Kinobesitzer ausgewählten Titel gebunden. Zu Hause konnte man zu jeder Tages- und Nachtzeit Filme schauen. Die Leihgebühr für ein Video betrug meist nur einen Bruchteil dessen, was eine Kinokarte kostete, so dass man es sich leisten konnte, in einer Woche gleich mehrere Filme zu sehen. Kinobesitzer waren an bestimmte Zeiten gebunden und konnten pro Woche oft nur einen Titel zeigen, Videotheken dagegen hatten Hunderte oder gar Tausende Filme vorrätig. Mit diesen verbesserten Vertriebsmöglichkeiten und dem größeren Publikum stieg auch die Nachfrage nach mehr Produkten. Weil Pornofans ihre Filme jetzt in privatem Rahmen schauen konnten, war es ihnen auch möglich, neue und experimentellere sexuelle Themen auszuwählen. Die Studios beeilten sich, die Nachfrage zu bedienen, und experimentierten mit neuen Formaten und spezielleren Titeln. Die Produzenten waren noch immer darauf angewiesen, ein relativ breites Publikum anzusprechen, aber eine genauere Ausrichtung auf ein spezielles Zielpublikum war möglich.

Der Boom des Videomarktes in den 1980er Jahren trat in der Pornografie völlig neue Entwicklungen los. Anfang der 1980er Jahre waren Heimvideorekorder so gut wie unbekannt, aber das änderte sich schnell. Im Jahr 1985 besaßen bereits 10,5 Prozent aller Fernsehhaushalte in den USA einen Videorekorder.[1] Und während die Anzahl der Videorekorder in den USA von unter zwei Millionen zu Beginn des Jahrzehnts auf über 62 Millionen (ungefähr zwei Drittel aller amerikanischen Haushalte) gegen Ende der 1980er Jahre anstieg, wuchs die Nachfrage nach neuen Pornoprodukten dramatisch. Und dank des größeren Publikums konnte das Produkt eine breitere Palette an sexuellen Themen anbieten.

Doch obwohl das Publikum wuchs und ein breiteres Angebot an sexuellen Themen entstand, folgte der Porno der 1980er Jahre noch immer bestimmten, wenn auch recht lockeren Mus-

Roger T. Pipe

tern. Die VHS-Pornografie wies viele Ähnlichkeiten mit ihrer Vorgängerin aus den 1970er Jahren auf. Die meisten Filme folgten noch immer einem Drehbuch, und die grundlegenden Handlungsstrukturen blieben unverändert. Gelegentlich schmuggelten Pornomacher die eine oder andere sexuelle Variation ein, gingen aber überaus vorsichtig vor, damit ihr Produkt weiterhin so breit konsumierbar blieb wie möglich. Ein typisches Beispiel dafür ist die »obligatorische Lesbenszene«. In praktisch jedem Videofilm findet sich früher oder später eine Szene mit zwei oder mehr Frauen. Die allgemeine Überzeugung lautete, dass es den meisten Zuschauern gefiel, in einem Film die eine oder andere Form lesbischen Liebesspiels zu beobachten. Fast die gesamten 1980er Jahre hindurch blieb diese Idee unangetastet, erst später, mit der Spezialisierung der Pornografie, rückte man davon ab. Streifzüge in andere sexuelle Variationen wurden im Laufe des Jahrzehnts, in dem die Pornografie einen Boom erlebte, zunehmend populär.

Analsex lag dabei von Anfang an ganz weit vorn. Schon die frühen Pornofilme hatten regelmäßige Abstecher in diese Gefilde unternommen, die in der videodominierten Pornolandschaft der 1980er dann umfassend erkundet wurden. Analsex war nicht länger nur eine Geschmacksnote im sexuellen Eintopf, er wurde zum Hauptgericht. Filme wie *Caught from Behind* und *Between the Cheeks* nahmen die gängige Rezeptur des Pornofilms und verengten sie auf einen einzigen Fokus.[2] Handlung und Figurencharakterisierung waren für den Pornofilm von jeher zweit-, wenn nicht drittrangig gewesen, die VHS-Pornografie aber verzichtete völlig darauf. Ersetzt wurden sie durch genau definierte Sexualpraktiken als einzigem Inhalt mancher Videoveröffentlichungen. Die Pornoproduzenten erweiterten ihre Produktpalette und setzten auf Spezialisierung: Einzelne Filme konzentrierten sich jetzt allein auf Analsex oder lesbischen Sex oder Oralsex oder andere grob kategorisierte Fetische. Diese neue genrespezifische Ausrichtung der Filme der späten 1980er Jahre mag eng gefasst wirken, sollte sich aber im Vergleich zu den gewaltigen Veränderungen, die sich bereits am Horizont abzeichneten, als harmlos erweisen.

Die Aufsplitterung der Pornofilmindustrie am Ende der 1980er Jahre wurde in den 1990ern noch beschleunigt. Die Videowelle schwemmte die Leinwandpornografie praktisch hinweg und begrub das klassische Pornokino unter sich. Neues Medium der Wahl waren Heimvideo und Videokabinen. Pornoschauen war einfacher, billiger und sehr viel diskreter geworden. Durch die neuen Vertriebsmethoden entstanden auch neue Varianten: »Gonzo«-Filme und »Nummern«-Filme sollten den Pornofilm der 1990er beherrschen.

Zum Teil verdankten sich diese Veränderungen der Tatsache, dass die neuen Videokameras kleiner, leichter und billiger waren und damit Einstellungen ermöglichten, die wenige Jahre zuvor noch undenkbar gewesen wären. Durch den Einsatz von Handkameras konnten die Regisseure im Gonzofilm selbst zu Darstellern werden. Sie waren Stellvertreter ihres Publikums und teilten mit den Zuschauern zu Hause deren Fetische, deren Versagen und deren Fantasien. Solche Projekte hatten extrem voyeuristischen Charakter und führten dem Zuschauer Sex aus Perspektiven vor, von denen in den Tagen fester Kameras und vollständiger Filmcrews niemand zu träumen gewagt hatte. Darüber hinaus konzentrierten sich viele Filme auf eine spezifische Sexualpraktik oder, häufiger noch, auf ein bestimmtes Körperteil. Weil beim neuen Medium Video das Filmen leichter und die Produktion billiger war, konnten Pornomacher auch kleinere Adressatenkreise bedienen, die nach besonderen, im bisherigen pornografischen Angebot nicht vorhandenen beziehungsweise unterrepräsentierten Inhalten verlangten.

Wer große Brüste sehen wollte, musste nicht länger einen ganzen Film anschauen, um vielleicht nur ein einziges üppig aus-

Roger T. Pipe

gestattetes Pornosternchen zu Gesicht zu bekommen. Ganze Filme und Reihen widmeten sich nun vollbusigen Frauen jedweder Couleur. Frustrierte Fans knackiger Hinterteile mussten nicht länger in hellem Entsetzen mit ansehen, wie die Kamera über das Objekt ihrer Begierde hinweghuschte. Nun gab es ganze Videoserien mit langen, liebevollen Aufnahmen aus Blickwinkeln, die früher entweder nicht möglich (die schweren Kameras waren für derlei anatomische Erkundungen einfach nicht gemacht) oder nicht erwünscht waren (weil die Produzenten Gefahr liefen, für jeden Poliebhaber im Publikum zehn Kunden zu vergraulen, die daran nicht interessiert waren). Von *The Adventures of Buttman* bis *Breast Worx*: Mit dem Gonzoporno führte die Reise weg von der reinen Fantasiegeschichte mit reichlich Sex hin zum enger gefassten Fetisch.[3]

## Die 1990er Jahre: DVD

Als die Pornoindustrie in den 1990er Jahren von VHS zu DVD als bevorzugtem Vertriebsformat wechselte, bekam die Entwicklung hin zu fetischorientierten Produkten noch einmal einen gewaltigen Schub. Dank der höheren Speicherkapazität der DVD und eines stetig wachsenden Katalogs an bereits existierenden Filmen, die in das neue Format konvertiert werden konnten, entstand das neue pornografische Phänomen der Compilation. Schon zuvor hatten Filmstudios Szenen aus mehreren älteren Filmen zu einem neuen Produkt zusammengeschnitten. Etwas zu verkaufen, das seine Kosten bereits eingespielt hat, verspricht schließlich einen 100-prozentigen Gewinn. Allerdings war die Videokassette in dieser Hinsicht recht beschränkt. Eine 140-Minuten-Kassette konnte mit sieben Stunden Material bespielt werden (da lag das theoretische Limit für dieses Format), aber nur bei sehr niedriger Übertragungs-

geschwindigkeit und entsprechend schlechter Produktquali-
tät. Die DVD sprengte diese Grenze. Jetzt war es möglich, vier
bis sechs Stunden hochqualitativer Pornografie auf eine einzige DVD zu packen, was auch mit zunehmender Regelmäßig-
keit geschah, weil das neue Format an Akzeptanz gewann. Für
eine Compilation mussten Pornomacher nicht mehr tun, als aus
ihrem riesigen Bestand genau die Szenen auszusuchen, die sie
vermarkten wollten. Ohne Probleme konnten sie sechs Stunden
mit einer bestimmten Darstellerin, einem bestimmten Typ von
Darstellerin (Haarfarbe, Figur, Hautfarbe etc.), einer bestimmten Sexualpraktik oder einem bestimmten Fetisch anbieten.

Ein Film, in dem fünf Szenen mit Analsex oder lesbischem
Sex vorkamen, konnte im Handumdrehen in seine Einzelteile
zerlegt und in eine Compilation über Analsex mit brünetten
Frauen oder lesbischen Sex mit natürlich vollbusigen Frauen
eingearbeitet werden. So entstanden ganze Serien, die sich nicht
einfach dem Analsex widmeten, sondern spezifischeren Themen wie dem »Gaping« (Nahaufnahmen vom gedehnten weiblichen Anus nach der analen Penetration), dem sogenannten
»analen Cream Pie« (Nahaufnahmen vom Samen, der nach der
Ejakulation in den Anus aus diesem wieder ausgeschieden wird)
oder noch exotischeren Angelegenheiten wie dem »Felching«
(wenn der Samen aus dem Anus des Partners gesaugt wird).

Dass die DVD den Zuschauer in die Lage versetzte, einzelne Szenen oder sogar bestimmte Momente innerhalb einer
Szene direkt anzusteuern, brach das traditionelle Pornofor-
mat noch weiter auf. Kein Fan musste sich mehr einen Dialog
anhören, wenn er nicht wollte. Er konnte direkt zur Sexszene
springen, oder, wenn die zu einfallslos war, direkt zum Orgasmus. Wen eine bestimmte Darstellerin kaltließ, der konnte mit
einem einzigen Knopfdruck ihre Szene überspringen. Stieß man
auf eine Position, die einem besonders gefiel, konnte man sie
direkt anschauen, ohne lange vorspulen zu müssen. Und wer

seinen Orgasmus bei der Masturbation zeitlich genau auf den des männlichen Darstellers legen wollte, konnte das mit der Fernbedienung leicht erreichen. Pornofilme waren im Grunde nichts anderes mehr als eine Sammlung von Szenen beziehungsweise kurzen Clips innerhalb dieser Szenen, die ein besonderes Interesse bedienten.

Spezielle Figurmerkmale waren schon immer ein Thema gewesen. Von den frühen Anfängen der Pornografie an hatten Magazine vollbusige Frauen gezeigt, und so manches Pornosternchen des Goldenen Zeitalters der Pornografie hatte seinen legendären Status seiner üppigen Oberweite zu verdanken. Auch Frauen bestimmter ethnischer Herkunft waren ein beliebtes Motiv in Magazinen und einigen frühen Pornofilmen. Als aber die DVD zum beherrschenden Format wurde und isolierte Szenen den Spielfilm ablösten, erzeugten Genres Untergenres, und in den Regalen des Videoverleihs um die Ecke war jede denkbare Kombination aus ethnischem Mix, Körpertyp und Sexualpraktik zu finden. Die Vorstellung, dass ein Pornomacher ein möglichst breites Publikum ansprechen müsse, war obsolet geworden. Das Zielpublikum durfte auch aus ein paar hundert Kunden bestehen, die bereit waren, für vier Stunden »Weiße Mädchen mit dickem Arsch«, »18-jährige Asiatinnen« oder »Anale Lesben« Geld auf den Tisch zu legen. Und wem diese Untergenres damals reichlich speziell vorkamen, der sollte sich bald wundern.

## Die 2000er: Das Zeitalter des Internets

Internet-Pornografie gibt es, seit es das Internet gibt. Lange bevor es sich die Industrie zur Aufgabe machte, ihre – alten und neuen – Produkte im Web zu vermarkten, nutzten Fans die neue Technologie, um anderen ihre Sammlungen zur Verfügung zu stellen, über ihre Lieblingsdarstellerinnen zu diskutieren und sich über die Grenzen des örtlichen Schweinkram-Angebots hinaus umzuschauen. Die über das letzte Jahrzehnt nahezu flächendeckend gewordene Versorgung mit Highspeed-Internet hat den Pornomachern noch mehr Türen aufgestoßen. Jetzt konnten Filme in anständiger Auflösung direkt an den Endverbraucher geliefert werden, was eine Vielzahl neuer Möglichkeiten eröffnete. Die Nutzer wurden in die Lage versetzt, genau das auszuwählen, was sie wollten, und brauchten nur für einzelne Szenen statt für ganze Filme zu zahlen. Den Produzenten blieben die hohen Vervielfältigungs- und Versandkosten erspart, und sie konnten sich auf noch enger definierte Zielgruppen ausrichten. Die Studios, die noch immer DVDs produzierten, fanden schnell heraus, dass ihre Kunden auch Minutenpreise für Video-on-Demand akzeptierten, weil diese Methode ihnen erlaubte, alles zu überspringen, was sie nicht interessierte, und nur für die Szenen zu zahlen, die sie sehen wollten.

Internetbasierte Vertriebsmodelle setzten sich schnell durch, und die Pornomacher passten ihre Inhalte den äußerst spezialisierten Bedürfnissen an. Während frühe Gonzofilme noch Frauen mit gewaltigen Hinterteilen zum Thema haben konnten, verlangte die Welt der Video-on-Demand-Minuten, Nischen-Websites und Kundenorientierung nach einer sehr viel genaueren Etikettierung des Inhalts. Jetzt warben Internetseiten mit großen Hintern in allen Schattierungen. Sie stehen auf weiße Frauen mit großen Hintern? Dann gehen Sie zu »Big White Asses«. Wer dunklere Hinterteile bevorzugt, versucht es mit »Big Black Asses«. Wenn Latinas Ihnen mehr zusagen, suchen Sie nach »Big Latin Asses«. Ist Ihnen das noch nicht speziell genug, kann Flüssigkeit ins Spiel gebracht werden, die den gewaltigen Hintern Glanz verleiht: »Big Wet Asses«. Wenn auch das nicht reicht, können auch die feuchten Hintern nach Hautfarbe eingeteilt werden. Fügen Sie dem »Wet« und »Asses« lediglich ein »*White*«, »*Black*«, »*Latin*« oder »*Asian*« hinzu, und Ihnen eröffnet sich ein ganzer Regenbogen an sexuellen Möglichkeiten.

Der technische Fortschritt hat auch die Pornografie vorangebracht und die einst so überschaubare Welt des Pornofilms zu einem riesigen Imperium anwachsen lassen, das in praktisch jeden einzelnen Haushalt der zivilisierten Welt reicht. Aus den früher so engen Grenzen des Pornofilms ist eine kundenorientierte Industrie entstanden. Wo ein Film früher auf einer begrenzten Anzahl an Leinwänden einem möglichst breiten Publikum vorgeführt werden musste, nutzt die Industrie heute eine breite Palette an billigen Vertriebsmethoden, um Produkte zu produzieren, die speziellere Geschmäcker ansprechen. Das Publikum für pornografisches Material ist dadurch größer geworden, die Ausrichtung der einzelnen Werke zugleich spezieller. Der Standardporno der 1970er Jahre mit fünf bis zehn Sexszenen, einem Drehbuch und einfachen filmischen Elementen existiert nicht mehr. Auch nicht die Kinos mit dem klebrigen Fußboden in den verruchten Stadtvierteln, die klassische Pornos voller Klischees zeigten. Sie sind verdrängt worden, und zwar zuerst von einem ganz ähnlichen Produkt, das in der örtlichen Videothek zu haben war und somit mehr Privatsphäre und eine größere Auswahl bot. Doch auch das war nichts gegen die Möglichkeiten, die die weitere technische Entwicklung eröffnete. Zuerst kamen die DVDs mit fünf bis sechs Sexszenen und einer Handvoll immer wiederkehrender Darsteller, ohne Drehbuch und mit minimalen Produktionsstandards. Und wo Filme nun in austauschbare Szenen aufgebrochen wurden, war der nächste Schritt nicht mehr weit: die Vermarktung einzelner Szenen. Websites und DVD-Reihen wurden immer feiner justiert, um alle erdenklichen Körperteile abzudecken. Hautfarbe und die entsprechenden Stereotypen sind für zahllose Serien ausreichendes Hauptthema. Auch spezielle Sexualpraktiken wurden abgespalten, kategorisiert und zu eigenen Fetischen ernannt. Vorbei das Goldene Zeitalter des Pornofilms, selbst Videofilme wirken heutzutage veraltet. An ihre Stelle ist eine neue Welt in *High Definition* getreten, Ausschweifungen jeden Geschmacks, wie sie der menschliche Geist nur zu erdenken vermag, werden direkt auf den Desktop geliefert. Websites, Szenen und Clips können auf jeden gewünschten Fetisch zugeschnitten werden.

Vom technologischen Fortschritt getrieben, hat die Pornoindustrie den Kinofilm in Spielfilmlänge auf übersichtlich gebündelte Szenenpakete heruntergebrochen, die jeden noch so speziellen sexuellen Geschmack bedienen und direkt zum Endverbraucher nach Hause geliefert werden. Die Technologie hat ohne Zweifel die Zukunft der Pornografie verändert. Bleibt die Frage, ob es Veränderungen zum Guten oder zum Schlechten waren. Kurz geantwortet: sowohl als auch.

Moderne Pornografie ist der, die noch vor 30 Jahren das Bild bestimmte, zugleich über- und unterlegen. Bessere, billigere und kleinere Kameras haben zu einer enormen Verbesserung der Bildqualität beigetragen. Körnige Aufnahmen wurden von messerscharfen HD-Pornos abgelöst. Handkameras ermöglichen es den Pornomachern, sehr nah ans Geschehen heranzugehen und dem Publikum alle erdenklichen Details des Aktes zu präsentieren. Aber diese technologischen Verbesserungen haben auch ihre Kehrseite. High-Definition-Aufnahmen überlassen nichts der Fantasie. Perfekt ausgeleuchtete Szenen und ultrascharfe Bilder zeigen dem Publikum jeden Makel, jeden blauen Fleck, jede Falte. Ist die Kamera nur noch wenige Zentimeter von ihrem Objekt entfernt, bleibt den Pornodarstellern kein Raum, sich vor der harten Realität des HD-Pornos zu schützen. All das führt dazu, dass der Pornografie eine Ebene der Fantasie verloren gegangen ist und eine Realität zutage tritt, die nicht ganz so fantastisch ist.

Pornomacher könnten heutzutage Spielfilme drehen, die allem, was im Goldenen Zeitalter des Pornos produziert wurde, technisch weit überlegen sind. Mit Hilfe besserer Kameras, besserer Beleuchtung und besserer Schnitttechnik ließe sich eine erotische Kunstform schaffen, von der man in den Tagen von *Deep Throat* nur hätte träumen können. Doch statt diesen Weg zu wählen, setzen die meisten Pornomacher auf Aneinanderreihungen von Szenen, in denen es um spezielle Themen und Fetische geht und nicht um ein Produkt, das auch nur entfernt an »Kunst« oder wenigstens Filmemachen erinnern würde. Wenn überhaupt noch Drehbücher verwendet werden, dann meist nur für einzelne Szenen, um mit ein bis zwei Dialogzeilen den Rahmen vorzugeben. Vollständige Geschichten werden nicht mehr erzählt.

So manch einer trauert dem Porno als Kunstform nach, und dass die Produkte der modernen Pornografie besser seien, würde kaum jemand behaupten wollen. Die Tage sind vorbei, in denen der Konsument kaum eine Auswahl hatte und sich einen kompletten Spielfilm anschauen musste in der Hoffnung, irgendwann die speziellen Figurmerkmale oder die spezielle Sexualpraktik zu sehen zu bekommen, die ihn am meisten interessierte. Heute gibt es zahllose Websites, die Darsteller bestimmter Hautfarben oder Ethnien oder sexueller Orientierung bei allen nur erdenklichen Sexualpraktiken zeigen, die vom ganz Normalen bis zum Ausgefallensten reichen. Auf Video-on-Demand-Websites zahlt der Konsument nur für das, was er wirklich sehen will. Heraus kommt ein Produkt, das ganz genau so aussieht, wie der Endverbraucher es haben will.

Darüber hinaus kommt die moderne Pornografie direkt zum Endverbraucher nach Hause. Er muss nicht einmal mehr Videokassetten oder DVDs ausleihen oder kaufen, die es dann vor missbilligenden Partnern oder neugierigen Kindern zu verstecken gilt. Heutzutage kann man Pornofilme auf dem Computer anschauen und hinterher wieder löschen. So viel Diskretion und Bequemlichkeit war in der Zeit vor dem Internet schlicht nicht möglich.

Aber diese Bequemlichkeit hat auch ihre Kehrseite. In früheren Zeiten mussten sich neugierige Nachkommen schon Mühe geben, um Papas geheime Pornosammlung zu finden. Entlohnt wurde ihr Einsatz dann mit Fotos von großen Brüsten und dem Ansatz von Schamhaar im *Playboy*. Die enorme Verbreitung der Internet-Pornografie macht die ganze Welt der Sexualität, von den allgemeinverträglichen bis hin zu den eher abnormen Varianten, Millionen von Kindern praktisch per Mausklick zugänglich. Wie leicht finden Kinder Hardcorepornos? Viel zu leicht. Man braucht nur in einer populären Suchmaschine das Wort »Titten« einzugeben und drei Mausklicks später ist das, was mit kichernder Neugier anfing im Handumdrehen bei Hardcorepornos in voller Länge gelandet, die ohne Altersprüfung und unentgeltlich zu haben sind. Kaum jemand würde behaupten wollen, dass diese leichte Verfügbarkeit keine nachteiligen Auswirkungen hat. Diskussionen über die Frage, wie Kinder besser vor Internet-Pornografie zu schützen seien, füllen ganze Bände, und die Auswirkungen von so leicht zugänglicher Pornografie werden wohl erst in Jahrzehnten voll zutage treten.

Amüsant ist allerdings, dass viele der klassischen Pornoklischees die Zeiten überdauert haben und in der Pornolandschaft unserer Zeit noch immer ihren festen Platz einnehmen. Der Pizzajunge im Glück, das freche Schulmädchen und der belagerte Klempner blühen und gedeihen auch in der modernen Pornografie. Jetzt dienen sie als Hauptthema diverser DVD-Serien, die sich einzig und allein mit ihren besonderen Qualitäten beschäftigen. Statt umständlich in einen Spielfilm eingearbeitet zu werden, haben die scharfe Sekretärin und der quirlige Babysitter ihre Auftritte nun auf Websites, auf denen der Konsument seine sexuellen Fantasieszenarien ein ums andere Mal vorgeführt bekommt.

Roger T. Pipe

In unmittelbarer Folge massiver technologischer Veränderungen wird Pornografie heute von einer zersplitterten Industrie für ein sehr viel größeres, aber enger fokussiertes Publikum produziert. Heute kann der Endverbraucher in aller Diskretion nur das Material herunterladen oder streamen, das ganz genau seine oder ihre sexuellen Wünsche anspricht. Pornografie hat die Nischenfetisch-Bedürfnisse dieses neuen, riesigen und immer spezielleren Publikums angeheizt und wurde zugleich von ihnen getrieben.

## 8. SEX, LÜGEN UND DIE VIRTUELLE WIRKLICHKEIT

Science-Fiction-Autoren und Futuristen beschreiben einen technologischen Wendepunkt, auf den wir als Weltgesellschaft zurasen, und nennen diesen die »Singularität«, wobei sie die Ausprägungen dieses Transformationsereignisses jeweils sehr unterschiedlich definieren. Eine Vision von Singularität ist dann verwirklicht, wenn künstliche Intelligenz den menschlichen Intellekt übertrifft; eine andere, wenn Computer ein Eigenbewusstsein entwickeln.

Die Singularität, um die es mir geht, ist gesellschaftlicher Natur: wenn Technologie virtuelle Realitäten erzeugt, die von unserer wirklichen Welt qualitativ nicht mehr zu unterscheiden sind. Die Vorteile computergenerierter Wirklichkeiten sind zahllos, bergen aber auch potenzielle Gefahren: insbesondere die virtuelle Pornografie.

Wenn die Erzeugung virtueller Realitäten laufend besser wird, wartet hinter dem Horizont ein technologischer Garten der Lüste. Welche Auswirkungen hat es auf Liebesbeziehungen, wenn sich Männer mit ein paar Mausklicks diskreten Entspannungssex mit koketten Supermodels verschaffen können oder verheiratete Frauen virtuelle Langzeitbeziehungen mit adonisgleichen Männern führen, die ihnen die romantische Liebe und Aufmerksamkeit zuteilwerden lassen, die sie von ihren eigenen Männern nicht bekommen?

Der leichte Zugang zu virtueller Pornografie droht das soziale Gewebe zu zerreißen, das die Menschen miteinander verbindet. Ich nenne diesen Wendepunkt die »pornografische Singularität«. Sie könnte noch zu unserer Lebzeit eintreten, und ihre Folgen werden die Fundamente unserer Gesellschaft erschüttern.

In diesem Essay untersuche ich die Auswirkungen, die diese Singularität auf zukünftige Individuen, Familien und die Gesellschaft haben kann. Ausgangspunkt meiner Überlegungen sind aktuelle Modelle mit niedrigem bis mittlerem Virtualitätsgrad, beispielsweise *Second Life*, Lebenssimulationen in Computerspielen und allgemeine Internet-Pornografie. Ebenso behandle ich die wachsende Verbreitung sexueller Fetischkulturen im Netz – *Furrys*, Amputiertensex, Sex mit Tieren, inzestuöse Rollenspiele und dergleichen – und beschreibe die negativen Auswirkungen solcher Triebe, die sich in der virtuellen Welt ungehindert entfalten können.

Die Warnsignale der sich anbahnenden pornografischen Singularität ringen um unsere Aufmerksamkeit. Dennoch ist dieser Essay nicht als puritanische Verteufelung von Pornografie, bindungslosem Sex oder moderaten sexuellen Abweichungen zu verstehen. Wo sich vielleicht die eine oder andere religiöse Formulierung oder Metapher eingeschlichen haben mag, dient sie rein stilistischen Zwecken. Ich vertrete kein religiös-moralisches Bekenntnis, und ich halte es nicht für ausgeschlossen, dass bindungsloser Sex, Fetische und Pornokonsum mit einer guten Lebensführung vereinbar sind.

Ich werde aber zu zeigen versuchen, dass virtuelle Formen pornografischer Sexualität die psychische Gesundheit bedrohen und Individuen daran hindern können, ein gutes Leben zu führen. Darüber hinaus wird die kommende pornografische Singularität eine Vielzahl bereits durch Pornografie verursachter gesellschaftlicher Probleme ausweiten und verschärfen.

Matthew Brophy

## Virtuelle Realität: Immersive Pornografie

Pornografie ist vielleicht so alt wie der Homo sapiens selbst. Im Mai 2009 fanden Archäologen in Deutschland die bislang früheste pornografische Darstellung der Menschheitsgeschichte: eine 35 000 Jahre alte Frauenfigur aus Elfenbein mit stark übertriebenen Geschlechtsmerkmalen.[1] Was sich im Laufe der Jahrhunderte verändert hat, sind lediglich die immer fortschrittlicheren Medien der sexuellen Darbietung: angefangen bei Radierungen und Zeichnungen über Fotografie und Video bis schließlich zur virtuellen Realität.

Virtuelle Realität ist der Endpunkt der pornografischen Reise. Dabei ist mit »virtueller Realität« ein computergenerierter »Traum« gemeint, der qualitativ nicht von der tatsächlichen Welt zu unterscheiden ist (vergleichbar mit der virtuellen Welt, die Neo in *Matrix* erlebt).[2] Die virtuellen Realitäten der Zukunft werden vier Aspekte von Pornografie optimieren:

- *Wahrhaftigkeit:* realitätsgetreues Erleben, das mit dem der tatsächlichen Welt qualitativ identisch ist;
- *Immersion*: der Nutzer wird zu einem integralen Bestandteil der Pornografie, er ist nicht mehr davon getrennt;
- *Interaktivität*: die Entscheidungen und Handlungen des Nutzers bestimmen den Handlungsverlauf;
- *Unbeschränktheit*: jede Form von Pornografie wird verfügbar sein, egal wie speziell, bizarr oder abweichend sie auch sein mag.

Zwar ist es heute noch nicht möglich, vollkommen in virtuelle Realitäten einzutauchen, doch wird das virtuelle gelobte Land Schätzungen zufolge in ein paar Jahrzehnten erreicht sein. Bereits im Jahr 2003 ließ sich Sony die Idee der nichtinvasiven

Übertragung von Ultraschallwellen auf das Gehirn des Nutzers patentieren, mit der alle fünf Sinne stimuliert werden können – in anderen Worten: Im Bewusstsein des Individuums sollen maßgeschneiderte, lebendige »Träume« erzeugt werden.

Den besten Blick in die Zukunft ermöglichen derzeit virtuelle Welten wie *Second Life*, das eine computergenerierte Umwelt zur Verfügung stellt, die von Avataren bevölkert wird: animierten Figuren, die von weltweit schätzungsweise 230000 Internetnutzern gesteuert werden. Allerdings bietet *Second Life* nur eine virtuelle Realität mittleren Grades, da es an totaler Immersion und an Wahrhaftigkeit mangelt.

Die virtuellen Realitäten der nahen Zukunft werden diese Mängel beheben und wahrhaftige, immersive Erlebnisse ermöglichen, die alle fünf Sinne einbeziehen. Dem Nutzer eröffnen sich damit unbegrenzte Möglichkeiten, die der Realität in nichts nachstehen, unter anderem eben auch virtueller Sex. Es könnte sogar sein, dass virtueller Sex den echten Sex in Zukunft übertrifft, weil er »hyperreale« Pornografie ermöglicht, die echten Sex am Ende womöglich als minderwertig dastehen lässt.

## Willkommen in der hyperrealen Welt

Die retuschierten Frauenbilder auf den Titelseiten von Modemagazinen repräsentieren das Hyperreale; nicht einmal die Modelle selbst ähneln mehr ihren Hochglanzabbildungen.[3] In diesem Sinne definiert der postmoderne Kulturtheoretiker Jean Baudrillard das Hyperreale als »die Simulation eines Gegenstands, der nie wirklich existiert hat«.[4] Die retuschierten Modelle sind unerreichbare Ideale, im Vergleich zu denen wirkliche Frauen fortan mangelhaft erscheinen müssen.

Genau wie die computeroptimierten Covermodels sind auch in virtuellen Welten die Repräsentationen von Menschen hy-

Matthew Brophy

perreal: Abbildungen von etwas, das es in der Realität nie gab und nie geben wird. Weibliche Figuren beispielsweise sind meist comichafte Überzeichnungen männlicher Wunschvorstellungen: riesige straffe Brüste, verschwindend schmale Taille, lange, wohlgeformte Beine, runder Po, leuchtende Augen, makellose Haut, perfektes Haar und Schmollmund. Diese Hyper-Schönheiten der virtuellen Welt trotzen den Gesetzen der Schwerkraft, wie schon Barbie von Mattel den Proportionen einer jeden wirklichen Frau getrotzt hat. Auch Barbie ist hyperreal.

»Pornbots« sind die sexuellen Barbies der Zukunft: virtuelle Prostituierte mit künstlicher Intelligenz (von der sie wohl nicht allzu viel benötigen werden). In virtuellen Realitäten wird über pornografische Scheinwelten das Hyperreale feilgeboten: programmierte Pornbots als Sexualpartner und sexuelle Handlungen, die die Wirklichkeit ersetzen und »das Reale« im Vergleich mangelhaft erscheinen lassen.

In ihrem Artikel »The Porn Myth« beschreibt Naomi Wolf die negativen Wirkungen der Hyperrealität von Pornografie in der heutigen Zeit: »Zum ersten Mal in der Geschichte der Menschheit sind die Macht und die Anziehungskraft der Bilder größer als die echter nackter Frauen. Echte nackte Frauen sind heute nur noch schlechter Porno.«[5] Die Hyperrealität pornografischer Darstellungen erzeugt einen unerreichbaren Standard, dem gegenüber alles Wirkliche verblasst.

Der Soziologe Harry Brod beschreibt die Entwertung von wirklichem Sex anhand seiner persönlichen Erfahrung mit Pornografie:

*Viel zu oft habe ich mich mit schlechtem Gewissen auf unpersönliche Fantasien verlegt, weil die echte Liebe, die ich für die Frau empfand, nicht ausreichte, Gefühle in Handlungen zu überführen. Und in diesen erbärmlichen, geheimen Momenten habe ich bereut, dass ich mich ein*

*Leben lang mit Playmate-Ästhetik habe indoktrinieren
lassen.*[6]

Offenbar führt das Hyperreale in der zeitgenössischen Pornografie nicht dazu, dass Männer Frauen in der wirklichen Welt nur noch aus einem sexualisierten Blickwinkel wahrnehmen; eher scheint es das männliche Begehren nach echten Frauen und echtem Sex zu schmälern.

Die Gefahren des hyperrealen Ideals werden wachsen, wenn Pornografie in der virtuellen Welt immersiv, interaktiv und realitätsgetreu wird. Wenn Sex mit einer echten Frau gegenüber dem mit einer virtuellen Figur nicht länger den Vorteil der körperlichen Befriedigung bietet, werden Männer an ihre derzeitigen oder potenziellen Partnerinnen nicht mehr den Anspruch stellen, dass sie aussehen und sich im Bett benehmen wie Pornostars. Vielmehr werden sie womöglich gar kein Verlangen nach einer realen Liebesbeziehung mehr haben.

## Die Zukunft macht echte Frauen obsolet

Schon heute müssen Frauen mit Pornografie konkurrieren. Brustimplantate sind da eine Möglichkeit – schönheitschirurgische Optimierungen, die Zeichen der »Barbiefizierung« realer Frauen sind, ihrer Anpassung an die hyperrealen Fantasien der Männer.

Naomi Wolf berichtet von jungen Frauen, die beklagen, dass sie mit der durch Pornografie etablierten Hyperrealität nicht mithalten können:

*Denn wie sollte eine echte Frau – mit Poren, eigenen
Brüsten und sogar eigenen sexuellen Bedürfnissen (die
noch dazu mehr sagen kann als »Mehr, mehr, mein wil-*

*der Hengst!«) – mit einem virtuellen Traumbild von Voll-*
*kommenheit konkurrieren können, das nach Belieben*
*heruntergeladen und wieder gelöscht werden kann und*
*das, sozusagen, durch und durch unterwürfig und auf die*
*kleinsten Wünsche des Konsumenten zugeschnitten ist?*[7]

Die virtuelle Realität wird der Barbiefizierung Tür und Tor öffnen, weil die Nutzer in den virtuellen Welten jede beliebige »körperliche« Form annehmen können. Frauen könnten sich veranlasst sehen, Avatare zu schaffen, die als virtuelle Sexpuppen die hyperrealen Sexfantasien der Männer befriedigen. Sogar reale Paare in einer festen Partnerschaft könnten das Bedürfnis haben, für den virtuellen Online-Sex »Verbesserungen« an ihren selbstentworfenen Avataren vorzunehmen: Der Mann möchte vielleicht einen größeren Penis und ein bisschen mehr Muskulatur, die Frau größere Brüste und makellose Haut. Der Online-Hypersex könnte dem realen Offline-Sex für dieses Paar die Besonderheit nehmen.

Die Barbiefizierung von Frauen bezieht sich nicht nur auf die äußere Erscheinung, sondern auch auf das Verhalten. Wenn echte Frauen mit den weiblichen Pornbots der Zukunft mithalten wollen, werden sie vielleicht keine andere Wahl haben, als die männlichen Hypersex-Fantasien zu befriedigen und sich auf das »Mehr, mehr, mein wilder Hengst!« zu verlegen, das männlichen Pornokonsumenten anscheinend so viel bedeutet.

Die Umsetzung virtueller Fantasien könnte eine harte Wirklichkeit zutage fördern: dass nämlich der entscheidende Vorteil echter Frauen gegenüber der Pornografie derzeit darin besteht, dass sie Männern reale Erfahrungen bieten. Männer können ihre sexuellen Wünsche durch verschiedene Formen von Pornografie zu befriedigen versuchen, aber dem Vergleich zu echtem Sex hält Pornografie nicht stand. Eine Hand ist keine Vagina, und selbst die besten Sexspielzeuge für Männer bieten nur einen matten Abklatsch der immersiven, mehrdimensionalen Erfahrung von wirklichem Sex. Virtueller Sex wird diesen »Vorteil« zunichtemachen, da er qualitativ gleichwertig oder sogar besser sein wird. In der Folge könnte echter Sex irgendwann als überholt gelten, weil er Männer darauf konditioniert, echte Frauen nur noch als »schlechten Porno« wahrzunehmen.

## Auch Hyperromanzen sind Pornografie

Männer und Frauen wünschen sich nicht nur Sex, sondern auch liebevolle Partnerschaften. Die virtuelle Realität bietet Imitate solcher Partnerschaften, die sich für die Nutzer vielleicht als unverträglich erweisen könnten. Ein erheblicher Prozentsatz der romantischen Beziehungen in der virtuellen Welt lässt sich mit dem Begriff »Hyperromantik« beschreiben: die Idealisierung und Dramatisierung des Romantischen über das Reale hinaus. Genau wie Hypersex ist auch Hyperromantik als eine Form von Pornografie zu betrachten, auch wenn sie von vorwiegend emotionaler statt körperlicher Natur ist.

Die Romantik und Dramatik virtueller Welten locken die heimlichen Romantiker dieser Welt aus ihren Löchern: Hier kann die mausgraue Bibliothekarin zur Prinzessin werden, die in einem selbsterzeugten virtuellen Königreich von einem Märchenbuchprinzen umworben wird. Weibliche Bedürfnisse – nach Aufmerksamkeit, Romantik, Wertschätzung, Intimität und Sex – können durch Hyperromanzen in virtuellen Welten scheinbar befriedigt werden, und zwar von anderen Bewohnern ihrer virtuellen Welt.

Hyperromanzen in der virtuellen Realität sind vergleichbar mit Liebesfilmen auf der Kinoleinwand, und sie versprechen ähnlich abträgliche Auswirkungen auf Beziehungen im wirklichen Leben. Forscher der Heriot-Watt-Universität sehen in romantischen Komödien eine Ursache für unrealistische Erwartungen, die viele Menschen an Beziehungen stellen.[8] Sie konnten zeigen, dass Personen, die romantische Komödien schauen (beispielsweise *E-Mail für Dich*, 1998; *Notting Hill*, 1999; *Die Braut, die sich nicht traut*, 1999; *The Wedding Planner – Verliebt, verlobt, verplant*, 2001; *Manhattan Love Story*, 2002 etc.), eher zu der Ansicht neigen, dass Sex perfekt sein sollte. Sie tendieren mehr als andere dazu zu glauben, dass der Liebespartner ihre Bedürfnisse erkennen sollte, ohne dass sie formuliert werden müssten, dass Liebe aufregend und schicksalhaft ist und Vertrauen und innige Liebe unmittelbar entstehen und nicht etwa im Laufe der Zeit und durch gemeinsame Beziehungsarbeit.

Hyperromantik stellt unerfüllbare Erwartungen an Männer und lässt echte Männer als unzulänglich dastehen, weil sie dem hyperromantischen Standard nicht genügen. Frauen, die mit ihren realen Beziehungen unzufrieden sind, könnten in derart idealisierten virtuellen Beziehungen emotionale und körperliche Befriedigung suchen. Schon heute verlassen viele Frauen ihre Männer – und manchmal auch ihre Kinder –, um im echten Leben die romantische Erfüllung mit einem Mann zu suchen, mit dem sie online eine idealisierte Beziehung eingegangen sind. Meist erwachen sie früher oder später mit der Erkenntnis, dass der neue Mann in der Realität genauso mit Makeln behaftet ist wie der Ehemann, den sie verlassen haben.

Dank Hypersex und Hyperromantik aber muss man nicht mehr aus dem Traum erwachen. Die immersive virtuelle Welt kennt keine räumlichen, zeitlichen oder sonstigen Grenzen: Sie ist ein endloser lebendiger Traum. Nicht ganz unbegründet ist allerdings die Sorge, dass Hypersex und Hyperromantik den Nutzer letzten Endes korrumpieren, weil sie sein Verlangen befriedigen, aber seinen Bedürfnissen zuwiderlaufen.

## Hinter den Spiegeln: Sexuelle Abweichungen in Welten ohne Grenzen

Die Dominanz von Hypersex und Hyperromantik in virtuellen Welten wird zahlreiche gesellschaftliche Probleme nach sich ziehen, sowohl für die Nutzer selbst als auch für Partnerschaften im wirklichen Leben. Noch beunruhigender aber sind die seltsamen Früchte abweichender Sexualitäten, die in den virtuellen Gärten reichlich zu finden sind. Es könnte passieren, dass der eine oder andere von diesen verbotenen Früchten kostet und von ihrem Geschmack schon bald nicht mehr loskommt.

Virtuelle Umgebungen ermöglichen den Zugang zu den verschiedensten abnormen sexuellen Milieus, denen man ansonsten vielleicht nie begegnen würde. Zugleich gewinnen solche Abweichungen in diesen schrankenlosen Welten mit der Zeit an Normalität, und die Konditionierung auf das sexuell Abweichende geht einher mit der Entfremdung von »normalen« sexuellen Bedürfnissen. Im wirklichen Leben beispielsweise treffen Menschen, die sich als »Furrys« bezeichnen, in aufwendigen Tierkostümen zusammen, um gesellschaftlich und sexuell miteinander zu verkehren. Ansonsten begegnet man ihnen im wirklichen Leben eher selten, in *Second Life* aber wimmelt es von Furrys. Schätzungsweise 6 Prozent der Bevölkerung in *Second Life* sind Furrys. Man muss sich die Frage stellen, ob Nutzer, die sich in der virtuellen Welt einen hybriden Mensch-Tier-Avatar erschaffen oder mit solchen Furrys Sex haben, in eine sexuelle Abweichung eintauchen, die ihr Bedürfnis nach normalem Sex im wirklichen Leben beeinträchtigen wird. Auch besteht die Befürchtung, dass der Schritt vom Furry-Sex zur Sodomie vielleicht nur kurz ist, weil sich Furrys in ihren Mensch-Tier-Proportionen stark voneinander unterscheiden. Einem Artikel zufolge erfreut sich Sex mit Tieren in *Second Life* zunehmender Beliebtheit.[9]

Aber vielleicht ist, wie der Philosoph Peter Singer nahelegt, Sodomie mit psychischer Gesundheit und guter Lebensführung vereinbar[10] – was auch für eine ganze Reihe anderer sexueller Abweichungen gelten könnte. Zwar ist »sexuelle Abweichung« häufig negativ konnotiert, tatsächlich aber ein rein statistischer Begriff. Homosexualität beispielsweise wurde im *Diagnostischen und Statistischen Handbuch Psychischer Störungen*, dem Standardhandbuch der Psychologie, früher als Störung aufgeführt, weil es sich um eine statistische Abweichung handelte.[11] Dabei haben wir inzwischen hoffentlich alle zur Kenntnis nehmen können, dass sexuelle Anziehung zum gleichen Geschlecht bei aller statistischen Abweichung einer guten Lebensführung nicht im Wege steht. Ich überlasse es den Lesern, selbst zu entscheiden, welche sexuellen Abweichungen für sie mit einem guten Leben vereinbar sind und welche nicht. Mir geht es lediglich darum zu zeigen, dass sich derartige Abweichungen durch die pornografische Singularität immer weiter verbreiten und an Normalität gewinnen werden.

Neben der Sodomie bietet *Second Life* noch ein ganzes Sortiment an weiteren Paraphilien: Vergewaltigungsspiele, Sex mit Amputierten, Snuff-Sex (bei dem einer der Avatare während des Geschlechtsakts »getötet« wird), Infantilismus, Vorarephilie (die sexuelle Erregung am Verschlingen oder Verschlungenwerden), Fäkalsex, Nekrophilie und was die abweichende Imagination sonst noch zu ersinnen vermag.

Eine sexuelle Abweichung, die in *Second Life* besonders grassiert, ist virtueller Sex zwischen einem erwachsenen und einem Kind-Avatar, hinter denen jeweils Nutzer unterschiedlichen Alters und verschiedenster Herkunft stehen. Diese Rollenspiele überschreiten nicht nur die Grenze zur Pädophilie, sondern nicht selten auch zum Inzest, wenn der eine Avatar einen Elternteil und der andere Sohn oder Tochter spielt. Es gibt einen Ort in *Second Life*, der den Namen »Missbrauchswäldchen« trägt, wo Kind-Avatare auf der Suche nach einem »Mami«- oder »Papi«-Avatar umherwandern, um sich missbrauchen zu lassen. Erwachsene Nutzer kaufen sich Kind-Avatare, um sie gegen Bezahlung zu prostituieren, weil es pädophile Erwachsene gibt, die dafür zu zahlen bereit sind. Es wurden bereits Maßnahmen ergriffen, um derartige Rollenspiele in *Second Life* zu unterbinden, jedoch mit sehr geringem Erfolg. Wie nicht anders zu erwarten, erweist sich die Durchsetzung von Regeln im weiten Raum der Virtualität als äußerst schwierig, wenn nicht gar unmöglich.

Neben *Second Life* existieren auch Videospiele mit virtuellen Welten, die abweichende Sexualität propagieren. *RapeLay* ist ein japanisches Videospiel aus dem Jahr 2006, bei dem die erste Aufgabe darin besteht, dass der Spieler ein Mädchen verfolgen, auf der Toilette einer U-Bahn-Station vergewaltigen und ihren samenbedeckten Körper anschließend mit der Kamera seines Mobiltelefons fotografieren soll. Auf dem letzten Level geht es darum, einer Mutter und ihren beiden Töchtern aufzulauern und sie zu vergewaltigen. Die Töchter werden als »jungfräuliche Schulmädchen« beschrieben; »in ihren Augen standen Tränen«, heißt weiter es, als eine von ihnen vergewaltigt wird. Der krönende Abschluss besteht darin, dass der Spieler alle drei Frauen zu Sexsklaven macht. Wenn eine von ihnen schwanger wird, muss er sie zur Abtreibung zwingen, ansonsten stirbt seine virtuelle Figur und er hat das Spiel verloren. Noch schlimmer ist der Spielmodus »*Gang rape*« (Gruppenvergewaltigung), bei dem sich mehrere Spieler über das Internet zusammenschließen können, um die Frauen gemeinsam zu verfolgen und zu vergewaltigen.

*RapeLay* ist nur eines von vielen Spielen, bei denen es um sexuelle Gewalt geht; ein weiteres, vom selben Hersteller, heißt *Battle Raper*. Hier geht es darum, mit weiblichen Figuren, die nicht von Mitspielern gesteuert werden, zu kämpfen und sie –

Matthew Brophy

im Falle eines Sieges – zu vergewaltigen. Solche Spiele stehen nur als Beispiel für die schrankenlosen Sexfantasien, mit denen sich Computerbenutzer in virtuellen Welten Befriedigung verschaffen können.

## Konditionierung zur sexuellen Abweichung

Die beschriebenen sexuellen Abweichungen lassen sich leicht als Fetische bedauernswürdiger, abnormer Individuen abtun. Die virtuelle Realität aber ist im Begriff, abnorme Sexualität dramatisch zu fördern und ihr eine gewisse Normalität zu verleihen. Die Allgegenwart, die leichte Zugänglichkeit und Anonymität solcher Möglichkeiten führen dazu, dass abweichender Sex zunehmend normal erscheint; er ist nicht länger schockierend oder abweichend. Der Prozess der Normalisierung beschleunigt sich, wenn ein Nutzer im Netz von »normalen« Menschen umgeben ist, die bekanntermaßen an sexuell abnormen Rollenspielen teilnehmen.

Die Normalisierung sexueller Abweichungen wirkt sich im wahren Leben negativ auf bestehende Beziehungen aus. Als Beispiel sei hier eine Studie über den »Vergewaltigungsmythos« angeführt, dem zufolge die meisten Frauen erzwungenen Sex im Grunde genießen. Aus dieser Studie geht hervor, dass die Propagierung und Verbreitung dieses Mythos als Wahrheit eine deutliche Absenkung der Hemmschwelle zu Gewalt beim Sex zur Folge hat und die Einstellungen männlicher und weiblicher Probanden beeinflusst. Die Befragten zeigten Ansätze, Vergewaltigung nicht mehr als Abweichung, sondern als normales sexuelles Verhalten zu betrachten. Bei Männern, die diesem Mythos Glauben schenkten, war eine erhöhte Wahrscheinlichkeit zu erkennen, derartige Fantasien auch auszuleben. Schon allein die Anerkennung dieses Mythos als legitime Form von

Sexualität hatte negative Auswirkungen auf Frauen und Männer, insbesondere in Paarbeziehungen.[12] Im Internet ist Vergewaltigungspornografie im Überfluss vorhanden. Manche Websites wie www.rape-tube.com bedienen speziell diesen Fetisch, während andere die ganze Vielfalt des Pornosortiments anbieten und Vergewaltigungssex dort nur eine Variante unter vielen ausmacht.

Klare Grenzen zwischen dem Sexuellen und dem Abweichenden existieren weder im Internet noch in virtuellen Welten. In *Second Life* sind abweichende sexuelle Stimuli reichlich und überall anzutreffen. Die Avatare in den virtuellen Bars von *Second Life* – Anthros, Dominas, Prostituierte im Kindesalter – bieten ihre sexuellen Vorlieben an und suchen nach Sexualpartnern. Und warum auch nicht? Es ist sicher und es ist anonym, und man ist ja neugierig. Schließlich kommt niemand dabei zu Schaden, nicht wahr?

Tatsächlich aber zeigen Untersuchungen, dass sexuelle Abweichungen sich eben doch nachteilig auf den Nutzer auswirken und dass diese sehr viel anfälliger dafür sind, als sie glauben. Durch die freiwillige oder unfreiwillige Begegnung mit sexuellen Abweichungen schreiben sich diese unterschwellig in die Psyche ein. Meistens entwickelt sich abweichende Sexualität durch unbemerkte oder zufällige Konditionierung.[13] Das bedeutet, dass die Anfälligkeit des Einzelnen, ein Bedürfnis nach abweichendem Sex zu entwickeln, ganz entscheidend von den Reizen abhängt, denen er ausgesetzt ist. Hierzu sei eine klassische Untersuchung von Rachmann und Hodgson (1968) zitiert, die männliche Probanden, denen sie im Zusammenhang mit sexuell stimulierenden Bildern nackter Frauen wiederholt einen kniehohen Frauenstiefel gezeigt hatten, mit Erfolg darauf konditionierten, allein schon beim Anblick des Frauenstiefels sexuell erregt zu sein.[14] Das zeigt, wie anfällig Männer für sexuelle Konditionierung sind, was wiederum vermuten lässt, dass auch sexuelle Abweichungen allein durch wiederholten Kontakt damit anerzogen werden können.

Der Umgang mit den verbotenen Früchten der virtuellen Gärten Edens ist gefährlich, da sich (wie empirisch belegt wurde) schon der flüchtige Genuss als eine Art Dammbruch erweisen kann. Eine sechswöchige Studie hat gezeigt, dass der wiederholte Konsum von gewaltfreien Hardcorepornos die Einstellung der Probanden negativ beeinflusste: Zu den Folgen gehörten wachsende Gefühllosigkeit gegenüber Frauen, ein Verlangen nach extremeren, bizarreren und brutaleren Formen von Pornografie (ein Phänomen, das »Eskalation« genannt wird), die Entwertung der Monogamie und der Verlust des Vertrauens in die Dauerhaftigkeit der Ehe sowie die Überzeugung, dass Promiskuität ein normales und natürliches Sexualverhalten darstellt.[15]

Sexuell abweichende Fantasien setzen also einen Eskalationsprozess in Gang und verdrängen bisherige, »normale« Sexfantasien. Der Psychologe R. J. McGuire erklärt das wachsende Verlangen nach abweichendem Sex bei Männern so: »Wenn ein Mann mehrmals mit einer lebhaften sexuellen Fantasie als einzigem Ventil seiner Lust masturbiert, verleiht diese lustvolle Erfahrung der abweichenden Fantasie einen stetig wachsenden erotischen Wert. Der dann erlebte Orgasmus liefert das entscheidende Verstärkungsmoment für die Konditionierung auf die Fantasie, die dem Orgasmus vorausging oder ihn begleitete.«[16] Hinzu kommt, dass sich eine solche Konditionierung auf das Abweichende nicht so leicht wieder rückgängig machen lässt, nicht einmal durch die erheblichen Schuldgefühle, die der Betreffende aufgrund seiner abweichenden Abhängigkeit vielleicht verspürt.

Sowie sich die Vorlieben eines Nutzers virtueller Welten hin zur abweichenden Sexualität verschieben, besteht die Möglichkeit, dass er reale Beziehungen immer mehr vernachlässigt. Betrachten wir dazu den Fall der englischen Lisa Best, die eines

Nachts aufwachte und ihren Mann John vor seinem Laptop antraf.[17] Auf dem Bildschirm simulierte er in einem Bondage-Verlies schwulen Sex mit einem männlichen Avatar. Johns *Second-Life*-Avatar trug den Namen Troy Hammerthall, die virtuelle Umgebung hieß »*Bondage Ranch*«. Lisa Best erklärte gegenüber Journalisten, ihr habe sich der Magen umgedreht und sie werde sich scheiden lassen. John bestritt, irgendwelche schwulen oder sadomasochistischen Neigungen zu haben, und behauptete, er habe ja nur »gespielt«. Anfänglich mag das durchaus der Fall gewesen sein, doch seine Frau sieht den Grund für das Scheitern ihrer Ehe in seiner wachsenden Sucht nach *Second Life*. Andererseits sind sexuelle Abweichungen und Untreue vielleicht eher Symptom denn Ursache für das Scheitern einer Ehe. Ich vermute allerdings, dass beide Phänomene oftmals Symptom und Ursache zugleich sind.

## Die verbotenen Früchte des Internets

Statistiken über Untreue ist zu entnehmen, dass sich im Zeitraum von 1998 bis 2008 der Prozentsatz an untreuen Ehefrauen in den USA explosionsartig von 14 auf 50 Prozent mehr als verdreifachte.[18] Der Anteil an untreuen Ehemännern hat sich von 24 Prozent im Jahr 1998 auf 60 Prozent im Jahr 2008 mehr als verdoppelt.[19] Was ist in diesen zehn Jahren geschehen? Von Mitte bis Ende der 1990er Jahre an, begann das Internet zu einem Teil unserer Kultur zu werden. Es ermöglichte einen bis dahin beispiellosen Zugang zu Informationen, außerdem Anonymität und unbegrenzte Kommunikationsmöglichkeiten.

Eheliche Treue verdankt sich nicht unbedingt einer bewussten moralischen Entscheidung der Ehepartner. Sie ist auch Ergebnis äußerer Umstände, die außereheliche Beziehungen möglich machen oder erschweren. Im wahren Leben ist eine Affäre ein eher seltenes Zufallsereignis: die richtigen Personen in der richtigen Stimmung zur rechten Zeit am rechten Ort. Verheiratete widerstehen der Versuchung nicht nur aufgrund ihrer moralischen Rechtschaffenheit, sondern auch aus Furcht, vom Partner erwischt oder von den Nachbarn verdächtigt zu werden und im sozialen Umfeld schlecht dazustehen. Hinzu kommen Ängste wie die vor Geschlechtskrankheiten, Schwangerschaft oder sexuellem Versagen. Die virtuelle Welt räumt diese Hindernisse aus dem Weg.

Welcher eigentlich treue Ehemann würde nicht vom rechten Pfad abkommen, wenn das sexy Unterwäschemodel von nebenan ihn jeden Tag aufs Neue zu verführen versuchte? In der virtuellen Welt der nahen Zukunft wird die Versuchung sogar noch näher sein als die Nachbarin und zudem noch privater und diskreter, weil nur durch die Imagination des Nutzers und einen fernen Computerserver zugänglich. Denkbar sind solche Affären zwischen Nutzern und Pornbots sowie Nutzern und Avataren. Die Folge wäre wohl in beiden Fällen die gleiche: die allmähliche Auflösung inniger Paarbeziehungen.

Schon heute, wo die Qualität von virtuellem Sex noch recht niedrig ist, ist eine Erosion von Beziehungen zu beobachten. Selbst liebende und sexuell aktive Ehepartner sind empfänglich für die Versuchungen, die von simuliertem Sex im Internet ausgehen. »Sex im Internet ist einfach so verlockend und so leicht zu haben, dass Menschen, die dafür anfällig sind, schon süchtig geworden sind, bevor sie es überhaupt merken«, berichtet die Ärztin Jennifer Scheider, die eine Untersuchung mit 94 von der Sucht nach Online-Sex betroffenen Paaren durchführte.[20] Bei allen hatte die Sucht eines der Partner nach Internetsex die Beziehung zum Scheitern gebracht. Meist gab der jeweils andere Partner zu Protokoll, sich »betrogen, entwertet, getäuscht, missachtet und verlassen zu fühlen und außerdem unfähig, gegen eine Fantasie zu bestehen«.[21]

Hierzu sei wiederum ein Beispiel aus Großbritannien zitiert. Amy Taylor ließ sich von ihrem Mann David Pollard scheiden.[22] Ein von ihr beauftragter Privatdetektiv hatte herausgefunden, dass David Sex mit einer anderen Frau hatte, und zwar einem weiblichen Avatar in *Second Life*. Im echten Leben war er nie untreu geworden, nur in *Second Life*, dennoch stellte das für seine Ehefrau einen Verrat an der Beziehung dar. Ganz ähnliche Reaktionen zeigten auch die Paare in der oben zitierten Studie.

Denken wir an die erstaunliche Häufigkeit von Seitensprüngen im Jahr 2008 zurück, die in den zehn Jahren zuvor schlagartig angestiegen war. Nun stelle man sich wirklichkeitsgetreue virtuelle Welten vor, die an jeder Ecke Gelegenheit zu Sex und Romantik bieten, und zwar ohne die sonst üblichen Risiken des Seitensprungs. Vermutlich würden die Zahlen dann noch einmal steil nach oben gehen.

Während unsere Gesellschaft Kurs auf die Zukunft nimmt, zeichnet sich am Horizont eine neue virtuelle Welt ab. Je näher wir ihren Ufern kommen, umso lauter wird der Sirenengesang von Hypersex und Hyperromantik uns locken. Erliegen wir diesen Versuchungen in der virtuellen Welt, werden wir vielleicht mit Erschütterung feststellen müssen, dass das, was wir begehren, gerade nicht das ist, was uns guttut.

## Fehlfunktionen der Nutzer: Eine Tugendethik für die virtuelle Welt

*Der Garten der Lüste* ist ein berühmtes Triptychon von Hieronymus Bosch aus dem Jahr 1503.[23] Es zeichnet den dekadenten Niedergang der Menschheit vom Garten Eden auf der ersten Seitentafel bis zu einer bizarren Orgie mit fantastischen Tierwesen und überdimensionierten Früchten nach. Die dritte Tafel zeigt eine Höllenlandschaft, in der Menschen gefoltert und

Matthew Brophy

misshandelt werden. Viele Kunsthistoriker interpretieren dieses Triptychon als Warnung vor dem Weg der Versuchung und seinem unvermeidlichen Endpunkt.

Dieses religiöse Gemälde ist ein Urbild, das symbolisch die Gefahren aufzeigt, die dem Menschen durch völlige Hingabe an seine Begierden drohen. Die Bewohner virtueller Realitäten müssen vielleicht nicht die religiöse Verdammnis fürchten, doch wir alle sollten uns der negativen Konsequenzen grenzenloser Begierden sowohl für das Individuum selbst als auch für die Gemeinschaft bewusst sein.

Virtuelle Welten, in denen »erlaubt ist, was gefällt«, werden die Menschen in die Lage versetzen, sich wirklichkeitsgetreu auf jede erdenkliche Fantasie einzulassen, und auf vieles, was ihnen von selbst vielleicht nicht in den Sinn gekommen wäre. Alle Varianten abnormer Sexualität können in Sicherheit und völliger Anonymität erkundet werden, was nicht nur für bestehende Liebesbeziehungen, sondern auch für die Nutzer selbst höchst nachteilige Folgen haben kann. Möglicherweise werden sie irgendwann feststellen, dass sie ihr Leben nicht mehr bewältigen und ihre Potenziale nicht entwickeln.

Die traditionellen Ethiktheorien scheinen Pornografie und abnormalen virtuellen Sex zu billigen oder sogar zu befürworten. Der Utilitarismus würde die Steigerung von Genuss, Glück und Wunscherfüllung während des Aufenthalts in der virtuellen Erfahrungsmaschinerie wohl gutheißen – es wäre die Umsetzung von Robert Nozicks Gedankenexperiment in die Realität.[24] Immanuel Kants dritte Formel des kategorischen Imperativs besagt, dass ein Mensch niemals als bloßes Mittel zu benutzen ist.[25] Gegen die Nutzung von Pornbots spricht demnach nichts, weil Computerprogrammen kein inhärenter, unbedingter Wert eigen ist. Aber vielleicht behandeln die Nutzer ja sich selbst als Mittel zum Zweck – als Objekt zur Erlangung sexueller Befriedigung –, aber so recht überzeugen kann dieses

Argument nicht, weil damit auch Masturbation und bindungsloser Sex in der wirklichen Welt zu verurteilen wären.

Von den drei großen traditionellen Ethiktheorien scheint einzig die Tugendethik erklären zu können, was an pornografischem und abweichendem Sex möglicherweise unethisch sein könnte. Und zwar nicht, dass manche ihn für geschmacklos und anstößig halten, sondern seine Auswirkungen auf das Subjekt selbst. Je tiefer eine Person in das Dunkel des Hyperrealen und Abnormen eintaucht, umso mehr behindert sie ihr eigenes Funktionieren und Fortkommen in der wirklichen Welt. Rechtschaffenheit verlangt nach Mäßigung der Charakterzüge. Die schrankenlose virtuelle Welt aber lockt mit Genüssen, die dem Nutzer nach und nach diverse Laster einbrennen: Lust, Zügellosigkeit, Gier, Grausamkeit und so weiter.

Enge Bindungen sind ein primäres Bedürfnis, das befriedigt sein muss, damit ein Mensch sich entwickeln und als Individuum funktionieren kann. Virtueller Sex in Form von virtuellen Seitensprüngen, hyperrealem Sex, hyperrealen Affären und abweichendem Sex droht solche Bindungen zu unterlaufen. Konsumenten virtueller Pornografie eignen sich nicht als Beziehungspartner, weil sie enge Bindungen in der wirklichen Welt eher behindern, als sie zu pflegen.

Die gegenwärtige Bevölkerung kann den Versuchungen von *Second Life* und anderen virtuellen Realitäten vielleicht noch standhalten, aber wie steht es um die nachfolgenden Generationen, die in eine von virtuellen Welten durchdrungene Gesellschaft hineingeboren werden? Schon im Jahr 2011 werden Schätzungen zufolge 53 Prozent aller Kinder zwischen 3 und 18 Jahren mindestens einmal pro Monat virtuelle Welten aufsuchen.[26] Es ist mit Sicherheit davon auszugehen, dass diese Zahlen dramatisch ansteigen werden, wenn sich virtuelle Realitäten in den kommenden Jahrzehnten noch weiter durchsetzen. Man denke an die bereits entstandenen Schäden bei Kindern, die in das Zeitalter des von Pornografie durchdrungenen Internets hineingeboren wurden. Statistiken besagen, dass 93,2 Prozent der Jungen und 61,1 Prozent der Mädchen schon vor ihrem 18. Geburtstag im Internet Pornografie gesehen haben.[27] Meistens zum ersten Mal zwischen 14 und 17. Ein beträchtlicher Prozentsatz der Kinder hatte mindestens einmal paraphile oder kriminelle sexuelle Handlungen gesehen, unter anderem sexuelle Gewalt und Kinderpornografie. Im Jahr 2007 wurde der Betreiber von *Second Life* verklagt, weil Minderjährigen freier Zugang zu virtuellen Umgebungen gestattet wurde, in denen »Nutzer sexuelle Handlungen simulieren können, darunter auch Vergewaltigungsszenen, Bondage, Sodomie und Skatophilie«.[28]

Wie viele Kinder werden im »virtuellen Zeitalter« abnorme Formen von Sexualität zu sehen bekommen, bevor sie damit umzugehen gelernt haben? Wie sollen Kinder virtuellen Versuchungen widerstehen, bevor sie eine eigene Autonomie entwickelt haben? Wir Erwachsenen haben vielleicht eine Chance, uns zu wappnen, die Kinder der Zukunft, die in eine von virtuellen Realitäten durchzogene Welt hineingeboren werden, vielleicht nicht mehr.

## Die pornografische Singularität: eine düstere Prophezeiung

Ziel dieses Essays ist es nicht, virtuelle Realitäten und Pornografie an den Pranger zu stellen, sondern vor den Folgen zu warnen, die die Verbindung der beiden Phänomene nach sich ziehen kann. Mit den technologischen Möglichkeiten öffnet sich eine pornografische Büchse der Pandora, aus der Hypersex und Hyperromantik, virtuelle Seitensprünge und schrankenlose Varianten abweichender Sexualitäten entweichen werden. Ein derart entfesseltes Freud'sches *Es* wird zur Auflösung privater und gesellschaftlicher Beziehungen beitragen. Was wird dann übrig bleiben? Von ihren Begierden getriebene Konsumenten, Individuen ohne verbindliche Liebesbeziehungen, eine Gesellschaft ohne Familien und menschenleere Plätze in den Städten.

Wir bewegen uns auf eine technologische Entwicklung zu, die Unmengen verbotener Angebote und Inhalte bereithält. Ich kann nicht eindringlich genug vermitteln, welche unwiderstehlichen Versuchungen von zukünftigen Virtualitäten ausgehen werden, noch deren weitreichende Folgen derzeit statistisch belegen. Die Zukunft ist noch nicht da, doch wenn sie erreicht ist, kommen sämtliche Warnungen zu spät. Zum gegenwärtigen Zeitpunkt kann ich nur auf Grundlage vorhandener Daten über die Gefahren von Pornografie auf Zukünftiges extrapolieren. Zusammen mit den absehbar von virtuellen Welten ausgehenden Versuchungen bietet das ausreichend Gründe, der Zukunft mit Besorgnis entgegenzusehen.

Warnungen vor der Zukunft werden – wie die Prophezeiungen der Kassandra in der griechischen Mythologie – oftmals nicht gehört, weil die Vorstellungskraft der Gegenwart nicht groß genug ist. Doch wenn technische Entwicklungen die Fähigkeit der Gesellschaft, einen konstruktiven Umgang mit ihnen zu finden, überholen, müssen wir uns mit dem Gedanken auseinandersetzen, dass der Untergang der Zivilisation gar nicht unbedingt von außen kommen muss, beispielsweise durch Kohlendioxidemissionen, Nahrungsmittelknappheit oder nukleare Vernichtung. Der Untergang der Zivilisation könnte auch von innen kommen, weil die Früchte am Baum der Technologie in Reichweite hängen und zu üppig sind, um sie zu übersehen, und zu verlockend, um ihnen zu widerstehen.

Matthew Brophy

## 9. WAS FINDEN HETEROSEXUELLE MÄNNER AN LESBISCHER PORNOGRAFIE?

### »Schon merkwürdig«

Die feministischen Wissenschaftlerinnen Cindy Jenefsky und Diane Helene Miller leiten ihre Auswertung lesbischer Foto-storys aus sieben Jahren *Penthouse* mit der Feststellung ein, es sei »schon merkwürdig«, dass heterosexuelle Männer häufig Bilder von Frauen ansehen, die miteinander Sex haben oder so tun, als ob.[1] Bedrohen diese Bilder nicht das Image von der dominanten heterosexuellen Männlichkeit, mit dem das Magazin sein Geld verdient? So richtig ich Jenefskys und Millers Beobachtung finde, so merkwürdig uninteressiert bleiben sie in ihrem Beitrag an der Frage, was genau heterosexuelle Männer dazu bringt. Wie Andrea Dworkin und viele andere profilierte feministische Wissenschaftlerinnen der zweiten Welle finden Jenefsky und Miller eher deprimierende Erklärungen für den Reiz, den lesbische Pornografie auf heterosexuelle Männer ausübt. Die beiden zum Beispiel kommen zu dem Schluss, die Funktion von lesbischem Sex im *Penthouse* bestehe darin, ein Fantasiebild von der sexuell verfügbaren Lesbe zu erzeugen, deren »Experimentieren« letztlich nur die Natürlichkeit und Überlegenheit der Heterosexualität bekräftigt. Was Männer folglich anzieht, ist die Vorstellung, dass für sie letzten Endes alle Frauen sexuell verfügbar sind.

In diesem Artikel möchte ich eine andere Geschichte davon

erzählen, welche Freuden der Konsum lesbischer Pornografie für heterosexuelle Männer bereithält. Genauer möchte ich zeigen, dass es womöglich gerade die *Abwesenheit* männlicher Heterosexualität ist, die heterosexuelle Männer an lesbischer Pornografie erregt. Dazu werde ich Jenefskys und Millers Interpretation der lesbischen Fotostrecken im *Penthouse* – die meiner Ansicht nach für eine bestimmte Denkweise in der zweiten Welle des Feminismus repräsentativ ist – kritisch analysieren und Alternativen aufzeigen, wie sich dieses Thema auch denken lässt. Ich habe die Studie von Jenefsky und Miller gewählt, weil sie klarer, detaillierter und besser strukturiert ist als die sehr unterschiedlichen Kommentare zu diesem Thema in den bekannteren feministischen Texten wie etwa in Andrea Dworkins *Pornographie*. Gerade durch seine Klarheit allerdings fördert ihr Beitrag auch das Problematische an der Auffassung dieser feministischen Wissenschaftlerinnen der zweiten Welle zutage, wenn es darum geht zu erklären, was heterosexuelle Männer an lesbischer Pornografie finden.

Man möge mich nicht falsch verstehen: Mir geht es nicht darum zu zeigen, dass Jenefsky und Miller beim Thema lesbische Pornografie völlig auf dem Holzweg sind. Ich habe ihren theoretischen Arbeiten viel zu verdanken, weil sie mich auf so vielfältige Art und Weise beeinflusst haben, die ich hier gar nicht erläutern könnte. Mein Ziel ist vielmehr, auf andere Weise darüber nachzudenken, was an dem Phänomen lesbischer Pornografie so merkwürdig ist – und das hoffentlich, ohne ihm das Merkwürdige zu nehmen. Aber merkwürdige Dinge sind nun einmal selten einfach, und lesbische Pornografie macht da keine Ausnahme.

Chad Parkhill

## Was sagen Jenefsky und Miller über lesbische Pornografie?

Jenefsky und Miller unterteilen die Fotostorys des *Penthouse*, die lesbischen Sex zeigen, je nach Grad der Heterosexualisierung in fünf Kategorien. An dem einen Ende des Spektrums steht die *ménage à trois*, sexuelle Handlungen zwischen zwei Frauen und einem Mann. Es folgt die Inszenierung von lesbischem Sex zum sexuellen Vergnügen von einem oder mehreren Männern, die auf den Fotos nicht zu sehen sind, im dazugehörigen Text aber vorkommen. Die nächste Kategorie in diesem Spektrum ist lesbischer Sex, bei dem Männer weder in Wort noch Bild anwesend sind, die Frauen aber als heterosexuell gekennzeichnet werden. Es folgt lesbischer Sex, der ausdrücklich eine Imitation von Heterosexualität ist, aber keine Schlüsse darauf zulässt, ob die Frauen sich selbst als lesbisch oder heterosexuell begreifen. Am anderen Ende des Spektrums steht die Darstellung von lesbischem Sex ohne erkennbaren Bezug zur Heterosexualität.

Für die vier letztgenannten Kategorien untersuchen sie beispielhaft vier Fotostorys, erstens: »Die Prinzessin und der Clown«, wo zwei Schauspielerinnen für ihren Regisseur Carlo (der selbst nicht auf den Fotos zu sehen ist) eine erotische Darbietung von lesbischem Sex inszenieren; zweitens: »Geschichten am Morgen danach«, wo sich zwei Zimmergenossinnen von ihren heterosexuellen Abenteuern der vergangenen Nacht erzählen und anschließend, davon erregt, miteinander Sex haben; drittens: »Das Hochzeitsspiel«, bei dem zwei Frauen, die im Erzähltext als Liebespaar vorgestellt werden, sich als Braut und Bräutigam verkleiden und Sex haben; und schließlich viertens: »Lucy und Suki«, wo eine erfahrene Japanerin (Suki) die naive Westlerin Lucy in die »Kunst der Liebe« einführt. Auf Grundlage dieser vier Fotostorys entwickeln Jenefsky und Miller die

Thesen, *Penthouse* reduziere die lesbische Liebe auf eine rein sexuelle Identität, Genuss im Rahmen dieser sexuellen Identität entstehe durch Penetration und Penetration werde als männliches Vorrecht dargestellt. Dies wiederum bestätige die Vorstellung, dass lesbischer Sex irgendwie eine Imitation von Heterosexualität beziehungsweise weniger »echt« sei.

Jenefsky und Miller bauen ihre Argumentation so auf, dass die Beispiele, die am besten zu ihren Schlussfolgerungen passen, am Anfang stehen, während den weniger eindeutigen Fotostorys ein Platz in der Mitte des Artikels zugewiesen wird. Gegen ihre Interpretation von »Die Prinzessin und der Clown« und »Geschichten am Morgen danach« ist wenig einzuwenden. Beide Fotostrecken zeigen eindeutig heterosexuelle Frauen, die – entweder als erotische Darbietung für einen Mann oder mit dem Ziel der Lustregulation in Abwesenheit eines Mannes – miteinander Sex haben. Die Interpretationen der beiden letzten Fotostorys allerdings ist dürftiger: Die Frauen in »Das Hochzeitsspiel« sind für Jenefsky und Miller nur deshalb heterosexuell, weil sie im Erzähltext nicht ausdrücklich als Lesben gekennzeichnet werden – obwohl sie dort explizit als »Liebespaar« auftauchen. Auch der Umstand, dass die beiden beim Sex als Braut und Bräutigam gekleidet sind, ist zumindest ambivalent: Jenefsky und Miller behaupten, auf diese Weise werde lesbischer Sex als Nachahmung von heterosexuellem Sex präsentiert und somit die Vorstellung untermauert, dass Heterosexualität das »Originale« und »Natürliche« sei.

Neuere Arbeiten der feministischen Philosophin Judith Butler (und anderer) betonen dagegen das destabilisierende Potenzial von Gender-Rollenspielen, womit wohl auch solche wie das des »Bräutigams« im »Hochzeitsspiel« gemeint ist. In ihrem Artikel »Imitation and Gender Insubordination« argumentiert sie, die Performance-Qualitäten von *Drag* deckten die Künstlichkeit aller Gender-Performances auf, wodurch die Frage nach

Chad Parkhill

»Original« und »Nachahmung« irrelevant werde. Jenefsky und Miller zitieren Auszüge aus Butlers Text: »Ohne die Vorstellung von Homosexualität als Kopie gäbe es das Konstrukt von Heterosexualität als Ursprung nicht.«[2] Interessanterweise unterlassen sie es aber, eine unmittelbar folgende Passage zu zitieren, in der Butler dieses Argument ausführt und zu einer entschieden anderen Schlussfolgerung gelangt:

> *Im Gegenteil, Imitation kopiert nicht das, was schon da war, sondern stellt die Begriffe von Ursprung und Ableitung erst her und kehrt sie um. ... Es handelt sich also, buchstäblich, um umgekehrte Umkehrungen, die die Reihenfolge von Imitiertem und Imitation auf den Kopf stellen und dabei die grundlegende Abhängigkeit des »Ursprungs« von dem, was er als Nebenwirkung hervorzubringen vorgibt, aufzeigen.*[3]

Im Gegensatz zu Jenefskys und Millers Interpretation des Mann/Frau-Paares in Hochzeitskleidung ist keineswegs eindeutig, dass die Inszenierung einer lesbischen Hochzeitspersiflage mit anschließendem lesbischem Sex Heterosexualität als »das Natürliche« darstellt. Im Sinne Butlers könnte dieselbe Handlung in einem anderen Kontext – beispielsweise als Performance in einer Kunstgalerie – auch als Subversion der Struktur von Original und Kopie verstanden werden, auf die Jenefsky und Miller ihre Kritik an den lesbischen Fotostorys im *Penthouse* aufbauen. Offensichtlich ist das männliche Interesse an lesbischer Pornografie vielschichtiger – sofern wir nicht davon ausgehen wollen, dass der durchschnittliche Pornokonsument zu schlicht ist, um zu erkennen, dass seine sexuelle Identität durch subversive Gender-Performances in Frage gestellt wird.

## Jenefsky und Millers Annahmen über Männer, Frauen und Pornografie

In der Einleitung zu diesem Essay habe ich klargestellt, dass es mir nicht darum geht, die Ausführungen Jenefskys und Millers über lesbische Pornografie als »falsch« darzustellen. Oder anders ausgedrückt: Jenefskys und Millers Beitrag steht in einer bestimmten Denktradition mit eigenen Regeln, nach denen eine Aussage als wahr oder falsch oder sogar als wahr oder falsch verstanden bestimmt werden kann. Innerhalb dieser Denktradition ist ihre Argumentation schlüssig und erfüllt die Voraussetzungen, um als »wahr« zu gelten. Um aber ein anderes Verständnis davon zu bekommen, was Männer von lesbischer Pornografie erwarten, müssen wir den Denkrahmen, auf den sich Jenefsky und Miller in ihrem Artikel stützen, kritisch beleuchten und die Begrenztheit ihrer Argumentation, verursacht durch die zugrunde liegenden Annahmen, aufzeigen.

Es ist offensichtlich, dass Jenefsky und Miller ihren Beitrag als Fortschreibung der feministischen Pornografiekritik der zweiten Welle verstanden wissen wollen. Sie zitieren Dworkins Arbeit und ihre Haltung zu Pornografie, ohne auf die zahlreichen Kritiken anderer Feministinnen daran einzugehen. Ihre Beschreibung des Heterosexismus in lesbischer Pornografie stimmt voll und ganz mit der Dworkins überein, die in ihrem Buch *Pornographie* ein lesbisches Sexfoto folgendermaßen kommentiert: »Die Lesbe wird kolonisiert [sic], reduziert auf eine Variante der Frau-als-Sexualobjekt, verwendet, um zu demonstrieren und zu beweisen, dass männliche Macht selbst das private Heiligtum von Frauen durchdringt und stört.«[4]

Die Position der pornografiefeindlichen Feministinnen war eine unmittelbare Reaktion auf die sexuelle Befreiungsbewegung, insbesondere die Bestrebungen einiger Rechtstheoretiker zur Liberalisierung der Sittengesetze. Und obwohl sich

Chad Parkhill

diese beiden Lager lange intellektuelle und juristische Schlachten lieferten – beispielsweise die verbissene Debatte über die von Dworkin und Catharine MacKinnon vorgelegte »Bürgerrechtsverordnung gegen Pornografie« –, haben ihre Argumente doch vieles gemeinsam. Ian Hunter, David Saunders und Dugald Williamson zeigen, dass beiden Positionen ein *negatives* Verständnis von Pornografie zugrunde liegt, und zwar sowohl hinsichtlich ihres moralischen Werts als auch der Auffassung, Pornografie sei ein Nebenprodukt einer psychisch degenerierten Gesellschaft.[5] Die Liberalisierungsbefürworter wollten nicht etwa Pornografie, sondern den gesunden Ausdruck von Sexualität durch eine erotisch realistische Literatur fördern, deren ästhetische Überlegenheit die Pornografie in ihrer bisherigen Form schon bald obsolet machen sollte. Ganz ähnlich deuten feministische Pornografiegegnerinnen diese sowohl als Ausdruck der frauenfeindlichen Erotik des heterosexuellen Durchschnittsmannes als auch als Mittel, dessen frauenfeindliches Denken zu festigen. Die Aufgabe bestand also darin, durch Zensur von Pornografie die Grundlage für eine neue, nicht frauenfeindliche Form heterosexueller Erotik zu schaffen. Beide Seiten verstehen Pornografie als ästhetische und moralische Fehlentwicklung.

Jenefsky und Miller gehen zwar nicht so weit, Pornokonsumenten als Wüstlinge zu bezeichnen, aber sie kommen auch nicht auf die Idee, den Lesern des *Penthouse* die Fähigkeit zur kritischen Reflexion über ihre bevorzugte Wichsvorlage zuzutrauen. Wie gesagt, Butlers Arbeiten zu *Drag Queens* und *Kings* eignen sich nur dann zur Stützung der These, Sex zwischen zwei Frauen in Hochzeitskleidung führe Heterosexualität als natürlich und lesbische Liebe als Kopie vor, wenn man die Leser des *Penthouse* für intellektuell so unterentwickelt hält, dass sie nicht in der Lage sind, eine echte Infragestellung der Geschlechterrollen zu erkennen, wenn sie sie sehen. Damit umgehen sie die Frage, wie die Leserschaft des *Penthouse* wohl auf eine solche Botschaft reagiert. Diese Vermeidungsstrategie schlägt sich sogar auf sprachlicher Ebene nieder: Der *Penthouse*, so wird uns erklärt, »bekräftigt die sexuelle Vorherrschaft des Mannes, indem er die Dominanz des Heterosexuellen noch umfassender festschreibt«.[6] Mir drängt sich die Frage auf, wem gegenüber der *Penthouse* denn nun die sexuelle Vorherrschaft des Mannes bekräftigt. Offensichtlich nicht bei Jenefsky und Miller, sonst hätten sie kaum ihre feministische Kritik daran veröffentlichen können. Aber wenn sie nicht auf die Versuche des *Penthouse* hereingefallen sind, mit lesbischem Sex die Heterosexualität abzusichern, warum ziehen sie dann nicht in Betracht, dass vielleicht auch die traditionelle Zielgruppe des *Penthouse* dem nicht auf den Leim geht?

So wie Jenefsky und Miller davon ausgehen, dass der Leser nur widerstandslos alles hinnehmen kann, was der *Penthouse* ihm auftischt, setzen sie auch als gegeben voraus, dass jede Handlung in den Fotostorys immer nur auf das eine verweist – die männliche Dominanz. Nehmen wir als Beispiel ihre Ausführungen zum Thema Penetration. Jenefsky und Miller ist aufgefallen, dass in den Fotostorys keine der Frauen eine andere mit dem Finger oder einem Dildo penetriert und dass zahlreiche Aufnahmen auf die Vagina und den Anus als penetrierbar fokussieren. Daraus folgern sie, dass der *Penthouse* ein Verständnis von Penetration als ausschließlich männliches Vorrecht konstruiert, was zweifellos schlüssig ist. Wären aber Fotos von Frauen dabei, die einander beispielsweise mit einem Dildo oder einem Vibrator penetrieren, könnten die beiden daraus genau die gleiche Schlussfolgerung über die Bedeutung dieser Penetrationsakte ziehen.

Für viele radikale lesbische Feministinnen wie beispielsweise Sheila Jeffreys bedeutet der Einsatz von Dildos im lesbischen Sex die Festschreibung des patriarchalischen Modells von dem,

Chad Parkhill

was Sex sei, bekräftigt er doch, dass Sex nur dann stattfindet, wenn der eine penetriert und die andere penetriert wird. Feministische Befürworterinnen des Dildos verweisen im Gegenzug auf den fundamentalen Unterschied zwischen *Phallus* und *Penis*. Tatsächlich gibt es Dildos, die eher wie ein Maiskolben oder eine Göttinnenfigur gestaltet sind und nicht wie ein anatomischer Penis. Ganz hieb- und stichfest ist dieses Argument allerdings nicht, denn auch als Maiskolben oder Göttinnenfigur verweist der Dildo auf den abwesenden Penis. Dass solche Formen der weiblichen Anatomie augenscheinlich Lust bereiten, mag für Homophobe den »Beweis« liefern, dass die Vagina ausschließlich dazu gemacht ist, den Penis in sich aufzunehmen, was wiederum die These von der Heterosexualität als Original und der Minderwertigkeit lesbischer Sexualität als reinem Ersatz bestätigen würde. Jenefsky und Miller erkennen – wie wir bereits gesehen haben – in allen *Penthouse*-Darstellungen, die Heterosexualität imitieren, eine Herabwürdigung lesbischer Liebe zur minderwertigen Kopie. Dementsprechend ließe sich schlüssig argumentieren, dass die Verwendung von Dildos in lesbischen Sexszenen eine Form des Heterosexismus darstellt. Ob mit oder ohne Penetration, für Jenefsky und Miller macht sich der heterosexuelle männliche Konsument lesbischer Pornografie *immer* und grundsätzlich schuldig, weil er in den bis dahin unbefleckten lesbischen Raum eindringt und ihn »kolonisiert«.

## Lesbische Utopien und heterosexuelle Weltraumeroberer

Das bisher Gesagte führt uns zu der grundsätzlicheren Frage der Ängste, die das Thema heterosexuelle Männer und lesbische Pornografie begleiten. Dabei geht es darum zu begreifen, in welchem Verhältnis Lesben – verstanden als Unterdrückte in einem System sexueller Normen und Geschlechterrollen – und heterosexuelle Männer – als Begünstigte dieses Systems – zueinander stehen.

Wie Annamarie Jagose gezeigt hat, war es feministischen Theoretikerinnen in der Vergangenheit ein wichtiges politisches Anliegen, lesbische und heterosexuelle Sexualität konzeptuell gegeneinander abzugrenzen.[7] In zahlreichen Theorien haben sie die lesbische Identität *außerhalb* des herrschenden Systems sexueller Normen und Geschlechterrollen zu verorten versucht. Monique Wittigs Ausspruch »Lesben sind keine Frauen«[8] ist in diesem Zusammenhang beispielhaft, weil er auf zwei Ebenen arbeitet. Er basiert auf einem Verständnis des Begriffs »Frau«, der nur in dem auf Heterosexualität gründenden gesellschaftlichen Kontext Sinn ergibt. Und er zeigt, dass die Lesbe als nicht heterosexuelle Frau die Logik dieses Kontexts derart durcheinanderwirft, dass sie in diesem Sinne gar nicht mehr als Frau verstanden werden kann. Die Lesbe steht außerhalb des Systems.

Aussagen wie diese ziehen eine klare Grenze zwischen der Lesbe selbst und den Strukturen patriarchalischer Macht, die sie vermeintlich unterdrücken, und stehen damit in einer Linie mit der »Repressionshypothese« des französischen Historikers und Philosophen Michel Foucault[9] – der Vorstellung nämlich, dass die Menschen im Bereich der Sexualität einer äußeren Macht in Form von Vorschriften, Regeln und Verboten unterworfen sind. In *Sexualität und Wahrheit* leugnet er nicht die alltägliche Realität bestimmter Formen der Unterdrückung. Dennoch ist Macht in seinem Denken nicht lediglich etwas, das eine Person über eine andere ausübt: Sie ist relational und besteht zwischen Subjekten und den Institutionen, von denen sie beherrscht werden, und sie ist auf radikale Weise produktiv. So bedeutet Macht ihm zufolge nicht grundsätzlich Unterdrückung; vielmehr *erschafft* sie neue, insbesondere sexuelle Identitäten. Obwohl also

Chad Parkhill

medizinische und psychiatrische Institutionen des ausgehenden 19. Jahrhunderts viel Zeit und Energie darauf verwendeten, eine Krankheit zu verstehen und zu behandeln, die als »Inversion« oder Homosexualität bezeichnet wurde, hatte die Ausbreitung des Wissens über diese Krankheit zur Folge, dass Menschen, die sich zum gleichen Geschlecht hingezogen fühlten, begriffen, dass sie mit dieser Neigung nicht allein dastanden. Sie hatten nun einen Namen, waren innerhalb der menschlichen Spezies als spezifische »Untergattung« anerkannt und konnten sich zusammenschließen, um auf politische Veränderungen hinzuarbeiten.

Die Konsequenzen eines solchen Machtverständnisses sind für die Theoretikerinnen der lesbischen Liebe bedeutsam: Wenn nämlich Machtstrukturen nicht nur Unterdrückung bedeuten, sondern auch Aktivierungspotenzial in sich tragen, dann folgt daraus, das die Lesbe ein Produkt genau jener patriarchalischen Systeme ist, die Wittig und andere Theoretikerinnen überwunden zu haben glauben. Ein solches Verständnis von den komplexen Wechselbeziehungen zwischen lesbischer Identität und den vermeintlich unterdrückerischen heterosexuellen Normen, die diese lesbische Identität hervorbringen, zielt direkt auf die Fragestellung, warum heterosexuelle Männer lesbische Pornografie konsumieren. Denn wenn von der lesbischen Identität nicht gesagt werden kann, dass sie außerhalb der heterosexistischen Machtsysteme stünde, drängt sich die Frage auf, warum dies von so vielen homo- und heterosexuellen Menschen mit großer Leidenschaft behauptet wird. Ein solches Verständnis eröffnet eine interessante neue Sicht auf die Frage, warum sich heterosexuelle Männer lesbische Pornografie anschauen: dass der heterosexuelle Leser des *Penthouse* nämlich, statt in eine rein weibliche Sphäre eindringen und sie kolonisieren zu wollen, vielleicht vielmehr die erotische Illusion von einer rein weiblichen Sphäre erschaffen möchte, indem er die Zusammenhänge zwischen lesbischer Liebe und dem eigenen gesellschaftlichen Kosmos verleugnet. Wenn das der Fall ist, dann liegt die Lust des Mannes nicht in seiner *Anwesenheit* bei einer lesbischen Sexszene, sondern vielmehr in seiner *Abwesenheit*.

## Die Sache mit der *Jouissance*

Der französische Psychoanalytiker Jaques Lacan und seine anglophonen Interpreten haben uns mit zwei wichtigen (miteinander zusammenhängenden) konzeptuellen Werkzeugen ausgestattet, die verstehen helfen, wie diese Lust vielleicht funktioniert: »projektive Identifikation«[10] und *jouissance*. Um zu begreifen, was damit gemeint ist, denke man beispielsweise an einen heterosexuellen Durchschnittsmann, der einen Porno schaut. Einer geläufigen psychoanalytischen Überzeugung zufolge identifiziert sich der männliche Pornokonsument mit dem Mann (beziehungsweise den Männern) als Phallusträger. Anders ausgedrückt, der Betrachter stellt sich vor, selbst der Mann in der Szene zu sein, und seine Lust entsteht aus der Vorstellung, die dargestellten Frauen hätten Sex mit ihm. (Bemerkenswert hierbei ist, dass männliche Pornodarsteller meistens praktisch anonym und gesichtslos bleiben.)

Die Problematik dieses Modells zeigt sich spätestens dann, wenn uns klar wird, dass der männliche Konsument heterosexueller Pornografie, um sich mit dem männlichen Darsteller als *Subjekt* identifizieren zu können, tatsächlich den Penis betrachten muss. Natürlich können Männer in der Pornografie durchaus die neugierige Inspektion eines fremden Penis genießen, solange auch eine Frau daran beteiligt ist. Der männliche Darsteller ist dann ebenso sehr Objekt der Betrachtung wie die Frau (beziehungsweise die Frauen). Das bedeutet nicht, dass der Betrachter homosexuell würde, da heterosexuelle Por-

Chad Parkhill

nografie weiterhin auf die Präsentation weiblicher Genitalien fixiert bleibt, um sexuelle Andersartigkeit zu erforschen. Doch genau wie der männliche Darsteller zugleich Subjekt und Objekt des Betrachters ist, ist auch das weibliche Pornosternchen sowohl Objekt seines voyeuristischen Blicks als auch Subjekt, mit dem der männliche Betrachter sich identifizieren kann. In dieser Form der projektiven Identifikation »verschmilzt er nicht etwa mit der Frau auf dem Bildschirm …, er projiziert vielmehr seine eigenen weiblichen Wesenszüge der Passivität und sexuellen Triebe auf den weiblichen Körper als dem ›anderen‹. Nur dann kann es dem Zuschauer gelingen, eben jene Eigenschaften, die er selbst verbannt hat, zu begehren.«[11]

Solche deutlich komplexeren Identifikationsmechanismen stellen die Thesen Jenefskys und Millers in Frage. Wenn es nicht stimmt, dass sich der Konsument heterosexueller Pornografie ausschließlich mit den männlichen Darstellern identifiziert und die Frau beziehungsweise die Frauen lediglich als Objekt sieht, dann kann es auch nicht stimmen, dass er die Frauen in einer Lesbenszene lediglich als Objekte sieht und sich selbst am Rande der Szene imaginiert, jederzeit bereit, sich einzumischen. Vielmehr wären die Frauen Subjekt *und* Objekt der Betrachtung zugleich. Dieser zutiefst ambivalente Identifikationsprozess ist auch aus den Interviews herauszulesen, die David Loftus für *Watching Sex* geführt hat. Für dieses Buch hat er 100 bekennende Pornokonsumenten interviewt, von denen drei eine besondere Vorliebe für lesbischen Sex hatten. Bei ihren Beschreibungen ihrer Lust drängt sich die Vermutung auf, dass sie sich in mancherlei Hinsicht mit den Frauen in der lesbischen Pornografie identifizieren.[12] Ihre Lust ist nicht an die Kolonisierung weiblicher Räume gekoppelt, sondern an die Auflösung heterosexueller Männlichkeit.

Frankophone Psychoanalytiker und Theoretiker unterscheiden zwei Formen sexueller Lust: *plaisir*, das meist mit »Lust«

übersetzt wird, und *jouissance*, gelegentlich mit »Genießen«
übersetzt, meist aber im französischen Original belassen.[13] *Plaisir* steht im Zusammenhang mit Ego-Bildung und Zufriedenheit: Es ist die Form sexueller Lust, die Sicherheit bietet und
dabei hilft, das Selbst als von anderen getrennt zu definieren.
*Jouissance* dagegen ist eine radikalere Form der Lust, bei der
das Ego als Einheit destabilisiert und vielleicht sogar aufgelöst
wird. Sie erzeugt nicht Geborgenheit, sondern bietet eine extreme und beängstigende Erfahrung. Selbstverständlich ist
diese Unterscheidung politischer Natur. *Plaisir* gilt als konservative Form der Lust, *jouissance* dagegen als radikal. Entscheidend aber ist, dass diese Differenzierung auch geschlechterspezifisch ist: *Jouissance* wird als entschieden weibliche Form
der Lust verstanden. So schreiben Elaine Marks und Isabelle
de Courtivron in ihrer Sammlung *New French Feminism*, *jouissance* stehe für die »intensive, selbstvergessene Lust, die Frauen
kennen und Männer fürchten«.[14] Wenn aber *jouissance* eine das
Ego auflösende Lust ist, die Männer fürchten und Frauen kennen, so ließe sich doch zumindest sagen, dass der Betrachter
lesbischer Pornografie wissen möchte, was Frauen wissen. Es
handelt sich um eine libidinöse Investition in die eigene Auslöschung – womit seine Lust eine Form der das Ego auflösenden *jouissance* darstellt.

## Fazit: Die Ethik heterosexueller *Jouissance*

*Jouissance* hat mindestens eine lästige Nebenwirkung. Als Form
destabilisierender Lust lässt sie sich nicht stabilisieren. Insofern
ähnelt sie jenen logischen Rätseln, die schon Sokrates und seine
Anhänger in Verwirrung stürzten: Kann etwas *per definitionem*
destabilisierend sein? Müsste sich dieses Destabilisierende nicht
auch auf seine eigene Definition erstrecken? Für Roland Bar-

thes bedeutet das die prinzipielle Unmöglichkeit, *jouissance* und *plaisir* scharf voneinander zu trennen: »Auf jeden Fall gibt es da immer eine Spanne der Unentschiedenheit; die Unterscheidung wird nicht zu sicheren Klassifizierungen führen, das Paradigma wird knirschen, der Sinn wird prekär, revozierbar, reversibel, der Diskurs wird unvollständig sein.«[15] Ihre paradoxe Natur macht es unmöglich, *jouissance* gewohnheitsmäßig zu erleben. Um sie zur Gewohnheit werden zu lassen, müsste sie gebändigt und ihrer Bedrohlichkeit beraubt werden – womit sie nicht länger *jouissance* wäre. Gewohnheitsmäßige *jouissance* würde unmerklich in *plaisir* übergehen. Es wäre eine *falsche jouissance*, die extreme Auflösungserfahrungen verspricht, aber nur bloße sexuelle Lust bietet.

Dies aber ist genau die Situation des heterosexuellen Konsumenten lesbischer Pornografie. So gern er die unbekannte Lust erleben möchte, die nur eine Frau erleben kann – und das auch nur in einem kunstvollen erotischen Szenarium ohne Männer –, kann er seiner heterosexuellen Identität doch nicht entfliehen. Denn selbst wenn er seinen Genuss daraus zieht, sich selbst aus der Szene zu entfernen, wird er sich nach seinem Moment der *jouissance* wieder als eindeutig heterosexuellen Mann erleben, der sich einer der heterosexuellsten Tätigkeiten hingibt, die man sich vorstellen kann: dem Masturbieren beim Betrachten von Pornografie.

Dennoch halten wir daran fest, dass Jenefskys und Millers Thesen die Reaktionen heterosexueller Männer auf lesbische Pornografie nicht erschöpfend erklären. Es hat in der Tat etwas Merkwürdiges, wenn heterosexuelle Männer lesbische Pornografie konsumieren. Für einige erwächst die Lust zweifelsohne aus der Vorstellung, sie könnten selbst zum erotischen Eroberer eines lesbischen Paares werden und die Frauen in die Heterosexualität zurückholen. Nicht weniger unzweifelhaft aber ist, dass für einige Männer die Erotik gerade in ihrer völligen Abwesenheit liegt. Mir ging es in diesem Artikel nicht darum, die eine oder andere Sichtweise zu widerlegen, sondern zu zeigen, dass sie sich nicht ausschließen.

Der Konsum lesbischer Pornografie ist also weder strukturell fortschrittlich noch rückwärtsgewandt. Das bedeutet auch, dass das ethisch Auffällige an lesbischer Pornografie mit dem sozialen Geschlecht der Darsteller oder Zuschauer wenig zu tun hat. Selbst der gewissenhafte Konsument lesbischer Pornografie, der bei seiner Suche nach *jouissance* darauf bedacht ist, die Frauen nicht zum bloßen Objekt zu reduzieren, glaubt, ein Recht darauf zu haben, weibliche Körper – wenn auch nur in der Repräsentation – für seinen sexuellen Genuss zu besetzen. Insofern wirft lesbische Pornografie letztendlich die gleichen ethischen Fragen auf wie die gewöhnliche heterosexuelle Pornografie. Am Ende wird auch der Konsument lesbischer Pornografie eingestehen müssen, dass er die ganze Zeit mitten in der Szene war, aus der zu entkommen ihm so viel Lust zu bereiten versprach.

Chad Parkhill

## 10. HIT ME WITH YOUR BEST SHOT

Die »brutale« Debatte um SM-Pornografie

### Aisha und ihr Coming-out

Erinnern Sie sich noch an das erste Mal, als die Philosophie Ihre Welt ins Wanken brachte?

Bei Aisha passierte das in ihrem aufregenden ersten Jahr an der Uni. Sie hatte eine supercoole Professorin, die ihr Begriffe wie die »Hegemonie der Geschlechterrollen« und die Standardwerke der Frauenbewegung nahebrachte, von Mary Wollstonecrafts *Die Verteidigung der Frauenrechte* bis zu Catharine MacKinnons *Feminism Unmodified*. Später stieg sie als Redakteurin bei *OutRage* ein, einer Studierendenzeitschrift, die sich mit der sexuellen Unterdrückung der Frau und den Strategien des Widerstands beschäftigte. Sie und ihre Kolleginnen arbeiteten oft bis tief in die Nacht, um ihre eigenen Erfahrungen von Unterdrückung zu analysieren und den Zusammenhang zwischen solchen persönlichen Traumata und den patriarchalischen Strukturen des Systems herauszuarbeiten. Mitte der 1990er Jahre entstieg Aisha diesem Elfenbeinturm radikaler Theorie und Bewusstseinsbildung als aufgeklärte Feministin. Sie hatte verstanden, dass die Mehrheitskultur die Vorherrschaft des Mannes und die Unterwerfung der Frau erotisiert und dass dies die Allgegenwart von Gewalt gegen Frauen zur Folge hat, von sexueller Misshandlung in der Ehe über Vergewaltigung durch Bekannte bis zur Angst vor dem bösen Fremden auf dunklen Straßen.

Unglücklicherweise aber erwies sich ihr Körper in unbeobachteten Momenten als Verräter an ihren politischen Überzeugungen, besonders in der Abgeschiedenheit eines Kinosaals. Sie war fasziniert von Vergewaltigungsszenen. Bei *Clockwork Orange* mischte sich unter ihre Wut und ihre Angst unverhofft auch Erregung. Zu ihrer Verteidigung zog sie lautstark über den Regisseur und seine billige Ausbeutung weiblicher Erniedrigung her – die ganz bestimmt keinen irgendwie künstlerischen Zweck hatte, sondern dem Zuschauer lediglich durch die Erotisierung von Gewalt einen angenehmen Kitzel verschaffen sollte. Die heftige Erregung, die sie bei der Vergewaltigungsszene in *Thelma und Louise* überkam, war weniger leicht wegzudiskutieren. Erst recht, als sie feststellen musste, dass dieser Moment der Brutalität sie mehr erregte als die Sexszene mit Brad Pitt. Und zu ihrer noch größeren Schande konnte sie auch ihre Erregung und Besorgnis angesichts einer Dokumentation über die Schrecklichkeiten der Pornoindustrie nicht unterdrücken: Da war eine Frau mit Klammern an den Brustwarzen, die Beine zu weit auseinandergerissen. Aber keinen Penis zu haben hat ja den wunderbaren Vorteil, dass sich der eigene *Ständer*, sozusagen, leicht verheimlichen lässt, und die geröteten Wangen lassen sich genauso gut als Empörung verkaufen.

Doch dieser Widerstreit zwischen Feminismus und Fleisch brachte Aisha aus dem Konzept. Den Dualismus von Geist und Körper – der den Intellekt zum Menschlichen und Spirituellen erhebt, während alle körperlichen Impulse als animalisch und niedrig gelten – hatte Aisha an der Uni als Exempel für patriarchalische Philosophie und Religion kennengelernt. Das konnte also nicht die Antwort sein. Und natürlich war Aisha auch mit dem von einigen frühen Psychologen in die Welt gesetzten »Mythos vom weiblichen Masochismus« bestens vertraut, dem zufolge sich jede Frau insgeheim danach sehnte, sich der Herrschaft des Mannes zu unterwerfen.[1] Aisha aber wusste sehr genau, dass sie nicht den geringsten Wunsch verspürte, tatsächlich vergewaltigt zu werden. Es waren die Darstellungen sexueller Misshandlung, die weiterhin ein unerwünschtes Prickeln in ihr auslösten. Verzweifelt suchte sie nach einer Erklärung und forschte in immer mehr feministischen Texten nach einer Antwort, wie andere vielleicht in der Bibel nach Weisung suchen.

Es dauerte gar nicht lang, da hatte sie für ihre verräterische Erregung eine stichhaltige und entlastende Deutung gefunden. Feministischer Psychologie zufolge hatte Aisha die patriarchalischen Sexualnormen durch erbarmungslose gesellschaftliche Konditionierung internalisiert. Augenscheinlich wurde sie bei Bildern von sexuellem Missbrauch feucht, wie ein Pawlow'scher Hund beim Klang der Glocke zu sabbern anfängt. Es handelte sich also um eine angelernte, keine natürliche Reaktion, die demzufolge auch wieder abtrainiert werden konnte und sollte. Wie Susan Brownmiller schrieb: »Die Vergewaltigungsfantasie bei Frauen ist ein Eisberg, von Männern geschaffen. *Er kann beseitigt werden – durch den Feminismus!*«[2] Aisha durfte einfach nicht aufgeben. Sie musste sich noch mehr mit der Theorie auseinandersetzen, mehr Selbsthilfegruppen aufsuchen und zu Bildern von gesunder Sexualität masturbieren. Und das tat sie. Bis sie eines Tages …

*Gabriel kennenlernte. Und sich in ihn verliebte.*

Gabriel war ein jungenhafter Doktorand und Anhänger des »sex-positiven« Feminismus sowie postmoderner Ideen von der Ambiguität der Bedeutung. Nachdem sie zuerst in Streit geraten waren, redeten sie darüber, was Gabriel veranlasst hatte, Aisha eine Ausgabe von *Whiplash* zu schenken, einer kanadischen Zeitschrift für Sadomasochismus (SM), Fetischismus und Bondage. Anfangs war Aisha vom Anblick der SM-Pornografie zutiefst schockiert. Fast wäre es deshalb zur Trennung gekommen.

»Wie kommst du dazu, mir deine perversen Fantasien aufzudrängen?«, schäumte sie und gab sich redlich Mühe, die hitzige Erregung zu verbergen, die ihr aus sämtlichen Poren zu dringen schien. »Und ich hatte dich für progressiv gehalten. Ich dachte, dir geht es bei Gewalt gegen Frauen um die Sache, ich wusste nicht, dass dich das anmacht!«

»Das ist keine Gewalt«, widersprach Gabriel. »Das ist ein Rollenspiel.« Er packte ihre schmalen Handgelenke mit einer Hand und beugte sich zu ihr herunter, um sie zu küssen. »Und außerdem«, sagte er von oben herab, bevor seine Lippen die Distanz überwanden, »dünkt uns, Ihr gebt zu viele Widerworte.« Man kann sich vorstellen, wie heiß der Sex in jener Nacht war …

## Die juristische Debatte

Ist SM-Pornografie eine versteckte Form sexueller Gewalt oder eine harmlose sexuelle Variante? Die Antwort auf diese Frage ist von entscheidender Bedeutung, nicht nur für die Liebesbeziehung von Aisha und Gabriel, sondern auch für die richterliche Einordnung konkreter sadomasochistischer Texte als obszön oder nicht obszön.

Befürworter definieren SM als »in beiderseitigem Einverständnis erfolgende Übertragung von Macht«, die zum Zwecke der Lust aller Beteiligten mit Fantasien, erotischen Schmerzen und/oder Fesselungen einhergehen kann.[3] Die Argumentation lautet, dass SM-Texte nicht *per se* Darstellungen von Gewalt sind, sondern vielmehr kodierter Ausdruck der sich gegenseitig ergänzenden sexuellen Wünsche nach Dominanz und Unterwerfung. Vertreter dieser Sichtweise, wie beispielsweise Gabriel, beschreiben SM gelegentlich auch als Rollenspiel, um den Inszenierungscharakter dieser Sexualpraktiken von tatsächlicher Zwangsausübung abzugrenzen. Darüber hinaus legen

Ummni Khan

Anhänger von SM-Pornografie Wert auf die Feststellung, dass das Einverständnis der Akteure in den entsprechenden Bildern entweder ausdrücklich dargestellt oder impliziert ist. Manche Befürworter argumentieren, die sadomasochistische Lust sei eine sexuelle Orientierung oder diesen zumindest gleichzusetzen, was bedeuten würde, dass die Zensur des entsprechenden Materials eine Diskriminierung einer sexuellen Minderheit darstellt.

Kritiker und Staatsanwälte entgegnen, wo Aggressivität, Erniedrigung, Schläge, Fesselungen und/oder Verletzungen oder Prellungen der Haut in sexuellem Kontext gezeigt werden, werde fraglos Gewalttätigkeit vermittelt. Für die Gegner von SM kann auch das nachweisliche Einverständnis der Beteiligten den entstehenden Schaden nicht wettmachen, vielmehr könne es unter Umständen sogar noch zur entmenschlichenden Qualität eines Textes beitragen. SM-feindliche Feministinnen argumentieren darüber hinaus, Schuld an dieser Krankheit – insbesondere bei zur Unterwürfigkeit neigenden Frauen – sei das patriarchalische Monopol auf die herrschende Bildersprache der Sexualität. Am Anfang war ja auch Aisha zu der Überzeugung gelangt, dass alle, die der Erregung durch SM anheimfallen, Opfer einer Gesellschaft sind, die keine gleichberechtigten Bilder von Sexualität bereithält. Schließlich vertreten SM-Gegner die Überzeugung, dass selbst wenn die Lust auf SM eine sexuelle Orientierung wäre, sie immer noch eine gefährliche Krankheit darstellte, die der Staat völlig zu Recht durch Zensur von SM-Texten zu bekämpfen versucht.

## Der größere Zusammenhang

In einem Punkt haben die Kritiker von SM und SM-Darbietungen recht. Es gibt Gewalt gegen Frauen, und sie stirbt nicht aus. Jede Frau weiß das, ob aus eigener Erfahrung oder aus Erzählungen ihr nahestehender Frauen. Genau das hat Aisha und ihre Mitstreiterinnen dazu veranlasst, die Allgegenwart dieses Problems in ihrer Zeitschrift *OutRage* anzuprangern.

Es ist einer mutigen Frauenbewegung zu verdanken, dass sich die Regierungen gezwungen sahen, sich der Sache anzunehmen und Ausschüsse zu bilden, Strategien zu entwickeln und Gesetzesänderungen durchzusetzen, um gegen solche Gräueltaten vorzugehen. Dabei ist nicht zuletzt die Pornografie ins Zentrum des Interesses gerückt, weil sie vielen als Produkt und zugleich als Verursacherin sexueller Gewalt gilt. Den Theorien pornografiefeindlicher Feministinnen und Sozialkonservativer zufolge geht die Produktion von Pornografie zwingend mit der Nötigung und Ausbeutung der weiblichen Darstellerinnen einher, während der Konsum die Einstellungen der männlichen Betrachter dahin gehend verändert, dass sie Frauen nur noch als Sexobjekte zur Nutzung und Benutzung wahrnehmen.[4] In den USA, Kanada und Großbritannien wurden Gesetze gegen »obszöne Darbietungen« verabschiedet und wiederholt überarbeitet, um dem entgegenzuwirken.

Solche Gesetze gegen bestimmte Ausdrucksformen von Sexualität sind nicht neu, nur ihre Rechtfertigung hat sich im Laufe der Zeit gewandelt. Die traditionelle Begründung lautete, der Staat sei aus moralischen Gründen verpflichtet, die Verbreitung von sexuellem Material zu verhindern. Im 19. Jahrhundert entschied ein englisches Gericht im Fall *Krone gegen Hicklin*, die Gesellschaft sei berechtigt, Darbietungen zu zensieren, welche »diejenigen, deren Geist derartigen unmoralischen Einflüssen gegenüber offen ist, verdirbt und korrumpiert«.[5] Von diesem Moment an ging es bei gewohnheitsrechtlichen Verfahren wegen Obszönität in erster Linie darum, empfängliche Individuen vor moralischer Verderbnis zu schützen.

Im 20. Jahrhundert suchte die Rechtsprechung in manchen Ländern nach einer demokratischeren Definition von Obszönität. In den USA und Kanada wurde der »Obszönitätstest« insofern modernisiert, als die Richter angehalten wurden, sich an dem »normalen« Menschen zu orientieren. Von da an legten Richter und Geschworene herrschende gesellschaftliche Maßstäbe an, um zu bestimmen, ob ein Werk »lüstern«, »sittenwidrig«, »schmutzig« oder »gefährlich« sei.

In jüngster Zeit rückten die Rechtfertigungen für das Verbot obszöner Darbietungen in den USA, Kanada und Großbritannien weg vom Schutz der Moral hin zur Schadensprävention. Damit wären wir in der heutigen Zeit angelangt, wo bestimmte Formen von Pornografie, bei denen man einen Zusammenhang mit sexueller Gewalt vermutet, zu Recht im Sinne der Sicherheit und Gleichberechtigung der Frau der Zensur unterliegen.

Stellt sich natürlich die Frage, wie die Kausalzusammenhänge zu belegen wären, die auch strafrechtliche Konsequenzen rechtfertigen könnten. Wie unterscheiden wir harmlose Erotika von pornografischen Darbietungen, die die Gleichberechtigung der Frau untergraben und sexuelle Übergriffe gegen Frauen wahrscheinlicher machen? Die gängigste Antwort darauf besagt, dass sexuelle Texte, die Hierarchien erotisieren oder Gewalt darstellen, auf den Betrachter eine regelrecht normierende Wirkung ausüben. Mit diesem Ansatz wäre SM-Pornografie – wie auch viele Mainstream-Varianten von Pornografie – praktisch grundsätzlich als obszön einzustufen. Die Argumentation lautet, solche Texte stellten eine Assoziation zwischen frauenfeindlichen Aggressionen und sexueller Erregung her und animierten den männlichen Betrachter, die dargestellten pornografischen Szenarien im wahren Leben nachzuahmen. Ich nenne das die Imitationshypothese. Der Opferstatus der Darstellerinnen oder Models wird dabei allein durch ihre Teilnahme an der Produktion eines solchen Textes begründet. Alle Einwände dieser Frauen gegen die Etikettierung als Opfer werden verworfen, weil sie bereits als zu geschädigt gelten, um ihre eigene Unterwerfung überhaupt noch zu erkennen.

## Gewalt

Alle sozialwissenschaftlichen Beweise für einen Zusammenhang zwischen Pornografie und Gewalt sind, vorsichtig ausgedrückt, nicht sehr überzeugend.[6] Man muss weder Kriminologe sein noch die Datenlage eingehend analysiert haben, um das zu wissen. Nehmen wir beispielsweise die Tatsache, dass über das Internet seit mindestens zehn Jahren jede mögliche Variante von Pornografie, vom Fetischclip bis zum virtuellen Snuff-Film, mit wenigen Mausklicks gratis verfügbar ist. Trotzdem gab es bei den gemeldeten sexuellen Gewalttaten keinen Anstieg. Tatsächlich zeigen erste Studien, dass die Häufigkeit sexueller Gewalttaten trotz der leichten Verfügbarkeit von Pornografie stetig gesunken ist.[7] Die Rechtsprechung aber hält weiterhin an der Imitationshypothese fest: Pornokonsum wird zum reinen Vorspiel erklärt, auf das unvermeidlich die Nachahmung auch gegen den Willen der Beteiligten folgt. Auf manche Konsumenten mag das sogar zutreffen, genau wie auch viele andere Texte – Werbung, Horrorfilme, *CSI*-Folgen – auf manche Menschen eine vergleichbar negative Wirkung ausüben. Warum also wird das eine kriminalisiert, das andere aber nicht?

Hat ein Text einen »künstlerischen Wert« – das heißt, entscheidet ein Richter, dass er den Intellekt anspricht –, dann ist er durch das Prinzip der Redefreiheit geschützt, selbst wenn nachgewiesen würde, dass durch diesen Text Schaden entstanden ist.

Entscheidet der Richter aber, dass ein Text lediglich die »niederen« sexuellen Instinkte anspricht, kann ihm entweder der Status der Rede aberkannt werden, oder er wird als unzulässige Rede eingestuft, und zwar unabhängig davon, ob irgendwelche schädlichen Folgen nachgewiesen wurden oder nicht. Deshalb sind manche Filme mit eindeutigen sexuellen Gewaltszenen wie beispielsweise *Ein Mann sieht rot* oder *Beim Sterben ist jeder der Erste* vielleicht zulässig, SM-Zeitschriften wie *Whiplash* aber nicht – je nach Laune des jeweiligen Richters oder der Geschworenen, die den Text zu bewerten haben.

Befürworter von SM-Pornografie verwenden viel Zeit darauf, SM von Gewalt abzugrenzen und die Imitationshypothese zu widerlegen. Sie ziehen sozialwissenschaftliche Belege heran, betonen die gegenseitigen Abhängigkeiten von Herr und Sklave und insistieren, Ziel und Zweck aller SM-Texte sei die beiderseitige Lust (und nicht Gewalt). Ich bin ganz ihrer Meinung. In diesem Essay aber möchte ich zeigen, wie masochistische Liebende und Praktizierende eben doch Opfer von Gewalt werden, und zwar nicht untereinander, sondern von Seiten der Gesellschaft und des Staates.

Ich behaupte, dass die Zensur von SM-Pornografie Gewalt gegen Sadomasochisten darstellt – und zwar körperliche ebenso wie psychische Gewalt –, die aber hinter den Kulissen und außerhalb des offiziellen juristischen Diskurses stattfindet. Aus diesem Grund sind Richter und Staatsanwälte mit den Folgen dieser Zensur weder befasst, noch werden sie dafür zur Rechenschaft gezogen. Mich macht das wütend. Ich bin es leid, immer in der Defensive zu sein. Es ist an der Zeit für einen philosophischen Angriff.

Ich werde mich mit drei einander überschneidenden Arten der Gewalt beschäftigen: körperlicher Gewalt, phänomenologischer Gewalt und epistemischer Gewalt. Sie alle stellen eine unzulässige Ausübung staatlicher Macht dar und verursachen auf Seiten der

Sadomasochisten ungerechtfertigte und unerwünschte Schmerzen und Erniedrigung.

## Körperliche Gewalt

Zensur bedeutet nicht nur, wehrlose Individuen vor schmutzigen Bildern zu schützen. Zensur bedeutet auch, dass Menschen hinter Gitter wandern. Staatsanwälte und Polizei – die bei echten Gewalttaten häufig nicht in der Lage sind, die Schuldigen zu fassen und vor Gericht zu bringen – stürzen sich nur allzu schnell auf Inhaber von Buchhandlungen oder Videotheken und gelegentlich auch auf ahnungslose Pornokonsumenten, die mit Hardcore-Pornodarbietungen in Berührung gekommen sind. Sie sind sehr viel leichter zu fassen als Gewalttäter.

Nehmen wir beispielsweise den Fall des Angeklagten Guglielmi,[8] der von den Geschworenen schuldig gesprochen wurde, über Staatsgrenzen hinweg mit obszönen Filmen gehandelt zu haben. Der nicht Vorbestrafte wurde zu 25 Jahren Haft verurteilt – ein Strafmaß, das in der Regel bei extremen Gewalttaten (Mord oder schwerer Vergewaltigung) und/oder Wiederholungstätern verhängt wird. In der Urteilsbegründung erklärte das Gericht, die Filme seien »gewalttätig« und »erniedrigend« und könnten den Betrachter zu Gewalttaten anregen. Einen Beweis für diese Behauptung lieferten die Richter nicht. Darüber hinaus wurde später bekannt, dass der Großteil der Filme an FBI-Agenten gegangen war. Es wurde kein einziger Beweis dafür vorgelegt, dass die Filme irgendjemanden, weder die verdeckten Ermittler noch einen echten Kunden, zu Gewalttaten angestiftet hatten. Nachdem Guglielmi fünf Jahre seiner Haftstrafe verbüßt hatte, erklärte ein Berufungsgericht das Strafmaß schließlich für unverhältnismäßig und schickte den Fall zur erneuten Prüfung an das Gericht zurück.

Das Prinzip der Verhältnismäßigkeit ist in der Rechtsprechung fest verankert. Die Strafe soll zu dem durch das Verbrechen verursachten Schaden im Verhältnis stehen. Im Fall Guglielmi erbrachte die Staatsanwaltschaft weder den Nachweis noch eine hinreichende Begründung für einen unmittelbar entstandenen Schaden. Trotzdem wurde ein extrem hohes Strafmaß verhängt. Ähnliche Verstöße gegen das Prinzip der Verhältnismäßigkeit sind bei Gerichtsverfahren, bei denen es um SM-Texte geht, nur allzu häufig zu beobachten.

Leider können auch die Gerichte Kanadas und Großbritanniens auf Grundlage der Imitationshypothese urteilen. Das kanadische Strafgesetzbuch beispielsweise verbietet die Herstellung und den Vertrieb von obszönen Darbietungen unter Androhung einer Haftstrafe von bis zu zwei Jahren. Während also Aisha und Gabriel allein für den Besitz von *Whiplash* nicht belangt würden, könnten der Herausgeber des Magazins und der Buchhändler, der es verkauft hat, strafrechtlich verurteilt und mit einer Haftstrafe belegt werden. Das englische Recht geht sogar noch weiter; dort ist schon der Besitz von »extremen pornografischen Darbietungen« verboten.[9] Würden Aisha und Gabriel in England mit ihrer *Whiplash* erwischt, könnten sie strafrechtlich verfolgt werden und würden womöglich mit Freiheitsentzug von bis zu zwei Jahren bestraft.

Und was bedeutet das alles? Staatlich sanktionierte Gewalt gegen Sadomasochisten und jene, die ihre ungewöhnlichen (sind sie wirklich so ungewöhnlich?) erotischen Geschmäcker bedienen.

Gefängnis ist Gewalt. Täuschen Sie sich nicht. Gefängnis ist kein gütiger Rehabilitationsapparat, der gefährliche Kriminelle aus dem Verkehr zieht und für das Leben in Freiheit resozialisiert. Gefängnis bedeutet Gewalt gegen die Insassen, sowohl psychische als auch körperliche Gewalt. Autonomie und menschliche Identität werden außer Kraft gesetzt, der Mensch wird zur Nummer. Jeder Augenblick des Tages wird verplant, überwacht und schriftlich festgehalten. Das mag gerechtfertigt sein, wenn man selbst die Autonomie eines anderen verletzt hat; wenn man beispielsweise einen Menschen überfallen hat, der jetzt infolge der traumatischen Belastung in ständiger Angst lebt. Wenn man aber zur Freude sexueller Minderheiten sexuelle Texte bereitgestellt hat oder selbst einer sexuellen Minderheit angehört und in einem solchen, von mündigen Erwachsenen produzierten Text Lust und Bestätigung gefunden hat, dann ist diese Freiheitsberaubung, dieser Entzug der Kontrolle über den eigenen Körper, unzulässig. Und unverhältnismäßig. Sie spiegelt den neurotischen Wunsch nach moralischer und sexueller Konformität, der sich als staatliches Vorgehen gegen Gewalt maskiert.

Darüber hinaus ist das Gefängnis auch Schauplatz körperlicher Gewalt. Immer wieder kommt es zu tätlichen, auch sexuellen Übergriffen durch Insassen oder Wachleute.[10] Auch hier mögen Vertreter des Talionsprinzips argumentieren, dass es bei sexuellen Gewalttaten nur gerecht sei, wenn der Täter nun im Gefängnis ähnlichen Gewalttaten ausgesetzt ist: Auge um Auge, Vergewaltigung um Vergewaltigung. Wenn aber jemand viele Jahre für das »Verbrechen« inhaftiert wird, sexuelle Texte konsumiert oder vertrieben zu haben, von denen nicht hinreichend nachgewiesen wurde, dass sie irgendjemandem geschadet haben, und es keine Opfer gibt, ist diese Strafe nach allgemeinen Rechtsmaßstäben grob ungerecht. Hier ist die Justiz nicht blind, sondern hat einen blinden Fleck, wo es um den Schutz von Menschen mit abweichenden sexuellen Vorlieben vor grausamer und ungewöhnlicher Bestrafung geht.

## Phänomenologische Gewalt

Die Phänomenologie geht davon aus, dass sich aus der über die Sinne vermittelten Interaktion mit der äußeren Welt inhärente Wahrheiten über die menschliche Existenz ableiten lassen. Edmund Husserl (1859–1938), der Begründer dieser Schule, entwickelte die Idee von der »reinen, vorbegrifflichen Erfahrung« und erklärte, man müsse vorgefasste Konzepte über das Wesen des Menschen, die Wirklichkeit und das Wissen (einschließlich wissenschaftlicher Kenntnisse) ausklammern, um zur wahren Bedeutung einer erlebten Erfahrung vorzudringen. Spätere Phänomenologen wie Maurice Merleau-Ponty beschäftigten sich mit der leiblichen Natur dieser gelebten Erfahrung und hinterfragten den in der traditionellen Philosophie geltenden Dualismus von Geist und Körper. Sie behaupteten, geistige und körperliche Prozesse würden sich gegenseitig durchdringen.

Erinnern wir uns im Lichte dieses radikal neuen Nachdenkens über die *Conditio humana* daran, wie Aisha ihr subjektives Empfinden anfänglich demontierte, indem sie den rebellischen Reaktionen ihres Körpers auf Darstellungen von Gewalt eine vorgefasste und allein gültige »Wahrheit« überstülpte. Ihre Gefühle *mussten* Produkt einer sozialen Konditionierung sein und *mussten* deshalb unterdrückt werden. Aus phänomenologischer Sicht wäre es ratsamer, Aisha würde ihre vorgefassten Konzepte über gesunde, progressive oder authentische Sexualität ausklammern und sich auf ihre eigenen erotischen Impulse einstellen – und zwar nicht im Sinne einer simplen körperlichen Wahrheit, die über jeder intellektuellen Analyse steht, sondern als Teil einer ganzheitlichen Auseinandersetzung mit den Gefühlen und Erzählungen, die sie erregen.

Würde Aisha das Urteil über ihre SM-Begierden zurückstellen, könnte sie vielleicht herausfinden, dass Unterdrückung nicht der effektivste Weg des Widerstands gegen patriarchalische Autorität ist. Im Gegenteil, sie könnte zu dem Schluss kommen, dass es etwas extrem Aufrührerisches hat, wenn eine Frau ihr sexuelles Verlangen in den Vordergrund rückt, und zwar um ihrer selbst willen und nicht zum vagen »Wohle der Gesellschaft« oder gar zum »Wohle der Frauen«. Aisha könnte auch feststellen, dass die Übernahme hierarchischer Skripte in einem inszenierten und einvernehmlichen Kontext eine subversive und befreiende Methode ist, sich den eigenen Dämonen zu stellen. Es ist eine Methode, vergangene sexuelle Traumata oder die Angst davor (und welche Frau lebt nicht mit dieser Angst?) in etwas anderes umzuwandeln: Katharsis und Courage.

Sollte Aisha ihre sadomasochistische Seite aber voll ausleben, könnte sie durch ihre SM-Aktivitäten ins Visier des Staates geraten. Genau so geschah es einer SM-Gruppe in England, die ihre Sexpartys für den persönlichen Gebrauch auf Video aufzeichnete und dafür strafrechtlich verurteilt wurde.[11] Im Zuge von Ermittlungen, die mit diesem Fall nichts zu tun hatten, gelangte die Polizei bei der Durchsuchung mehrerer Privatwohnungen an die Aufzeichnungen und war überzeugt, echte »Snuff-Filme« gefunden zu haben. Es folgten Ermittlungen wegen Obszönität und Mordes, die den Staat Millionen Pfund kosteten, bis den Beamten schließlich klar wurde, dass die Aufnahmen lediglich mehrere schwule Männer bei einer freiwilligen – wenn auch extremen – sexuellen Erfahrung zeigten. Was sie nicht davon abhielt, diese Männer am Ende mit verschiedenen Anklagen wegen Körperverletzung vor Gericht zu stellen.[12] Der ergangene Schuldspruch wurde bis zum obersten englischen Gericht immer wieder bestätigt, wobei das Strafmaß variierte: von Geldstrafen über Haftstrafen von bis zu drei Jahren. Hier wurden also Gleichgesinnte Opfer körperlicher Gewalt in Form von Schikanen, Festnahme, Untersuchungshaft und Freiheitsentzug.

Über die Ungerechtigkeit solcher Entscheidungen und Urteile ist viel geschrieben worden, meist im Zusammenhang mit Homophobie und sexuellem Totalitarismus. Dies sind wichtige Kritikpunkte, für meine Argumentation aber möchte ich die phänomenologische Gewalt herausstellen, die durch die polizeilichen Maßnahmen und die Entscheidung des Oberhauses verübt wurde.

Obwohl die Videoaufnahmen nicht auf Grundlage der Obszönitätsgesetze beschlagnahmt wurden, weil sie nicht für den kommerziellen Vertrieb bestimmt waren, nahmen sie in dem Verfahren eine zentrale Rolle ein. Angesichts dieses visuellen Beweismaterials weigerten sich die Richter, die phänomenologische Realität der Angeklagten zur Kenntnis zu nehmen. Die dominanten Liebhaber wurden wegen Körperverletzung verurteilt, die devoten wegen Beihilfe zur Körperverletzung *gegen sich selbst*. Einer solchen Kriminalisierung von »Körperverletzung« geht es nicht um den Schutz der Autonomie oder der körperlichen Unversehrtheit der »Opfer«, vielmehr entlarvt sie sich als Mittel, autoritäre Auffassungen von dem, was angemessenes sexuelles Verhalten sei, durchzusetzen. Die Beteuerungen der devoten Männer, die in den Videos gezeigten Handlungen seien einvernehmlich erfolgt und überaus erwünscht gewesen, wurden von den Mehrheitsrichtern als »wertlos« verworfen.

Das nenne ich phänomenologische Gewalt. Die leiblichen, psychosexuellen Erfahrungen sadomasochistischer Liebender werden als »wertlos« abgetan. Lust und Antrieb der dominanten und der devoten Spieler werden damit nicht nur als nicht akzeptabel, sondern als schlicht unverständlich hingestellt. Und statt den »Darstellern« der privaten Sexvideos die Möglichkeit einzuräumen, die Bedeutung der gefilmten Handlungen zu übersetzen, stülpen die Richter ihnen in aggressiver Weise eine Interpretation über, die auf ihren eigenen Reaktionen auf die Aufnahmen beruht. Bei ihrer Einschätzung der Aufnahmen verwenden sie konsequent eine Rhetorik der Antipathie und sprechen unter anderem von »Abscheu«, »Entsetzen«, »Unverständnis«, »Fassungslosigkeit«, »Traurigkeit«, »Ekel«, »moralischen Bedenken« und »erschreckenden Verfehlungen«. Wenn Praktiken, die man selbst als genussvoll, intuitiv, anregend, sexy, respektvoll und durch und durch *richtig* empfindet, in einer solchen Rechtssprache beschrieben werden, verletzt das das Gefühl für die Subjektivität und Identität der eigenen Existenz. So etwas führt zu Selbsthass, Scham und Unterdrückung.

Mir geht es nicht darum zu zeigen, dass die Richter grundsätzlich unrecht haben, weil sie die gefilmten Handlungen aus ihrer subjektiven Perspektive heraus für verwerflich halten. Vielmehr möchte ich deutlich machen, dass solche kategorischen Aussagen über die »Wahrheit« von SM aufgrund des richterlichen Monopols auf die Konstruktion von Wirklichkeit darauf hinauslaufen, dass hier in aggressiver Weise eine Version des guten (Sex-)Lebens durchgesetzt wird. Dies ist ein Beispiel für die Interpretationsmacht, die in ontologischer und körperlicher Gewalt resultiert und ausgeübt wurde, ohne dass irgendwelche Opfer oder erwiesenermaßen schädliche Folgen dieser für alle Beteiligten befriedigenden Sexualpraktiken erkennbar waren.

## Epistemische Gewalt

Dass die SM-Anhänger in dem zitierten Verfahren für unfähig erklärt wurden, die Bedeutung ihrer eigenen Sexualität zu definieren, ist vielleicht nicht einmal so überraschend. In Anbetracht der herrschenden öffentlichen Meinung, die Sadomasochisten für »krank« oder »pervers« hält, liegt es nur nahe, dass ihre Sicht der Dinge als Symptom ihrer Erkrankung verworfen wird. Wie aber ein anderer Fall in Kanada zeigt, werden sogar die Aussagen von Sachverständigen verworfen, die sich selbst nicht als Sadomasochisten verstehen, wenn sie es wagen, die richterliche Sicht auf sexuelle Minderheiten in Frage zu stellen.[13]

Gegenstand des Verfahrens waren die Zensurmaßnahmen kanadischer Zollinspektoren, die bevollmächtigt sind, den Import aller als »obszön« eingestuften Materialien zu unterbinden – wobei dieses Etikett besonders oft SM-Texten angehängt wird, die an schwul-lesbische oder Frauenbuchläden gehen sollen. Wäre beispielsweise *Whiplash* ein amerikanisches Magazin und als solches auf dem Weg in einen Frauenbuchladen in Toronto, müsste man damit rechnen, dass es an der Grenze aufgehalten wird, weil es für kanadische Leser wie Gabriel und Aisha angeblich zu gefährlich ist. Die Beschwerdeführer im Fall des zensierten Schriftmaterials argumentierten unter anderem, eine solche Beschlagnahme verstoße gegen das verfassungsmäßige Recht auf freie Meinungsäußerung.

Die betroffene Buchhandlung Little Sisters vertrat bei der Verhandlung die Auffassung, die in Rede stehenden SM-Texte hätten einen »künstlerischen Wert« und könnten daher nicht als obszön im strafrechtlichen Sinne gelten. Die Buchhandlung benannte Sachverständige für literarische Interpretation, Semiotik und Queer-Kultur, die dem Vorsitzenden Richter SM-Darbietungen als kulturelles, politisches und künstlerisches Projekt verständlich machen sollten.[14]

Unter anderem hörte das Gericht Bart Testa, einen renommierten Professor für Film und Semiotik, Becki Ross, eine namhafte Soziologin, die sich auf Frauenforschung spezialisiert hat, und Nino Ricci, einen bekannten Schriftsteller und Professor für kreatives Schreiben. Alle drei Sachverständige sagten aus, die zensierten SM-Texte hätten einen erheblichen, wenn auch kodierten künstlerischen Wert. Darüber hinaus wiesen sie darauf hin, dass Außenstehende die Dynamik und Bedeutung der dargestellten sexuellen Handlungen dieser Subkultur häufig missverstehen.

Der Richter teilte die Auffassung, dass der uninformierte Leser SM-Texte missverstehen und missdeuten könnte und dass solche Texte unter Umständen einen künstlerischen Wert haben und daher nicht von vornherein als obszön einzustufen sind. Diese Möglichkeit, dass nämlich SM-Darbietungen einen künstlerischen Wert besitzen, ließ der Oberste Gerichtshof von Kanada im Berufungsverfahren jedoch unberücksichtigt. Das von den Sachverständigen gezeichnete komplexe Bild der kodierten Bedeutungen im SM wurde ignoriert, das Gericht erklärte eine Szene zwischen einer Domina und ihrem »Sklaven« – ein klassisches SM-Rollenspiel – für »erniedrigend« und »menschlich entwürdigend«. Der vermeintlich Devote wurde als »Opfer« bezeichnet, und es spielte keine Rolle, ob die Handlungen als einvernehmlich und für beide Seiten lustvoll dargestellt wurden oder nicht. Stattdessen kehrte das Gericht zur Imitationshypothese zurück, indem es feststellte, die Zensur von SM-Darbietungen sei rechtmäßig, weil das Parlament *glaube*, die Verbreitung solchen Materials könne sich nachteilig auswirken. Wieder wurde keinerlei Nachweis erbracht, der die Behauptung, die zensierten SM-Texte animierten ihre Konsumenten zu Gewalttaten, hätte untermauern können.

Diese völlige Missachtung von sowohl theoretischen als auch praktischen Kenntnissen über sexuelle Subkulturen bezeichne ich als epistemische Gewalt. Das Studium der Epistemologie, also der Art und Weise, wie Wissen hergestellt, überprüft oder widerlegt wird, gehört zu den Grundlagen der Philosophie. Theoretiker der jüngeren Vergangenheit wie Michel Foucault haben gezeigt, dass das, was zu einem gegebenen Zeitpunkt als Wissen gilt, mehr mit Macht und historischen Umständen zu tun hat als mit letztendlicher, transzendenter Wahrheit. Diese Einsicht hilft, die Missachtung der Sachverständigenaussagen bei der Auslegung der SM-Texte durch den Obersten Gerichtshof Kanadas zu verstehen. Die Richter, die keinerlei ei-

Ummni Khan

gene Erfahrung oder eigenes Wissen über die Bedeutung von SM-Texten erkennen ließen, setzten sich in aggressiver Weise über die ausgewiesene Kompetenz der Professoren und Schriftsteller sowie die praktischen Kenntnisse der SM-Anhänger hinweg. Sie besaßen kein eigenes Wissen, aber Macht. Mit Hilfe des Staatsapparats, der seine Urteile durchsetzt, hat der Oberste Gerichtshof von Kanada die Macht, das Recht von Sadomasochisten auf freie Meinungsäußerung zu beschneiden und einer Subkultur seine Version der Wirklichkeit aufzuzwingen.

Ein Sadomasochist wie Gabriel weiß, dass seine Sexualität respektvoll, genussvoll und selbstbestätigend ist, doch von einem Rechtssystem, das diese Sexualität grundsätzlich für erniedrigend, entwürdigend und gewalttätig erklärt, wird dieses Wissen offiziell negiert. Solche epistemische Gewalt beschädigt nicht nur die Rechte von Sadomasochisten auf freie Meinungsäußerung und Gleichberechtigung, sondern auch ihre Selbstwahrnehmung. Sie reißt eine Kluft auf zwischen dem, was man weiß, und dem, was einem gesagt wird. Genau wie die phänomenologische Gewalt führt auch die staatlich sanktionierte epistemische Gewalt zur Stigmatisierung von Sadomasochisten und erzeugt Scham und Selbsthass bei jenen, deren »sexuelle Verbrechen« in beiderseitiger Lust und Befriedigung bestehen.

## Aishas Crossing-over

*Gibt es etwas Schöneres, als sich der Verführung hinzugeben?*
Aufgewühlt und erregt blätterte Aisha in dem SM-Magazin. Gierig nahm sie die Bilder auf: ein an Händen und Füßen gefesselter Mann, der mit verletzlichem, einladendem Blick in die Kamera schaut, eine Frau mit einem Umschnalldildo, die dabei ist, ihren vor ihr liegenden Partner zu penetrieren. Zum ersten Mal sah sie Darbietungen von Sexualität, die sie erregten, ohne

ihr Angst zu machen, wie es bei Mainstream-Darstellungen von sexueller Gewalt der Fall war. Später wurde ihr klar, dass ihr lautstarker Protest Gabriel gegenüber nur den Zweck hatte, gegen ihre eigene wachsende Erregung anzukämpfen. Was sie in diesem Magazin fand, war keine Wichsvorlage, sondern Bestätigung. Aisha begriff, dass es noch andere gab, die ihre komplizierten Sehnsüchte teilten. Mit Hilfe dieses Magazins erkannte sie in ihrem Verlangen die Erotisierung der Symbole von Hierarchie und nicht eine Übernahme der Waffen des Patriarchats.

Ihr ganzes Leben lang hatte sie sich einzureden versucht, dass das, was sich für sie so intuitiv und anregend anfühlte, in Wahrheit schlecht und verderblich war. Der pornografiefeindliche Feminismus und die Mehrheitsgesellschaft hatten ihr beigebracht, ihre libidinöse Persönlichkeit zu unterdrücken, um bloß nicht »pervers« oder eine »Schlampe« zu sein. Durch die Bestätigung, die sie in der Pornografie fand, konnte sie diesen internalisierten Konflikt endlich auflösen. Sie konnte ihre kritische Analyse unterdrückerischer Strukturen fortsetzen, ohne die Möglichkeit auszuschließen, dass sexuelle Gefühle und Praktiken eine Quelle der Erkenntnis sein können. Indem sie sich auf ihre (phänomenologische) Wirklichkeit einließ, fasste sie Vertrauen in ihre eigenen sexuellen Wahrheiten. Das gab ihr den Mut, sich der epistemischen Gewalt einer Gesellschaft zu widersetzen, die SM als lächerlich und gefährlich zugleich darstellt.

Gabriel, der Aisha in die sexuellen Möglichkeiten des SM einführte, hatte in ihr vom ersten Augenblick an eine Seelenverwandte erkannt. Und da sowohl die Mehrheitsgesellschaft als auch der pornografiefeindliche Feminismus die »Perversen« in die Heimlichkeit, wenn nicht in die Selbstverachtung treiben, ist es tröstlich zu wissen, dass Menschen mit einem Hang zum »anderen« die erstaunliche Fähigkeit besitzen, einander zu finden.

Ummni Khan

Vielleicht wäre es zu viel zu behaupten, dass die Lust alles überwindet, aber zumindest ist sie eine mächtige Kraft, mit der es zu rechnen gilt.

## 11. REFLEXIONEN EINER DOMINA

Ein Interview mit Mz. Berlin

Den Abschluss dieser Anthologie bildet ein Interview, das Dave Monroe mit der Fabelhaften Mz. Berlin über Einzelheiten und Besonderheiten der Pornobranche führte. Mz. Berlin ist weithin bekannt als BDSM-Domina, -Schauspielerin, -Model, -Produzentin und -Regisseurin und auf vielen berühmt-berüchtigten Webseiten zu sehen. Da sie auch in der Mainstream-Pornografie arbeitet, kennt sie verschiedene Facetten der Branche. Mit diesem Interview wollen wir Mz. Berlin Gelegenheit geben, ihre Gedanken vorzutragen, und Ihnen als Leser beziehungsweise Leserin die Möglichkeit, sich damit auseinanderzusetzen. Dabei geht es nicht so sehr um einen Dialog im sokratischen Sinne, es ist vielmehr ein Interview im klassischen Stil. Mz. Berlin bietet spannende Einsichten in das Wesen und die Grenzen von Schmerz und Folter, die Bedeutung geistiger Reife im Umgang mit der Pornobranche und andere anregende Themen.

*DM: Erzählen Sie unseren Lesern von sich und Ihrem Lebensweg.*
Ich stamme aus Louisiana und habe die Louisiana State University besucht. Meine Hauptfächer waren Psychologie und Kommunikationswissenschaft, und ich war aktives Mitglied in der studentischen Vertretung. Ich habe eine solide universitäre Ausbildung, aber seit meinem Abschluss an der High School

habe ich die meiste Zeit meines Lebens damit verbracht, mehr über Sex und über die Menschen zu lernen.

Ich bin jetzt 30 Jahre alt, mit achtzehn habe ich angefangen zu tanzen – und mit »tanzen« meine ich Striptease. Danach wurde ich Model für Bondage und Fetische, und seit eineinhalb Jahren spiele ich in Pornofilmen mit. Was mich an der Pornobranche interessiert, ist, dass ich dort viel über Menschen und ihr Verhalten lerne.

*Sie haben also schon getanzt, als Sie noch auf dem College waren?*

Ja! *(Lacht)* Damit habe ich mein Studium finanziert! So eine Art Frau bin ich!

*Wie wirkt sich Ihre Ausbildung auf Ihre Erfahrungen in der Pornobranche aus? Haben Sie ein anderes Verhältnis zur Branche als Ihre Kollegen?*

Ich glaube, meine Ausbildung beeinflusst vor allem die Art und Weise, wie ich mit anderen Menschen umgehe, und weniger, wie ich über mich selbst denke. Ich kann Menschen besser einschätzen, besonders als Domina, was ich ja in erster Linie bin. Ich glaube, meine Ausbildung hilft mir, die Körpersprache anderer zu lesen und zu verstehen und mit den Menschen, mit denen ich zusammenarbeite, zu kommunizieren. Zum Beispiel fällt es mir leicht, die Interessen der Männer, mit denen ich einen Film drehe, zu erkennen und zu verstehen; ich kann sie intime Dinge fragen, ohne beleidigend zu sein. Das Psychologiestudium hilft auch beim Thema Erniedrigung: Man lernt, wodurch sich Menschen erniedrigt fühlen, und das gehört nun einmal zur Rolle der Domina. Und die Sache mit der Kommunikation ist auch sehr nützlich, wenn man vor anderen sprechen muss.

Aber so etwas wie eine »psychologische Distanzierung« in dem Sinne, dass ich mich beim Dreh ausklinke und mental woanders bin, gibt es bei mir nicht. Ich möchte einfach da sein. Ich glaube nicht, dass das mit meiner Ausbildung zu tun hat, eher mit meiner Persönlichkeit. In jedem Augenblick präsent zu sein, egal unter welchen Umständen, das ist mein großes Ziel als Mensch.

*Abgesehen vom Tanzen, wie und warum sind Sie in der Welt der Pornografie gelandet? Und wie speziell bei BDSM?*

Ich war fasziniert von den Fetischfotos von John Willie: die Korsetts, die Handschellen, die Ketten – und die Weiblichkeit in diesen Bildern. Seine Ästhetik hat mir wirklich sehr gefallen, und mir wurde klar, dass ich solche Fotos von mir selbst haben wollte. Also habe ich mich in Kalifornien mit den Fotografen Ken Marcus und Ian Rath von Fetishnation.com getroffen und gesagt: »Ich möchte aussehen wie die Mädchen bei John Willie.« Wir machten die ersten Shootings, bei denen ich diese Vision von Weiblichkeit nachzuahmen versuchte. Mit der Zeit entdeckte ich in den Fotos eine Entwicklung, mehr Aufmerksamkeit fürs Detail – weil ich zu einem anderen Menschen und einem besseren Model wurde. Ich wurde wirklich zu Mz. Berlin. Und was den Film betrifft: Irgendwann haben die Fetischproduzenten mitbekommen, dass ich bei den Shootings gern rede und in die Rollen hineinschlüpfe – was die meisten Frauen beim Porno über das »O ja!« und »Mach's mir!« hinaus nicht tun –, also habe ich mit kurzen Fetischclips angefangen. Inzwischen mache ich alles: Mann-Frau, Fetisch, BDSM, Mainstream-Porno etc. Ich bin auch *rigger*, das heißt, ich fessele die anderen, und Regisseurin und Produzentin von Fetisch-/Bondagefilmen für meine eigene Firma und für andere. Komischerweise habe ich erst mit achtundzwanzig angefangen, Pornofilme zu drehen, also praktisch zehn Jahre zu spät! Ich bin zu jung für das »Reife Frauen«-Segment und zu alt für »Gerade achtzehn«. Ich habe eine eigene Firma, die Em Kay Ultra Productions heißt, und eine eigene Website (www.mzberlin.net), und darauf bin ich unsagbar stolz.

*Sie spielen im Pornogeschäft also verschiedene Rollen. Hat*

*Ihre Tätigkeit als Produzentin und Regisseurin Ihren Blick auf*
*die Branche oder auf Ihre eigene Rolle darin beeinflusst?*

Ja, es hat mir größeres Selbstvertrauen als Schauspielerin gegeben. Ich fühle mich nicht mehr unsicher, wenn ich angemessene Filmgagen für mich durchsetzen will und solche Dinge.
Kurz gesagt, es hat mich stärker gemacht. Und die Arbeit als
Regisseurin und Produzentin hat mir außerdem eine neue Perspektive eröffnet: Man darf sich von der Pornoindustrie nicht
benutzen lassen. Die Arbeit in der Pornobranche ist sehr kör-
perbetont, man lässt sich an intimen Stellen berühren und so
weiter. Viele Frauen im Geschäft können körperliches noch
immer nicht von emotionalem Engagement trennen, und diese
Frauen kann die Branche wirklich fertigmachen. Seit ich selber
Regie führe und produziere, kann ich die Pornoindustrie für
mich nutzen und nicht sie mich. Ich bekomme, was ich von ihr
will, und nicht umgekehrt.

Es ist ein bisschen so wie eine Führungsposition in anderen
Jobs: Auf einmal war ich nicht mehr nur zum Vögeln da. Ich war
da, um einen Pornofilm zu produzieren. Als Darstellerin merke
ich, dass ich eine Ware bin, ich bin dazu da, dass mich jemand anderes zum Sexobjekt machen kann, ich muss funktionieren. Als
Produzentin bin ich auch an den Finanzen interessiert, und wenn
ich Regie führe, geht es mehr um das Drehen an sich. Wenn ich
selbst produziere und mein eigenes Geld für diesen Film drauf-
geht, kannst du Gift darauf nehmen, dass alle das tun, was sie
sollen, und genau da stehen, wo sie hingehören!

*Sie sagten, dass manche Frauen in der Pornobranche den kör-*
*perlichen Teil ihrer Arbeit nicht von ihren Gefühlen trennen,*
*und dass sie das »fertigmachen« kann. Könnten Sie näher dar-*
*auf eingehen?*

Ich möchte nicht schlecht über die Branche reden, aber wir
lassen Dinge zu, die emotional nicht in Ordnung sind. Manche Mädchen verstehen nicht wirklich, worauf sie sich einlas-

sen. Das gilt besonders für die Achtzehnjährigen, die mit einem Koffer in der Hand in Los Angeles aufkreuzen und Pornostar werden wollen, weil sie das im Fernsehen gesehen haben. Die Verweildauer dieser Frauen im Pornogeschäft ist in der Regel sehr kurz, weil sie es nicht verstehen, Grenzen zu setzen. Ich persönlich bin der Meinung, dass es erst ab einundzwanzig erlaubt sein sollte, in der Pornobranche zu arbeiten. Und zwar deshalb, weil viele dieser jungen Frauen die langfristigen Konsequenzen ihres Handelns einfach nicht überblicken – nämlich dass es bis ans Ende ihrer Tage frei erhältliche Videos von ihnen geben wird, auf denen sie beim Sex zu sehen sind.

Viele junge Frauen können auch nicht mit dem »emotionalen Hänger« umgehen, der oft nach einem Pornodreh kommt. Beim Dreh selbst wird eine Menge Adrenalin ausgeschüttet, es entsteht eine Art Rausch, wie beim Schauspielen auf der Bühne. Hinterher fällt man leicht in ein Loch, und viele der Mädchen können damit nicht gut umgehen. Sie haben einfach nicht darüber nachgedacht, wie sie ihre berufliche Rolle als Ware mit ihrer emotionalen Verfassung in Einklang bringen wollen. Aber natürlich hängen die emotionalen Auswirkungen auch davon ab, ob die Frauen ein Umfeld haben, das sie unterstützt.

In meiner Firma und in den Firmen, für die ich arbeite, besonders im BDSM-Bereich, legen wir großen Wert darauf, die Darsteller und Darstellerinnen über diese Risiken aufzuklären. Sowohl TwistedFactory.com (für die ich oft Regie geführt habe) als auch Kink.com sind in dieser Hinsicht sehr gewissenhaft. Wir erklären den Darstellern ganz genau, was wir vorhaben und worauf sie sich einstellen müssen, und wir informieren sie über die möglichen Konsequenzen, die sich aus ihren Entscheidungen ergeben können. AIM, der Branchenverband der Mainstream-Pornoindustrie, stellt Neulingen eine »Porno für Anfänger«-DVD zur Aufklärung zur Verfügung, aber ich finde, es sollte mehr interne Richtlinien geben.

*Offensichtlich bewegen wir uns in Richtung der klassischen moralischen Einwände gegen Pornografie, sprechen wir diesen Punkt also direkt an. Sie haben gesagt, Sie sehen sich selbst als Ware und die Branche »benutze« Menschen und mache sie zu Sexobjekten. Da ist herauszuhören, dass Pornografie den Männern und Frauen, die sie machen, schadet oder schaden kann. Ausbeutung scheint da ein Thema zu sein. Was sagen Sie zu diesem Einwand?*

Was die Degradierung zum Objekt angeht, kann ich erkennen, wie es dazu kommen kann, aber meiner eigenen Erfahrung nach passiert das meistens nicht – jedenfalls nicht auf der persönlichen Ebene. Wenn ich ans Filmset komme, bemühe ich mich, zu allen, mit denen ich zusammenarbeite, eine persönliche Verbindung aufzubauen. Schon dadurch sehe ich sie nicht bloß als Ware, sondern als Menschen. Einige Pornoproduzenten und -regisseure verhalten sich vielleicht so, aber das gibt es in jeder Branche. Dass bei uns der Körper die Ware ist, macht keinen Unterschied. Wenn wir nicht in religiösen Moralbegriffen denken, gehört mein Körper mir, und ich kann damit machen, was ich will.

In mancher Hinsicht sieht es so aus, als ob Pornografie Frauen als Objekte darstellt, aber das trifft nicht allein Frauen. In gewisser Weise macht Pornografie auch andere zum Objekt: Männer, unterschiedliche Hautfarben, Alter, sexuelle Präferenzen und Beziehungen wie die zwischen »Stiefvater« und »Stieftochter«. Ganz besonders im Marketing: Da werden Fantasien ausgenutzt und bis an die Grenze getrieben. Sie verkaufen ein Image: sexuelle Erregung und »Verdorbenheit«. Aber auch das ist nicht nur in der Pornoindustrie so, das ist in jeder anderen Branche auch zu beobachten. Die Werbung für Coca-Cola funktioniert nicht anders. Macht Cola-Trinken jung und glücklich? Nein, aber Marketing und Werbung sollen dich dazu bringen, das zu glauben. Wenn ich auf einer DVD-Hülle abgebildet bin, fühle ich mich nicht zum Objekt degradiert. Vielleicht sehen mich andere als Objekt, aber das ist ihr Problem. Ich habe keinen Einfluss darauf, ob andere mich als Objekt betrachten, wenn sie meine Arbeit sehen. Aber macht es mich zum Objekt, dass ich auf der Hülle abgebildet bin? Ich sehe das nicht so.

Manche Fetischszenen bringen es mit sich, dass ich einen Gegenstand spiele, einen Stuhl zum Beispiel, aber das ist ja der Sinn solcher Szenen. Einen Gegenstand zu spielen bedeutet nicht, dass ich zum Gegenstand gemacht werde. Ich treffe ganz bewusst und überlegt die Entscheidung, diese Rolle anzunehmen, und durch diese Entscheidung wird die Rolle zulässig. Ich werde nicht ausgebeutet, es sieht nur so aus, als ob.

*Was ist mit dem Einwand, dass Pornografie frauenfeindliche Einstellungen festigt, zum Beispiel den »Vergewaltigungsmythos«, und männliche Gewalt gegen Frauen fördert, insbesondere Vergewaltigungen?*

Totaler Schwachsinn! Und das sage ich mit voller Überzeugung. Ich glaube nicht, dass Pornografie gefährlichen Werten und Einstellungen Vorschub leistet. Wenn mir jemand beweisen kann, dass Pornografie das tut, dann müssen wir nicht nur Pornografie, sondern Unterhaltung allgemein neu bewerten. Ich habe keinen Fernseher, aber wenn ich Freunde besuche und der Fernseher läuft, sehe ich nichts als Mord und Totschlag. Unterhaltung ist bei uns voll von Gewalt. Wenn Entertainment ein Mittel zur Wertevermittlung ist, müssen wir das ganze System auf den Prüfstein stellen. Aber ich glaube nicht, dass es da ausreichende Beweise gibt. Beispielsweise haben die Vergewaltigungsraten trotz zunehmendem Pornokonsum abgenommen. Das lässt doch vermuten, dass da kein Zusammenhang besteht.

Frauen haben keinen Spaß daran, vergewaltigt zu werden. Pornos, die »*forced fantasies*« zeigen, wie das in der Branche heißt, werden mit Frauen gedreht, die freiwillig daran teilnehmen, und das heißt nicht, dass sie gern vergewaltigt werden möchten. Es geht um das Spiel mit der Fantasie. Wenn ein Mann, der sich das ansieht, den Unterschied zwischen Fantasie und Wirklichkeit nicht versteht und auf falsche Gedanken kommt, ist er einfach nur dumm und ohne Realitätsbezug, und wahrscheinlich würde er früher oder später auch ohne diesen zusätzlichen Eindruck gewalttätig werden. Und außerdem, wenn jemand loszieht, um sich einen Porno auszuleihen oder zu kaufen, weiß er schon vorher, was er sehen will. In der Pornografie geht es immer um Nischen: Bondage, Analsex und so weiter. Das Verlangen und die Einstellungen zu bestimmten Formen der Pornografie sind schon längst da. Kein Mensch stolpert über Hardcore-Bondage- oder Fetischfilme und kommt dadurch zu der Erkenntnis, dass Frauen grundsätzlich so behandelt werden wollen.

*Glauben Sie, dass zwischenmenschliche Beziehungen, insbesondere Liebesbeziehungen wie die Ehe, durch Pornografie beschädigt werden? Weckt Pornografie unrealistische Erwartungen, oder erhöht sie den Druck auf die Sexualpartner?*

Ich glaube nicht, dass Pornografie Beziehungen notwendigerweise schädigt. Ich glaube eher, dass es die Einstellungen sind, die beispielsweise Ehen kaputt machen. Manche Menschen brauchen keine Pornografie. Manche finden sie anstößig, es gefällt ihnen einfach nicht, und sie lesen lieber ein Buch. Wenn eine Beziehung durch Pornografie Schaden nimmt, liegt das wahrscheinlich eher an Kommunikationsproblemen, als dass es etwas mit Pornografie an sich zu tun hätte. Wenn du wegen Pornografie Schwierigkeiten in der Ehe kriegst, dann lässt das eher auf ein tiefer liegendes Problem schließen. Es ist wichtig, dass wir in unseren persönlichen Beziehungen miteinander reden und unsere Erwartungen in Einklang bringen.

*Okay. Wie steht es mit BDSM und den Fetischsachen, die Sie machen? Es gibt ja besondere Einwände gegen diese Formen der*

*Pornografie, selbst wenn die genannten Vorwürfe auf Pornografie im Allgemeinen nicht zutreffen. BDSM zum Beispiel ist auf eine Art und Weise gewalttätig, abnorm und »pervers«, die es bei »normaler« Pornografie nicht gibt. Im BDSM werden Folter und das Zufügen von teilweise ernsten Verletzungen mit Sexualität vermengt und den Teilnehmern aufgezwungen. Wenn das nicht unmoralisch ist?*

Hier sind wir beim Thema »bewusstes Einverständnis« angelangt. Jeder, der an einer BDSM-Produktion mitwirkt, hat vorher sein Einverständnis dazu gegeben. Ich mag es nicht, wenn man BDSM-Szenen als »Folter« bezeichnet. Ich bin im wirklichen Leben gefoltert worden, in einer realen Situation im Ausland. Und ich habe bei einigen der intensivsten BDSM-Szenen mitgewirkt, die je gedreht wurden. Ich habe Dinge gemacht, die keine andere Frau je getan hat, ich bin an meine körperlichen Grenzen gegangen.

*Sie wurden gefoltert? Können Sie darüber reden? Wie ist das passiert?*

Ich hatte ein Engagement in einem Stripclub im Ausland, so eine Art »Ferienjob«. Am Flughafen wurde ich rausgewinkt, hauptsächlich weil ich rote Haare und große Brüste habe. Ich bin etwas laut geworden und wurde von Sicherheitsbeamten festgenommen. So ein riesiger Samoaner hat mich gepackt, ich musste mich nackt ausziehen und wurde von mehreren weiblichen Beamten sexuell erniedrigt und von männlichen Wachen mit Elektroschockpistolen bedroht und geschlagen, so dass eine Brust und meine Beine ganz blau und geschwollen waren. Ich bin also wirklich gefoltert worden. Darum werde ich sauer, wenn einer sagt, ich mache »Folterpornos«. Bei echter Folter wirst du nicht nach deiner Einwilligung gefragt. Wenn ich Filme mache, dann habe ich immer mein Einverständnis gegeben, und das macht einen riesigen Unterschied. Echte Folter geht weit über das hinaus, was du willst und wofür du dich entschieden hast. Das ist überhaupt nicht miteinander zu vergleichen. Ich habe sogar *Waterboarding*, also simuliertes Ertränken, mit mir machen lassen, unter kontrollierten Bedingungen, weil ich zeigen wollte, dass ich fest davon überzeugt bin, dass mit vorheriger Einwilligung nicht einmal das als Folter zählt. Und ist *Waterboarding* eine schreckliche Erfahrung? Natürlich! Aber ist es Folter, wenn ich es freiwillig mit mir machen lasse? Nein. Die bewusste Einwilligung schafft einen anderen Rahmen und verwandelt das, was sonst Folter wäre, in etwas anderes. Das ist der Kern dieser ganzen Debatte – die bewusste Einwilligung. Ich wünschte, ich könnte vor den Kongress treten und denen das klarmachen.

*Das heißt, wenn ich Sie auf der Straße sähe und Sie angreifen würde, wäre das unrecht. Aber wenn ich vorher höflich frage, ob Sie angegriffen werden möchten, und Sie antworten mit Ja, dann wäre das in Ordnung?*

Genau. Aber es geht nicht um Einwilligung *allein*. Es geht um das *bewusste* Einverständnis, und das bedeutet, dass man vorher ganz genau informiert wird, worum es geht, und dass man versteht, was da mit einem geschehen wird, und das in Ordnung findet.

*Gibt es Grenzen für die Geltung einer solchen Einwilligung? Könnten Menschen sich für Dinge entscheiden, die ihnen so sehr schaden würden, dass man sagen müsste: »Nein, das lassen wir nicht zu, selbst wenn du einwilligst«? Wenn Sie und ich beispielsweise einen Film machen wollen, in dem Sie mich umbringen, und zwar wirklich, und meine Leiche verstümmeln. Wahrscheinlich würden nur sehr wenige Menschen meine bewusste Einwilligung höher bewerten als mein Leben. Und wenn Sie glauben, dass es für die bewusste Einwilligung Grenzen gibt, wo würden Sie sie ziehen?*

Ja, ich denke, wenn jemand einer Sache zugestimmt hat, die er nicht genau versteht, sollte der Dreh sofort abgebrochen werden. Beispielsweise gibt es viele Frauen, die unterschreiben, auf *The Training of O* zu erscheinen, einer heftigen BDSM-Website. Ich weiß, dass bei vielen die Aufnahmen abgebrochen wurden, weil es ihnen emotional und mental zu viel wurde. Ich finde das wunderbar. Der Produzent hat immer die Möglichkeit, »Schluss!« zu sagen, wenn die Belastung für die Darstellerin zu groß ist. Das ist verantwortliches Filmemachen. Wenn man auf der Website erscheinen will, muss man vorher ein fünftägiges intensives »Training« durchlaufen, und es gibt Frauen, die es bis zum zweiten Tag schaffen und dann nicht weiterkönnen. Die haben sich vorher einfach nicht klargemacht, dass das nicht wie eine normale Pornoproduktion ist, wo nach ein paar Stunden alles vorbei ist. Es gibt Momente am Set, wo die Leute verzweifeln, und das ist das Zeichen, die Aufnahmen abzubrechen. Neuer Tag, neues Glück – kein großes Ding.

*Sie meinen also, dass in diesen Fällen keine bewusste Einwilligung vorlag, weil die Betroffenen nicht verstanden hatten, worauf sie sich einließen. Die Zustimmung wäre damit nicht gültig. Was ist aber in den Fällen, in denen jemand alles versteht und trotzdem in etwas einwilligt, das offensichtlich unmoralisch ist, etwa wenn Sie mich vor der Kamera umbringen.*

Noch einmal – und lassen wir die Bibel und religiöse Lehren bitte beiseite: Ich glaube, dass unser Körper unser Eigentum ist und wir damit machen können, was wir wollen. Ich bin dafür, dass man seine Nieren verkaufen kann. Wenn man das will, sollte man es tun können. Ich finde auch, dass Selbstmord erlaubt sein soll, und ebenso ärztlich begleiteter Selbstmord. Ich habe von einem Ehepaar in Kanada gehört – der Mann ist unheilbar krank und seine Frau, die gesund ist, will auch nicht weiterleben, weil sie sich ein Leben ohne ihn nicht vorstellen kann. Wenn sie bewusst ihr Einverständnis gibt, warum sollte das dann nicht möglich sein? Allerdings glaube ich, dass man eine psychologische Untersuchung und Bewertung durchlaufen sollte, bevor man solche Entscheidungen umsetzen kann. Aber wenn das geschehen ist, welches Recht haben wir dann zu entscheiden, was andere mit ihrem eigenen Körper zu tun oder zu lassen haben? Mein Körper ist mein Eigentum, und das muss auch mit dem Tod nicht enden. Zum Beispiel möchte ich ausgestellt werden, in so einer Art »Körperwelten«-Ausstellung – das ist mein Wunsch, ich will nicht auf irgendeinem Friedhof in New Orleans liegen. Ist das eine populäre Entscheidung? Nein, aber es ist meine Entscheidung. Können solche Entscheidungen verstörend sein? Ja, absolut. Aber nur weil etwas verstörend ist, muss es nicht auch unmoralisch sein. Katholiken zum Beispiel haben die Vorstellung, den Leib Christi zu essen und sein Blut zu trinken – ist das etwa nicht verstörend? Alles in allem denke ich also nicht, dass die Gültigkeit einer bewussten Einwilligung Grenzen hat, aber ich glaube, dass es Menschen gibt, die nicht in der Lage sind, eine bewusste Einwilligung zu geben. Nicht jeder kann eine solche Entscheidung treffen, nur diejenigen, die umfassend informiert sind und das, worauf sie sich einlassen, in Ordnung finden und bewältigen können.

Ich möchte noch einmal betonen, dass eine solche bewusste Einwilligung zur Mitarbeit an einer BDSM-Produktion dazugehört, und zwar sowohl auf Seiten der Produktionsfirma, die ihre Darsteller informieren muss, als auch für jeden Einzelnen. Alle Mitwirkenden geben bewusst ihre Zustimmung.

*Ein typischer Einwand gegen gewalttätige Pornografie lautet, dass Frauen in unterwürfigen Rollen gezeigt werden. Sie sind Opfer der sich durch Gewalt behauptenden Macht des Mannes. Ihre Spezialität im BDSM aber ist das Beherrschen – Sie sind eine Domina. Viele Ihrer Filme zeigen Männer in Rollen der Machtlosigkeit, wie sie von Frauen erniedrigt und penetriert werden und so weiter. Glauben Sie, die zunehmende Popularität dieser Filme sagt etwas über die Geschlechterrollen aus? Tragen diese Filme dazu bei, die althergebrachte Vorherrschaft des*

*Mannes, Ideale von Macht und männlicher Überlegenheit zu untergraben?*

Wir haben den Spieß umgedreht, finden Sie nicht? Ich bin in meiner Karriere heute hauptsächlich damit beschäftigt, Männern in den Arsch zu ficken und sie zu verdreschen. Ich bin eine Domina. Ich habe mit der Zeit immer mehr Angebote für solche Filme bekommen, weil ich weiß, wie man Männer beherrscht und sie dazu bringt, sich beherrscht zu fühlen. Manchmal ist es lustig, wenn ich mit so riesigen Typen zusammenarbeite, zwei Meter groß und 150 Kilo schwer, und sie gefügig mache. Ich muss dann immer denken: Dieser Typ könnte dich unter sich begraben. Tatsächlich findet das vor allem im Kopf statt.

Heute gibt es Websites wie captivemale.com oder meninpain. com, und ich glaube, das ist mehr als ein neues Marktsegment, es spiegelt einen vorhandenen Markt. Ich glaube, viele Männer sind es leid, immer den starken, harten Kerl spielen zu müssen, manche möchten einfach die Kontrolle abgeben. Und anscheinend lassen sich Männer gern etwas in den Hintern schieben – zumindest gefällt ihnen die Vorstellung. Viele Männer, die sich das im Porno ansehen, würden es in Wirklichkeit wahrscheinlich nie machen, aber es gibt ihnen ein Ventil für solche Fantasien. Viele Männer haben Fantasien von der mächtigen Frau – diese Vorstellung oder der Archetyp von der großen, starken Frau, die die Lage im Griff hat. Solche Pornofilme führen diese Fantasie fort, genauso wie Fetischpornos mit Strumpfhosen, Schuhen oder was auch immer verklärte Vorstellungen oder Fantasien fortführen, die Männer über Frauen haben.

Mein persönlicher »Sklave«, also mein Filmsklave, ist so ein richtig zäher Bursche, der geht jagen, hat eine Tarnausrüstung in seinem Pick-up liegen und ernährt seine Familie von dem, was er schießt. Aber mein Eindruck ist, in den Momenten, wenn wir drehen, dann sagt er ganz ehrlich, und er meint es und glaubt es, dass er mir gehört. Seine Fantasien handeln davon, sich dem starken weiblichen Archetyp zu unterwerfen, und in den Szenen verwirklicht er diese Fantasien.

Die Geschlechterrollen geraten immer mehr ins Fließen. Vor 20 oder 30 Jahren war San Francisco ziemlich schwul. Heute ist San Francisco *queer*, man sieht das gesamte Spektrum sexueller Orientierungen und einen Mix an Geschlechterrollen. Da werden Rollen und Sexualitäten erkundet, die traditionell mit Männlichkeit oder Weiblichkeit verknüpft werden und vom jeweiligen biologischen Geschlecht vielleicht abweichen. Vieles davon spricht mich nicht besonders an; ich habe mich immer als Frau begriffen, ich wollte mich nie männlicher oder damenhafter machen. Aber es gibt eben Menschen, denen eine so leichte Definition ihres Selbst nicht gegeben ist, also definieren sie sich ihre Sexualität selbst. Ich glaube, in Zukunft wird es eine größere Vielfalt an sexuellen Ausrichtungen und Praktiken geben. Ich glaube, die Geschlechterrollen verschwimmen und damit auch die sexuellen Praktiken.

Würden Catharine MacKinnon oder Andrea Dworkin mir zum Vorwurf machen, wie ich meinen Lebensunterhalt verdiene, würde ich sie auffordern, sich mit mir hinzusetzen und einen meiner Pornos mit mir zu schauen. Ich würde sie auffordern, darüber nachzudenken, welche Befriedigung es mir verschafft, solche Domina-Pornos zu machen, welche Befriedigung mein Filmpartner dabei erfährt und die Zuschauer, und welche Befriedigung diejenigen daraus ziehen, die durch diese Filme neue Formen der Lust kennenlernen. Ich bin mir ganz sicher, dass diese Masse an Befriedigung mehr zählt als das Unbehagen von ein paar Leuten, die meine Pornos sehen und deswegen austicken. Oder ich würde einfach sagen: »Fickt euch!« Ich habe kein Problem damit, Leute vor den Kopf zu stoßen. Ich rede Klartext in der Branche.

*Wir haben darüber gesprochen, wie sich Geschlechterrollen verändern, vielleicht können wir noch über eine weitere Ver-*

änderung sprechen: die Überschneidungen von Pornografie und Popkultur. Pornos zu schauen ist heute eindeutig gesellschaftsfähiger und weiter verbreitet als noch vor zehn Jahren, einschließlich »Nischenpornografie« wie BDSM. Manche Pornostars haben heute Prominentenstatus, und es gibt Prominente, die sich wie Pornostars aufführen. Jenna Jameson, Ron Jeremy und die »Girls Next Door« sind Pornodarsteller und Ikonen der Popkultur zugleich. Und müssen wir all die Prominenten aufzählen, die ihren Ruhm irgendwelchen Sexvideos verdanken, die an die Öffentlichkeit gelangten? Im Ergebnis lässt sich beobachten, dass »das Perverse« sich im Laufe der Zeit anscheinend verschiebt. Was denken Sie darüber? Ist die Normalisierung von Pornografie gut oder schlecht?

Um diese Frage beantworten zu können, müssen wir uns auch den explosionsartigen technischen Fortschritt ansehen. Man kommt heute viel leichter an Pornografie heran, und es ist auch leichter geworden, eigene Pornos zu drehen. Wir sind bequem, wir haben alle keine Lust, uns im Trenchcoat in die nächste Videothek zu schleichen. Aber die technischen Neuerungen haben auch zu einer Polarisierung der Branche geführt. Man macht entweder Spielfilme, die auf DVD erscheinen, oder Inhalte fürs Internet. Dazwischen gibt es nichts. Eine zweite Folge des Internets ist, dass die Branche heute viel unmittelbarer auf die Wünsche der Konsumenten reagiert. Und das Produktionskartell wurde geschwächt – heute wird Pornografie nicht mehr nur im *Porn Valley* produziert. Außer im San Fernando Valley gibt es auch im Süden Floridas, in New York und so weiter Pornofirmen. Die Branche ist also gewachsen, aber es ist davon auszugehen, dass die Blase irgendwann platzt und das Ganze wieder etwas zurückgeht. Aber natürlich wird es nie wieder so sein wie in den alten Trenchcoat-Tagen.

Je vertrauter wir mit dem Digitalen werden, umso mehr wird Pornografie Eingang in unseren Alltag finden. Ich glaube, irgendwann wird Sexualität einfach kein Thema mehr sein; wir werden die Menschen nicht mehr aufgrund ihrer sexuellen Präferenzen beurteilen. Ich glaube, dass wir kurz vor einer amerikanischen Renaissance stehen, wir werden uns zu einer Gesellschaft mit mehr Kultur entwickeln – ein bisschen wie Frankreich, aber ohne diese Attitüde. Ich würde es sehr begrüßen, wenn wir zu dem Punkt kommen, wo die Lebensqualität der Menschen wichtiger ist als ihr Bankkonto. Und ich glaube, dass Pornografie dazu beiträgt, indem sie Sex als etwas Positives darstellt und verschiedenen sexuellen Orientierungen Raum gibt, Geschlechterrollen in Frage stellt und einiges umkrempelt – und indem sie anerkennt, dass es Graustufen gibt. Pornografie kann eine wichtige gesellschaftliche Funktion haben.

*Wie weit wollen wir gehen? Gibt es Aspekte von Sexualität, die wir nicht akzeptieren sollten, die nicht zur Normalität werden dürfen? Wo würden Sie die Grenzen ziehen?*

Also, ich glaube nicht, dass vieles von dem, was heute unter harten BDSM fällt, jemals »normal« sein wird in dem Sinne, dass viele Menschen das praktizieren werden – ganz anders als beispielsweise Oral- oder Analsex zwischen heterosexuellen Partnern. Aber Sexspielzeuge beispielsweise werden in zehn Jahren keinem Mann mehr Angst machen, und das ist doch gut so. Aber es gibt auch Formen von Sexualität, die wahrscheinlich niemals »in Ordnung« oder »normal« sein werden, zum Beispiel Sex mit Kindern, Tieren oder Leichen. Ich persönlich habe ein echtes Problem mit allen Darstellungen von Sex zwischen erwachsenen Männern und Mädchen oder Jungs, die unter achtzehn sind oder als solche präsentiert werden – auch in Comics und digitalen Animationen. Ich habe ein echtes Problem mit Videos mit Minderjährigen. Und die meisten vernünftigen Menschen würden wohl zustimmen, dass da ziemlich eindeutig die Grenze des normalen sexuellen Verhaltens überschritten wird. Von so etwas erregt zu werden ist nicht in Ordnung. Ich könnte ausrasten dabei, und wenn ich schon ausraste, gibt es wirklich Grund zur Besorgnis.

*Zum Schluss noch einmal vielen Dank, dass Sie der Einladung gefolgt sind, mich und unsere Leser an Ihren Ansichten teilhaben zu lassen.*

Keine Ursache. Mir macht es Spaß, über die Pornobranche zu reden, und ich hoffe, dass den Menschen meine Gedanken und Erfahrungen von Nutzen sein können.

# ANMERKUNGEN

## 1. Kapitel: Pornoindustrie und Lebensqualität

1   Wir beabsichtigen nicht, an dieser Stelle eine tragfähige Definition von Wohlergehen vorzulegen. Dennoch gründet unsere Abgrenzung zwischen Moral und Lebensqualität auf Faktoren, die für eine stringente Theorie des Wohlergehens unserer Ansicht nach wesentlich sind, zum Beispiel der Tatsache, dass Urteile über das Wohlbefinden notwendigerweise eine persönliche Komponente haben, also die Perspektive der Person mit einbeziehen müssen, um deren Leben es geht.

2   Als Beispiel für einen Vertreter dieser Sichtweise siehe Vincent Punzo: »Morality and Human Sexuality«, in: Vincent Punzo: *Reflective Naturalism*, Upper Saddle River: Prentice Hall 1969.

3   Wir gehen davon aus, dass Minderjährige nicht ausreichend kognitiv entwickelt und informiert sind, um sich rational für Sex mit einem älteren Partner entscheiden zu können.

4   Unser Augenmerk gilt auch hier nicht diesen Maßstäben selbst, wie beispielsweise Wunschbefriedigung, persönlichem Genuss oder Ähnlichem. Wir suchen nicht nach einer Definition von Wohlergehen, sind aber fest davon überzeugt, dass es, worin auch immer es bestehen mag, im Kern subjektiv ist.

5     Ron Amundson: »Disability, Ideology, and Quality of Life: A Bias in Biomedical Ethics«, in: D. Wasserman et al. (Hg.): *Quality of Life and the Human Difference: Genetic Testing, Healthcare and Disability*, New York: Cambridge University Press 2005, S. 110–113.

## 2. Kapitel: Seltsame Bettgenossen

1     Robert Darnton: *Denkende Wollust oder Die sexuelle Aufklärung der Aufklärung*, Frankfurt a.M.: Eichborn 1996, S. 12.

2     Robert Darnton: *The Forbidden Best-Sellers of Pre-Revolutionary France*, London: Fontana 1996, S. 17.

3     Deutsche Übersetzungen der beiden hier diskutierten Romane von Diderot finden sich in: Denis Diderot: *Die geschwätzige Kleinode, Das erzählerische Werk,* Band 1, hrsg. von Martin Fontius, Berlin: Aufbau Verlag 1995, und Denis Diderot: *Nachtrag zu Bougainvilles Reise*, Frankfurt a.M.: Insel Verlag 1965.

4     Robert Hellmann/Richard O'Gorman (Hg.): *Fabliaux: Ribald Tales from the Old French*, New York: Thomas Y. Crowell 1965, S. 105ff.

5     Mary D. Sheriff: »Labia«, in: Colin Blakemore/Sheila Jennett (Hg.): *The Oxford Companion to the Body*, Oxford: Oxford University Press 2001.

6     1743 veröffentlicht, als Manuskript aber schon vorher im Umlauf.

7     Jean-Baptiste de Boyer, Marquis d'Argens: »*Thérèse philosophe*«, in: Robert Darnton: *Denkende Wollust*, Frankfurt a. M.: Eichborn 1996, S. 341.

8     Vgl. Walter Kendrick: *The Secret Museum: Pornography in Modern Culture*, Berkeley: University of California Press 1987.

9       Zitiert in Isabel Tang: *Pornography: The Secret History of Civilization*, London: Macmillan 1999, S. 23.

10      Ebd., S. 35.

11      Joan DeJean: »Politische Aspekte der Pornographie: L'Ecole des Filles«, in: Lynn Hunt (Hg.): *Die Erfindung der Pornographie. Obszönität und die Ursprünge der Moderne*, Frankfurt a.M.: Fischer Taschenbuch Verlag 1997, S. 118 f.

12      Zitiert in James Grantham Turner: *Schooling Sex: Libertine Literature and Erotic Education in Italy, France, and England 1534–1685*, Oxford: Oxford University Press 2003, S. 2. Original in: *The Diary of Samuel Pepys, Volume IX, 1668–1669*, London: G. Bell and Sons 1976.

13      Ebd., S. 128.

14      Siehe Paula Findlen: »Humanismus, Politik und Pornographie im Italien der Renaissance«, in: Hunt, *Die Erfindung der Pornographie*, S. 91 f.

15      Pietro Aretino: *Die Gespräche des göttlichen Pietro Aretino*, Leipzig: Insel Verlag 1903, S. 189.

16      C. M. Woodhouse: »How Plato Won the West«, in: M. Holroyd (Hg.): *Essays by Divers Hands*, Band 42, London: Royal Society of Literature 1982, S. 122.

17      Platon: *Politeia. Der Staat*, 6. Buch, 495, nach der Übersetzung von Wilhelm Wiegand.

18      Findlen, »Humanismus, Politik und Pornographie im Italien der Renaissance«, S. 48.

19      Vgl. Laura McClure: *Courtesans at Table: Gender and Greek Literary Culture in Athenaeus*, London: Routledge 2003, S. 102.

20      Beide zitiert in McClure, *Courtesans at Table*, S. 102.

21      Einen erhellenden Überblick über diese Darstellungen bietet Ayers Bagley: *Study and Love: Aristotle's Fall*, Minneapolis: Society of Professors of Education 1986.

22  Vgl. Simon Blackburn: *Wollust*, Berlin: Wagenbach 2008, S. 19.

23  Henri d'Andeli: »Der Lai von Aristoteles«, in: Chris E. Paschod/Albert Gier (Hg.): *Altfranzösische Liebesgeschichten. Der gerittene Aristoteles und andere Geschichten über die Liebe aus dem französischen Hochmittelalter*, Kettwig: Phaidon Verlag 1992, S. 63.

24  Ebd., S. 66.

25  Ebd., S. 71.

26  Ebd., S. 72.

27  John Norman: *Hunters of Gor* (1974), deutsch: *Die Jäger von Gor* (1975), zitiert in Peter Fitting: »Violence and Utopia: John Norman and Pat Califia«, in: *Utopian Studies* 11,1 (2000), S. 93.

28  Fitting, »Violence and Utopia«, S. 102.

29  Shaowen Bardzell/William Odom: »Experience of Embodied Space in Virtual Worlds: An Ethnography of a Second Life Community«, in: *Space and Culture* 11,3 (2008), S. 239–259.

30  Fitting, »Violence and Utopia«, S. 94.

31  John Lange: *The Cognitivity Paradox: An Inquiry Concerning the Claims of Philosophy*, Princeton: Princeton University Press 1970, S. 55.

32  Verschiedene Autoren vertreten unterschiedliche Versionen dieses Arguments. Eine der besten Argumentationen findet sich in Rae Langton: *Sexual Solipsism: Philosophical Essays on Pornography and Objectification*, Oxford: Oxford University Press 2009, S. 38 ff.

## 3. Kapitel: Ja. Ja! Ja!!

1   Doug McKenzie-Mohr/Mark Zanna: »Treating Women as Sexual Objects: Look at the (Gender Schematic) Male Who Has Viewed Pornography«, in: *Personality and Social Psychology Bulletin* 16,2 (1990), S. 296–308.

2   Neil Malamuth/John Check: »The Effects of Aggressive Pornography on Beliefs in Rape Myths: Individual Differences«, in: *Journal of Research in Personality* 19 (1985), S. 199–320.

3   Dolf Zillman/Jennings Bryant: »Pornography, Sexual Callousness, and the Trivialization of Rape«, in: *Journal of Communication* 32, 4 (1982), S. 10–21.

4   Doug Kenrick/Sara Gutierres: »Influence of Popular Erotica on Judgment of Strangers and Mates«, in: *Journal of Experimental Social Psychology* 25 (1989), S. 159–167.

5   Vanessa Vega/Neil Malamuth: »Predicting Sexual Aggression: The Role of Pornography in the Context of General und Specific Risk Factors«, in: *Aggressive Behaviors* 33 (2007), S. 104–117.

6   Mary Roach: *Bonk: Alles über Sex – von der Wissenschaft erforscht: Wenn Sex und Wissenschaft sich paaren*, Frankfurt a.M.: Fischer 2009.

7   Cindy Meston/Roy Levin/Marca Sipski/Elaine Hull/Julia Heiman: »Women's Orgasm«, in: *Annual Review of Sex Research* 15 (1994), S. 173–257.

8   Ebd.

9   Neil Malamuth: »Sexually Explicit Media, Gender Differences, and Evolutionary Theory«, in: *Journal of Communication* 46,3 (1996), S. 8–31.

10  David Buss: *Evolutionäre Psychologie*, München: Pearson Studium 2004.

11  Russell Clark/Elaine Hatfield: »Gender Differences in

Receptivity to Sexual Offers«, in: *Journal of Psychology and Human Sexuality* 2,1 (1989), S. 39–55.

12 Randy Thornhill/Steven Gagestad/Randall Comer: »Human Female Orgasm und Mate Fluctuation Asymmetry«, in: *Animal Behavior* 50 (1995), S. 1601–1615.

13 Todd Shackelford/Vivian Weekes-Shackelford/Gregory Le Blanc/April Bleske/Harald Euler/Sabine Hoier: »Female Coital Orgasm and Male Attractiveness«, in: *Human Nature* 22 (2000), S. 299–306.

14 Thomas Pollet/Daniel Nettle: »Partner Wealth Predicts Self-Reported Orgasm Frequency in a Sample of Chinese Women«, in: *Evolution and Human Behavior* 30,2 (2009), S. 146–151.

15 Juliet Richters/Richard Visser/Chris Rissel/Anthony Smith: »Sexual Practices at Last Heterosexual Encounter and Occurrence of Orgasm in a National Survey«, in: *Journal of Sex Research* 43,4 (2006), S. 217–26.

16 David Buss: *Die Evolution des Begehrens: Geheimnisse der Partnerwahl*, Hamburg: Kabel 1994.

17 Donald Symons: *The Evolution of Human Sexuality*, New York: Oxford University Press 1979.

18 Daniel Gilbert/Patrick Malone: »The Correspondence Bias«, in: *Psychological Bulletin* 117,1 (1995), S. 21–28.

19 Ziva Kunda: »The Case for Motivated Reasoning«, in: *Psychological Bulletin* 108,3 (1990), S. 480–498.

20 Martie Haselton/David Buss: »Error Management Theory: A New Perspective on Biases in Cross-Sex Mind Reading«, in: *Journal of Personality and Social Psychology* 78,1 (2000), S. 81–91.

21 Shane Kraus/Brenda Russell: »Early Sexual Experiences: The Role of Internet Access and Sexually Explicit Material«, in: *CyberPsychology and Behavior* 11,2 (2008), S. 162–168.

## 4. Kapitel: Virtuelle Seitensprünge

1   Unsere ursprüngliche Aussage lautete, die Regeln der Monogamie beschränkten die Anzahl der sexuellen Liebesbeziehungen auf eine. Ich habe das umformuliert, um Masturbation nicht von vornherein auszuklammern. Es war Dave Monroe, der mich darauf aufmerksam machte, dass die Beschränkung auf eine einzige Liebesbeziehung die Möglichkeit einer liebenden Beziehung zu sich selbst und einer anderen Person zugleich ausschließt. Es mag Beziehungsnormen geben, die Masturbation verbieten, die allgemeinen Regeln der Monogamie aber tun dies nicht. Ein Verbot von Masturbation wäre allenfalls mit der Verwerflichkeit sexueller Handlungen zu begründen, die nur auf die eigene Befriedigung gerichtet sind, nicht aber mit der Behauptung, ein Mensch, der sich selbst und einen anderen liebt, unterhalte zu viele erotische Liebesbeziehungen.

2   Bryan R. Weaver/Fiona Woollard: »Marriage and the Norm of Monogamy«, in: *The Monist* 91,3–4 (2008), S. 507.

3   Ebd., S. 515–517. Wir zeigen, dass die Frage, ob sich Sexualverkehr ohne Liebe negativ auf die Bedeutung des Sex innerhalb der Liebesbeziehung auswirkt, wesentlich davon abhängt, welche Bedeutung die Partner dem Sex beimessen. Es ist denkbar, dass ein Paar Sex innerhalb der Beziehung als bedeutungsvoll erlebt, nicht aber zwingend alle sexuellen Begegnungen des Partners. Unser Plädoyer für die Monogamie gründet auf der Annahme, dass viele Menschen allen sexuellen Begegnungen ihrer Partner berechtigterweise eine besondere Bedeutung beimessen.

4   Es gibt einen Unterschied zwischen dem Untreuen, der die Behauptung vertritt, Gelegenheitssex sei etwas ganz anderes als Sex in der Liebe, und dem Masturbierenden,

für den Selbstbefriedigung etwas ganz anderes ist als Sex in der Liebe. Geschlechtsverkehr ist Geschlechtsverkehr: die gleiche körperlich intime Begegnung, der einer der Partner möglicherweise Bedeutung beimisst. Natürlich ist denkbar, dass eine Person Sex im Allgemeinen für bedeutungsvoll hält (einschließlich der Selbstbefriedigung), der entscheidende Unterschied zwischen Masturbation und Geschlechtsverkehr aber sowie die wichtige Rolle, die Masturbation im Sexualleben eines Menschen spielen kann (auf die ich weiter unten eingehen werde), legen dennoch nahe, dass dieses Verständnis von der Bedeutung des Sex rational nicht begründbar ist.

5   John Finnis: »The Good of Marriage and the Morality of Sexual Relations: Some Philosophical and Historical Observations«, in: *American Journal of Jurisprudence* (1997), S. 123. Für Finnis gilt Sex zwischen unverheirateten oder gleichgeschlechtlichen Partnern, die in einer festen Beziehung leben, ebenso wie Masturbation und Gelegenheitssex als außerehelich und verwerflich. Ich stimme mit dieser Haltung nicht ansatzweise überein, werde sie aber nicht weiter diskutieren, da sie für unsere Fragestellung unerheblich ist.

6   Ebd., S. 122 f.

7   Woody Allen (Regie): *Der Stadtneurotiker*, Rollins-Joffe Productions 1977.

8   Wendy McElroy: *XXX: A Woman's Right to Pornography*, New York: St. Martin's Press 1995, S. 130.

9   Thomas Scanlon: *What We Owe to Each Other*, Cambridge, MA: Belknap Press 1998, S. 165.

10  Alice Walker: »Porno«, in: Alice Walker: *Freu dich nicht zu früh. 14 radikale Geschichten*, München: Frauenbuchverlag 1987, S. 115–118.

11  Andrea Dworking: »Pornography and Grief«, in: *Letters*

*from a War Zone*, London: Martin Secker and Warburg 1987. Nachdruck in Cornell, *Feminism and Pornography*, S. 43.

12    Andrea Dworkin/Catharine A. MacKinnon: *Pornography and Civil Rights: A New Day for Women's Equality*, Minneapolis: Organizing Against Pornography 1988, S. 138.

## 5. Kapitel: Die »schöne Kunst« der Pornografie?

1    Siehe zum Beispiel Jerrold Levinson: »Erotic Art«, in: Edward Craig (Hg.): *The Routledge Encyclopedia of Philosophy*, New York: Routledge 1999, S. 406–409, und »Erotic Art and Pornographic Pictures«, in: *Philosophy and Literature* 29,1 (2005), S. 228–240; Joel Feinberg: *Offense to Others*, New York: Oxford University Press 1985, und George Steiner: »Night Words: High Pornography and Human Privacy«, in: Douglas Hughes (Hg.): *Perspectives on Pornography*, New York: St. Martin's Press 1970, S. 96–108.

2    Ich denke hier insbesondere an Matthew Kieran: »Pornographic Art«, in: *Philosophy and Literature* 25 (2001), S. 31–45. Siehe auch Levinsons Antwort auf Kierans Argumentation in Levinson, »Erotic Art and Pornographic Pictures«.

3    Unwillkürlich denkt man an Damien Hirsts Skulptur »For the Love of God« aus dem Jahr 2007: ein mit 8601 Diamanten besetzter Platinabguss eines menschlichen Schädels. Diese Skulptur ist derzeit vielleicht sehr viel Geld wert, aber das allein verleiht ihr weder künstlerischen Wert noch gar historische Bedeutung. Ich persönlich mag viele von Hirsts Arbeiten, frage mich aber, ob »For the Love of God« den Test der Zeit bestehen wird.

4   Siehe zum Beispiel Steiner, »Night Words«.

5   Mit »reiner Musik« meine ich hier schlicht Musik ohne
    Text, instrumentale Musik. Natürlich mag es reine Musik
    geben, die mit Pornografie assoziiert wird, aber diese As-
    soziation macht die Musik selbst nicht pornografisch.
    Damit reine Musik pornografisch sein kann, müsste sie
    meiner Ansicht nach aus sich selbst heraus sexuell erre-
    gend sein. Und ob das überhaupt möglich ist, ist wohl eher
    eine empirische Frage.

6   Siehe zum Beispiel Mary Devereaux: »Beauty and Evil:
    Leni Riefenstahl's *Triumph of the Will*«, und Berys Gaut:
    »The Ethical Criticism of Art«, beide in: Jerrold Levinson
    (Hg.): *Aesthetics and Ethics*, New York: Cambridge Uni-
    versity Press 1998.

7   Mir ist nicht bekannt, ob eine philosophische Diskussion
    der moralischen Problematik von Gibsons Werk vorliegt,
    aber Thomas Heyd liefert eine interessante Besprechung
    dieses Werks in Bezug auf den künstlerischen Status von
    Performance-Kunst. Siehe Thomas Heyd: »Understan-
    ding Performance Art: Art Beyond Art«, in: *British Jour-
    nal of Aesthetics* 31 (2001), S. 68–73.

8   Überzeugender ist meiner Ansicht nach die Position,
    dass das Unmoralische daran Gibsons Werk zwangsläufig
    künstlerisch schwächt. Siehe dazu auch Gauts Theorie des
    Ästhetizismus in »The Ethical Criticism of Art«. Doch
    auch wenn ich diese Aussage für plausibel halte, habe ich
    zugleich meine Bedenken. Würden wir das Gleiche über
    Pornografie sagen? Ist Pornografie, die unmoralisch ist,
    notwendigerweise künstlerisch minderwertig? Ich zö-
    gere, dem zuzustimmen, weil, wie ich in meinem Essay
    zeige, ein Gegenstand für den Konsumenten mehrere ver-
    schiedene Interessen bedienen kann. Moralisches und
    künstlerisches Interesse sind für mich zwei voneinander

verschiedene Arten des Interesses, ebenso wie pornografisches und künstlerisches Interesse. Mein Zögern rührt aus der Beobachtung her, dass die ästhetische Reaktion auf einen Gegenstand manchmal von den persönlichen moralischen Empfindlichkeiten beeinflusst ist. Denken wir an zotige Witze: Um diese Art von Humor schätzen zu können, muss man den Witz als zotig erkennen – das heißt, man muss sich der moralischen Implikationen bewusst sein, um den schlüpfrigen Humor schätzen zu können. Das lässt vermuten, dass moralische Empfindlichkeiten bei unseren ästhetischen Reaktionen gelegentlich eine Rolle spielen. Leider ist hier nicht der Raum, diesen Gedanken weiterzuverfolgen.

9   In »Night Words«, argumentiert Steiner, dass Pornografie notwendigerweise repetitiv sei, weil die pornografische Vorstellungswelt auf das beschränkt ist, was als sexuell angenehm empfunden wird, was seiner Ansicht nach begrenzt sein muss: »In den meisten erotischen Texten zirkuliert die Fantasie, genau wie in den feuchten Träumen der Männer, immer und immer wieder in dem bemessenen Kreise dessen, was der Körper erfahren kann. Die Aktivität des Geistes bei der Masturbation ist kein Tanz, sie ist eine Tretmühle« (S. 101). Siehe auch Feinberg, *Offense to Others*, 11. Kapitel.

10  Michael Rea: »What is Pornography?«, in: *Nous* 35 (2001), S. 118–145. In seinem Essay »Constitution and Kind Membership«, in: *Philosophical Studies* 97 (2000), S. 169–193, argumentiert Rea hinsichtlich der Kategorie »Kunstwerk« ganz ähnlich. Ich bin geneigt, auch dem zuzustimmen, denke aber zugleich, dass die Kategorie »Kunstwerk« für die Zwecke der Evaluierung und Würdigung auf eine Art und Weise relevant ist, die für die Kategorie »Pornografie« nicht gilt. Die Kategorie »Kunstwerk« ist für die Evalua-

tion nützlich, auch wenn sie keine im eigentlichen Sinne ontologische ist.

11 Ich sage hier »normalerweise«, um die Fälle zu umgehen, in denen abträgliche Umstände vorliegen – Impotenz oder Ablenkung zum Beispiel. Dabei gilt es natürlich im Blick zu behalten, dass das »Normale« an der sexuellen Erregung von Mensch zu Mensch variiert.

12 Levinson, »Erotic Art and Pornographic Pictures«, S. 232.

13 Zum Begriff der fotografischen Transparenz siehe Kendall Walton: »Transparent Pictures: On the Nature of Photographic Realism«, in: *Critical Inquiry* 11 (1984), S. 246–277. Eine Diskussion der »Transparenzthese« und des ästhetischen Werts von Fotografie findet sich in Roger Scruton: »Photography and Representation«, in: *Aesthetic Understanding*, London: Methuen 1983, und Dominic Lopes: »The Aesthetics of Photographic Transparency«, in: *Mind* 112 (2003), S. 433–448.

14 Levinson selbst betrachtet Fotografie als »das beste Medium für Pornografie, das alle anderen Medien verdrängt hat. Denn Fotografie ist das transparente Medium *par excellence*, also dasjenige, das der simplen, direkten Darstellung des benötigten Gegenstands – üblicherweise einer Frau oder eines Mannes oder einer Kombination beider – als Material für die sexuelle Fantasie und sexuelle Belohnung am nächsten kommt.« Levinson, »Erotic Art and Pornographic Pictures«, S. 232. Zur Idee pornografischer Literatur hat sich Levinson meines Wissens nicht geäußert.

15 Auch aus diesem Grund halte ich »Pornografie« nicht für eine wesentlich ontologische Kategorie.

16 Für diese Formulierung danke ich Dave Monroe.

17 Ich danke Jennifer Courtney-Bartel und Dave Monroe für die vielen konstruktiven Anmerkungen zu früheren Versionen dieses Essays.

## 6. Kapitel: Das Problem mit dem Problem mit der Pornografie

1   George Bataille: »Die Geschichte des Auges«, in: *Das obszöne Werk*, Hamburg: Rowohlt 1972. Jim Clark (Regie): *Debbie Does Dallas*, School Day Films 1978. Marquis de Sade: *Die 120 Tage von Sodom*, Köln: Anaconda 2006. Julio Médem (Regie): *Lucía und der Sex*, Alicia Produce 2001.

2   Bernardo Bertolucci (Regie): *Der letzte Tango in Paris*, MGM 1973. Antonio Grimaldi (Regie): *Caos Calmo (Stilles Chaos)*, Fandango 2008.

3   Zum Beispiel Emmanuelle Arsan: *Emmanuelle oder Die Kinder der Lust*, Hamburg: Rowohlt 1977. Pauline Réage: *Die Geschichte der O*, München: Herbig 1997. D. H. Lawrence: *Lady Chatterlys Liebhaber*, München: dtv 2008.

4   50 Cent: »P. I. M. P., Snoop Dogg Remix«, *Get Rich or Die Tryin'*, Interscope Records 2005.

5   Virginie Despentes/Coralie Despentes (Regie): *Baise-moi (Fick mich)*, Canal +, 2000.

6   Auch wenn manche Filme diesen Anspruch sicherlich erfüllen, *Lucía und der Sex* zum Beispiel oder J.-J. Beineix (Regie): *Betty Blue – 37,2 Grad am Morgen*, Gaumont 1986.

## 7. Kapitel: Die Geschmäcker sind verschieden

1   Julia Dubrow: *Social and Cultural Aspects of VCR Use*, Hillsdale: Lawrence Erlbaum Associates 1990.

2   Hal Freeman (Regie): *Caught From Behind*, Hollywood Video 1982. Gregory Dark (Regie): *Between the Cheeks*, VCA 1985.

3   John Stagliano (Regie): *Adventures of Buttman*, Evil Angel 1989. Bobby Hollander (Regie): *Breast Worx*, LBO 1991.

## 8. Kapitel: Sex, Lügen und die virtuelle Wirklichkeit

1    G. Mudur: »Porn' Art in Ivory, 35,000 Years Old«, in: *Telegraph*, Kalkutta, Mai 2009.

2    Larry und Andy Wachowski (Regie): *Matrix*, Warner 1999.

3    Vgl. die preisgekrönte Fernsehwerbekampagne von Dove unter dem Titel »Evolution«. Zu sehen unter www.youtube.com/watch?v = iYhCnojf46U.

4    Jean Baudrillard: *Simulacra and Simulation*, Ann Arbor: University of Michigan Press 1994.

5    Naomi Wolf: »The Porn Myth«, in: *New York Magazine*, 20. Oktober 2003.

6    Lynne Segal: »Sweet Sorrows, Painful Pleasures: Pornography and the Perils of Heterosexual Desire«, in: Lynne Segal/Mary McIntosh (Hg.): *Sex Exposed: Sexuality and the Pornography Debate*, London: Virago 2006.

7    Wolf, »The Porn Myth«.

8    »Rom-coms ›spoil your love life‹«, in: *BBC News*, 16. Dezember 2008.

9    Kate Connolly: »Second Life in Virtual Child Sex Scandal«, in: *Guardian*, Mai 2007.

10   Peter Singer: »Heavy Petting«, online unter: www.nerve.com/content/heavy-petting.

11   American Psychiatric Association: *Diagnostic and Statistical Manual of Mental Disorders*, 3. Fassung, Washington, D.C.: American Psychiatric Association 1987.

12   Diana Russell: *Rape in Marriage*, Beverly Hills: Sage 1982.

13   D. Zillman/J. Bryant: »Shifting Preferences in Pornography Consumption«, in: *Communications Research* 13,4 (1986), S. 560–578. Siehe auch R. J. McGuire/J. M. Carlisle/B. G. Young: »Sexual Deviations as Conditioned Behavior: A Hypothesis«, in: *Behavior Research Therapy* 2 (1965), S. 185–190.

14 S. Rachman/R. Hodgson: »Fetishes and Their Associated Behavior«, in: *Sexuality and Disability* 20,2 (1968), S. 135–147.

15 D. Zillman/J. Bryant: »Pornography's Impact on Sexual Satisfaction«, in: *Journal of Applied Social Psychology* 18,5 (1988), S. 438–453. Siehe auch D. Zillman/J. Bryant: »Effects of Prolonged Consumption of Pornography on Family Values«, in: *Journal of Family Issues* 9,4 (1988), S. 518–544.

16 R. J. McGuire/J. M. Carlisle/B. G. Young: »Sexual Deviations as Conditioned Behavior: A Hypothesis«, in: *Behavior Research Therapy* 2 (1965), S. 185–190. Siehe auch F. M. Osanka/S. L. Johann: *Sourcebook on Pornography*, Lexington: Lexington Books 1989.

17 Danny Shea: »Second Life Divorce: Woman Catches Husband in Virtual Gay Affair«, in: *Huffington Post*, Februar 2009.

18 Lindsay Richardson: »Percentage of Married Couples Who Cheat«, online unter www.catalogs.com/info/relationships/percentage-of-married-couples-who-cheat-on-each-ot.html.

19 Ebd.

20 Jane Brod: »Cybersex Gives Birth to a Psychological Disorder«, in: *New York Times on the Web* (Mai 2000).

21 Ebd.

22 Philip Victor: »Virtual Affair Ends in Real-Life Divorce«, in: *ABC News,* November 2008.

23 Das Gemälde hängt im Prado in Madrid.

24 Robert Nozick: *Anarchie, Staat, Utopia*, München: MVG 1978, S. 52–54.

25 Immanuel Kant: *Grundlegung zur Metaphysik der Sitten*, Göttingen: Vandenhoek & Ruprecht 2004, zuerst erschienen 1785.

26    Debra Aho: »Kids and Teens: Virtual Worlds Open New Universes, in: *E Marketer*, September 2007.
27    C. Sabina/J. Wolak/D. Finkelhor: »The Nature and Dramatics of Internet Pornography Exposure for Youth«, in: *CyberPsychology and Behavior* 11,6 (Dezember 2008), S. 691–693.
28    »French Watchdog Organization Targets Second Life«, in: GamePolitics.com, Juni 2007.

## 9. Kapitel: Was finden heterosexuelle Männer an lesbischer Pornografie?

1    Cindy Jenefsky/Diane Helene Miller: »Phallic Intrusion: Girl-Girl Sex in Penthouse«, in: *Women's Studies International Forum* 21,4 (1998), S. 376.
2    Butler, in Jenefsky/Miller, »Phallic Intrusion«, S. 383.
3    Judith Butler: »Imitation and Gender Subordination«, in: Sara Salih/Judith Butler (Hg.): *The Judith Butler Reader*, Oxford: Blackwell 2004, S. 129. Hervorhebungen im Original.
4    Andrea Dworkin: *Pornographie. Männer beherrschen Frauen*, Köln: Emma Frauenverlags-GmbH 1988, S. 60.
5    Ian Hunter/David Saunders/Dugald Williamson: *On Pornography: Literature, Sexuality and Obscenity Law*, New York: St. Martin's Press 1993.
6    Jenefsky/Miller, »Phallic Intrusion«, S. 383.
7    Annamarie Jagose: *Lesbian Utopics*, New York: Routledge 1994.
8    Monique Wittig: *The Straight Mind and Other Essays*, Boston: Beacon Press 1992, S. 32. Deutsche Fassung: Monique Wittig: »Wir werden nicht als Frauen geboren«, in: *IHRSINN. Eine radikalfeministische Lesbenzeitschrift* 27 (2003), S. 8–19.

9    Michel Foucault: *Der Wille zum Wissen. Sexualität und Wahrheit I*, Frankfurt a.M.: Suhrkamp 1977, S. 21–53.

10   Diesen Begriff habe ich von Dennis Giles übernommen, zitiert von Linda Williams in: *Hard Core: Macht, Lust und die Traditionen des pornographischen Films*, Frankfurt a.M.: Stroemfeld 1995, S. 122.

11   Ebd., S. 122.

12   David Loftus: *Watching Sex: How Men Really Respond to Pornography*, New York: Thunder's Mouth 2002, S. 58 f.

13   Siehe beispielsweise das Interview in Jane Gallop: »Beyond the Jouissance Principle«, in: *Representations* 7 (1984), S. 110–115.

14   Zitiert in Gallop, »Beyond the Jouissance Principle«, S. 114.

15   Roland Barthes: *Die Lust am Text*, Frankfurt a.M.: Suhrkamp 1974, S. 8 f.

## 10. Kapitel: Hit Me With Your Best Shot

1    Zu den Ursprüngen dieses Mythos siehe Paula J. Caplan: *Frauen sind keine Masochisten. Das Ende eines Vorurteils*, Zürich: Benziger Verlag 1989.

2    Susan Brownmiller: *Gegen unseren Willen: Vergewaltigung und Männerherrschaft*, Frankfurt a.M.: S. Fischer Verlag 1978, S. 236.

3    Patrick Califia: *Sinnliche Magie. Ein Leitfaden für abenteuerlustige Paare*, Wunsiedel: ikoo 1995. Siehe auch Darren Langdridge/Meg Barker (Hg.): *Safe, Sane and Consensual: Contemporary Perspectives on Sadomasochism*, New York: Palgrave Macmillan 2007.

4    Mit schwuler und lesbischer Pornografie beschäftigen sich Pornografiegegner auffallend selten, ungeachtet der Tat-

sache, dass diese in Strafrechtsprozessen besonders häufig als obszön eingestuft wird. Wenn gleichgeschlechtliche Pornografie überhaupt thematisiert wird, dann zumeist als Spiegel oder Nachahmung des ausbeuterischen heterosexuellen Paradigmas von Dominanz und Unterwerfung, das die Ungleichheit der Geschlechter und Frauenfeindlichkeit fördert. Ein namhafter Vertreter dieser Denkschule ist Christopher Kendall: *Gay Male Pornography: An Issue of Sex Discrimination*, Vancouver: University of British Columbia Press 2004.

5   *R. v. Hicklin*, LR 3 QB 360 (1868).

6   Einen exzellenten Überblick über die sozialwissenschaftliche Literatur zu diesem Thema seit den 1980er Jahren bietet Dany Lacombe: *Blue Politics: Pornography and the Law in the Age of Feminism*, Toronto: Toronto University Press 1994. Siehe auch W. A. Fisher/G. Grenier: »Violent Pornography, Antiwoman Thoughts, and Antiwoman Acts: In Search of Reliable Effects«, in: *Journal of Sex Research* 31 (1994), S. 23–38.

7   Siehe Anthony D'Amato: »Porn Up, Rape Down«, in: *Social Science Research Network*, 6/23/06 (2007). Die gegnerische Antwort auf solche Studien lautet, dass Vergewaltigungs- und Missbrauchsstatistiken nicht zuverlässig seien, da die Verbrechen sehr häufig nicht gemeldet würden. Allerdings wird das vor dem Zeitalter des Internets kaum anders gewesen sein. Selbst wenn die zur Anzeige gebrachten Vergewaltigungen die tatsächliche Anzahl von Vergewaltigungen nicht verlässlich widerspiegeln, gibt es also dennoch keinen Anlass zu der Vermutung, dass das Verhältnis von gemeldeten und nicht gemeldeten Vergewaltigungen sinken sollte.

8   Die hier beschriebenen Fakten des Falles wurden folgenden Urteilen entnommen: *USA gegen Guglielmi* 819 F.2d

451 (Gerichtsbezirk 4 1987), *USA gegen Guglielmi* 731 F. Supp. 1273 (WDNC 1990) und *USA gegen Guglielmi* 929 F.2d 1001 (Gerichtsbezirk 4 1991).

9    *Criminal Justice and Immigration Act* 2008, Kapitel 5, Absatz 63.

10   Human Rights Watch: »No Escape, Male On Male Prison Rape«, online verfügbar unter www.hrw.org/legacy/reports/2001/prison/report.html.

11   R. v. Brown (1993), 97 Cr. App. R. 44, 1993 WL 963434 (HL), (1993) 157 JP 337, [1994] 1 AC 212, [1993] 2 All ER 75 (Oberhaus des Vereinigten Königreichs).

12   Die Anklage erfolgte unter dem *Offences Against the Person Act* von 1861, Kapitel 100: »Acts Causing or Tending to Cause Danger to Life or Bodily Harm«, sc. 20 und 47. Von verschiedenen Seiten wurde die Vermutung geäußert, die Polizei habe sich gezwungen gesehen, eine Anklage zu erwirken, um die enormen Kosten der Ermittlungen zu rechtfertigen. Vgl. Bill Thompson: *Sadomasochism: Painful Perversion or Pleasurable Play?*, London: Cassell 1994, S. 2.

13   *Little Sisters Book and Art Emporium gegen Kanada (Justizminister)* 2000 SCC 69, [2000] 2 SCR 1120.

14   *Little Sisters Book and Art Emporium gegen Kanada (Justizminister)* (1996) 131 DLR (4.) 486, 18 BCLR (3.) 241 (BCSC) [Urteil im *Little Sisters*-Verfahren].

## DIE AUTOREN

**Andrew Aberdein,** PhD, ist Dozent für Logik und Geisteswissenschaften am Florida Institute of Technology. Ein Großteil seiner Forschungen beschäftigt sich mit dem Wechselspiel von formellen und informellen Darstellungen des menschlichen Verstands. Seine wahrscheinlich erste Begegnung mit Pornografie hatte er, als er sich als frühreifer, aber weltfremder Jugendlicher mit der philosophischen Kritik daran beschäftigte. Später musste er mit Enttäuschung feststellen, dass Pornografie nicht halb so aufregend ist, wie diese Kritiken ihn hatten glauben machen.

**Christopher Bartel,** PhD, ist Assistenzprofessor für Philosophie an der Appalachian State University. Zu seinen Forschungsgebieten gehören die Philosophie der Musik, die Definition von Kunst und Theorien der Wahrnehmung. In seiner Freizeit spielt er Bass, sammelt Tätowierungen, verliert beim Poker und versucht seiner Frau zu erklären, wo das ganze Geld geblieben ist.

**Mz. Berlin** ist Domina und Modell für Bondage/Fetisch-Fotografie, Pornodarstellerin, -produzentin und -regisseurin. In Louisiana geboren, besuchte sie die Louisiana State University und machte ihren Abschluss in Psychologie und Kommunikationswissenschaft. Sie ist auf Domina-Pornografie spezialisiert, wo sie Männer beherrscht und den Archetyp der starken Frau verkörpert.

**Matthew Brophy,** PhD, lehrt an der Minnesota State University in Mankato als Gastprofessor Ethik. Zusammen mit seiner wunderschönen Frau und seinem überdurchschnittlich begabten Kind lebt er in Minneapolis. Er hat seinen Doktor der Philosophie an der University of Minnesota erworben und ist redlich bemüht, *Second Life* und andere virtuelle Realitäten wegen ihres enormen Suchtfaktors zu meiden. Wie man sich denken kann, ist ihm seine Frau dabei eine große Hilfe.

**Anne K. Gordon,** PhD, ist Akademikerin der schlimmsten Sorte. Unter anderem hat sie das menschliche Paarungsverhalten studiert, zu dem ihr jegliche persönliche Erfahrung abgeht. Sie wurde noch nie in ihrem Leben geküsst, hatte noch nie eine Verabredung und hat mit großer Wahrscheinlichkeit noch nie einen Porno gesehen. Ihr ganzes Wissen über menschliches Paarungsverhalten entnimmt sie psychologischen Fachzeitschriften, der *Montel Williams Show* und heftigen Rap-Texten. Anne ist außerordentliche Professorin für Psychologie an der Bowling Green State University. Zu ihren Forschungsgebieten gehören Lüge und Täuschung, Urteil und Entscheidungsfindung sowie menschliches Paarungsverhalten. Ihr wichtigstes Hobby sind ihre 14 Katzen, und sie träumt davon, einmal eine Ameisenfarm zu besitzen.

**Ummni Khan,** PhD, ging den Weg vieler Idealisten: Sie besuchte die juristische Fakultät Osgoode Hall und konzentrierte sich im Studium auf die Menschenrechte. Nach einigen dilettantischen Versuchen in der realen Welt eines Rechtsanwaltsbüros kehrte sie eilig an die Alma Mater zurück, um an der University of Michigan den Master in Jura und an der University of Toronto ihren Doktor zu machen. Ihre Dissertation schrieb sie über die Verflechtungen von juristischen und kulturellen Vorstellungen über SM. Gerade bei gesellschaftlichen Veranstaltungen der juristischen Fakultät erwies sich dieses Dissertationsthema als erstklassiger Gesprächsstoff. Oder auch nicht. Heute arbeitet sie als Assistenzprofessorin an der Carleton University. Wenn sie nicht gegen sexuellen Totalitarismus kämpft, trifft man sie beim Kuscheln mit ihrem Liebsten Brian an, oder sie denkt über das Kostüm für Halloween nach.

**Shane W. Kraus** ist derzeit Doktorand im klinischen Bereich der psychologischen Fakultät der Bowling Green State University. Er hat zwei Fachartikel über Pornografie veröffentlicht, einen über Pornografie und Sexualität Heranwachsender und einen über Pornografiekonsum und sexuelle Dysfunktionen bei Erwachsenen. Im Moment beschäftigt er sich mit dem Einfluss juristischer und außerjuristischer Faktoren, die bei der Entscheidungsfindung von Geschworenen eine Rolle spielen, sowie mit der Behandlung von Sucht- und Zwangsverhalten (zum Beispiel Drogen und Alkohol oder Pornografie). 2007 machte er seinen Master in forensischer Psychologie am Castleton State College. In seiner Freizeit, die dieser Tage ein rares Gut ist, geht er jagen, wandern und schwimmen und ist mit seiner wundervollen Frau zusammen.

**Dave Monroe** ist Lehrkraft für angewandte Ethik am St. Petersburg College und Lehrbeauftragter für Philosophie an der University of Tampa. Außerdem ist er Gründungsmitglied und derzeit Vorsitzender der *Lighthearted Philosopher's Society*, die einmal im Jahr zusammenkommt, um ernsthaft über Humor zu diskutieren und sich über den Ernst der Philosophie lustig zu machen. Neben der Arbeit verbringt er seine Zeit mit seiner inspirierenden und wunderschönen Frau Rhonda (für die er sich

auch kulinarische Experimente ausdenkt), ist glühender Anhänger der Detroit Red Wings und der Detroit Tigers, lacht gern
und sieht gern nackten Menschen bei unanständigen Sachen zu.

**Chad Parkhill** beneidet manchmal die echten Philosophen, die
sich mit echten Problemen beschäftigen, bis ihm wieder klar
wird, dass man als echter Philosoph sorgfältig ausgearbeitete
Artikel über Referenzprobleme und mögliche Theorien über
die Welt verfassen muss. Da er kein echter Philosoph ist, darf
er sich über den Existenzialismus bei Daft Punk und lesbische
Pornografie auslassen, über die Homophobie Stephen Kings
und die perverse Geschichte der Heterosexualität. Er schreibt
gerade seine Doktorarbeit an der University of Queensland,
und wenn er fertig ist und ohne Job dasteht, könnte es gut sein,
dass er seine Meinung zu den Artikeln, die man so schreiben
sollte, noch einmal überdenkt.

**Roger T. Pipe** ist Pornokritiker und Journalist. In den letzten
16 Jahren hat er mehr als 6000 Pornofilme und Websites für
seine eigene Website www.RogReviews.com rezensiert und
wurde 2009 in die Ruhmeshalle der *X-Rated Critics Organization*, der amerikanischen Organisation der Pornokritiker, aufgenommen. Wenn er nicht damit beschäftigt ist, seine Leser vor
schlechten Pornos zu warnen, liest er Stephen King, fiebert zu
sehr mit seinen Boston Celtics mit und verbringt seine Zeit mit
seiner unglaublich verständnisvollen Frau und den beiden gemeinsamen Söhnen.

**Gram Ponante** (ein Anagramm von *Porn Magnate*) arbeitet als
Redakteur bei Mavervorl Media in Hollywood. Im Jahr 2005
verlieh er sich den Ehrentitel »Amerikas beliebtester Pornojour-
nalist«, der aus Mangel an Konkurrenz schließlich Wirklichkeit wurde. Seine messerscharfen, bierernsten und oft falschen

Beobachtungen über das faszinierende Gewerbe der amerikanischen und internationalen Pornografie werden in seinem virtuellen Hauptquartier unter GramPonante.com täglich von Tausenden von Lesern verschlungen. Er lebt mit seiner Frau und zwei Kindern in Los Angeles und hält es mit Wittgenstein, der schon sagte: »Aber wenn ich mich auch in solchen Fällen nicht irren kann – ist es nicht möglich, dass ich in der Narkose bin?«

**David Rose** weiß viel zu viel über französisches Kino, was mit seiner Jugend zu tun hat und damit, dass er im BBC 2 Film Club nach Erotik Ausschau halten musste. Heute müsste er dafür nur noch nach 22 Uhr den Fernseher einschalten, aber er ist zu sehr damit beschäftigt, seine Kinder vom Internet fernzuhalten. Außerdem ist er der Meinung, dass die Werbung für den Inkognito-Modus von Google Chrome in die falsche Richtung geht, und fürchtet den Tag, an dem seine Kinder das herausfinden. Er arbeitet an der philosophischen Fakultät der Newcastle University und schreibt ab und an einen Artikel über Hegel, Vico und moralisches Zeug.

**Dylan Ryder** ist eine geborene Kalifornierin und als Pornodarstellerin auf vielen bekannten Porno-Webseiten zu sehen, unter anderem auf brazzers.com und bangbros.com, außerdem auf DVDs der Firmen Devil's Films, Third Degree und Hustler. Außerdem hat sie für eine ehrenamtliche Organisation in kalifornischen Gefängnissen in der Drogenberatung gearbeitet. Sie hat ein enges Verhältnis zu ihrer Familie, die sie bei ihren verschiedenen Unternehmungen, auch bei der Pornografie, unterstützt.

**Fiona Woollard,** PhD, denkt die meiste Zeit über Sex und Tod nach beziehungsweise hat, wie es auf ihrer akademischen Homepage heißt, ihre Forschungsschwerpunkte auf die Philosophie des Sex und normative Ethik gelegt, insbesondere auf die Themen des Tötens und Sterbenlassens. Bei Dinnerpartys kommt sie damit ganz groß raus. Sie ist Dozentin für Philosophie an der University of Sheffield. Wenn sie nicht dort ist, lebt sie mit ihrem Verlobten Ryan in einem kleinen Dorf in Oxfordshire und geht gern an der Themse joggen.

# DANKSAGUNG

Als Erstes möchte ich allen beteiligten Autoren danken – sie sind es, die diese Anthologie gemacht haben. Mit einigen stand ich nur per Telefon oder E-Mail in Kontakt, aber trotzdem habe ich das Gefühl, dass wir Freunde geworden sind. Für ihre anregenden Beiträge und die angenehme Zusammenarbeit bin ich zutiefst dankbar. Manch einer mag den Eindruck gewonnen haben, dass von mir nichts anderes zu erwarten ist als nicht enden wollende Fragen und Anregungen, Änderungsvorschläge und manchmal auch eine Zumutung. Trotzdem waren die Autoren ohne jede Ausnahme geduldig und gewissenhaft, und es war eine Freude, mit ihnen zusammenzuarbeiten. Ich ziehe den Hut vor ihren hervorragenden Essays. Auch möchte ich es nicht versäumen anzumerken, dass ihre Sachkenntnis aus verschiedenen wissenschaftlichen Richtungen stammt, aus der Rechtsprechung und sogar aus der Pornoindustrie selbst, wodurch ich mein eigenes Wissen enorm erweitern konnte. Auch dafür bin ich dankbar!

Als Nächstes möchte ich all denen danken, die mich direkt oder indirekt bei der Fertigstellung dieses Buches unterstützt haben, unter anderem meiner Mutter Mary Turfe, meinen Brüdern Chris und Andrew Monroe, meinem Cousin Ian Verhine, meinem guten Freund Nathan Bunker-Otto und Jason bei Vegas Showgirls in Saint Petersburg, Tom Brommage, Eric Berling und Joe Ellin, die mir bei meinen anderen akademischen

Verpflichtungen unter die Arme gegriffen haben, meinen Studenten und Kollegen am Saint Petersburg College und der Universität von Tampa und ganz besonders meiner Frau Rhonda. Ein Leben ohne ihre liebevolle Unterstützung und ihre Bereitschaft, meine diversen Projekte (darunter ein Buch über Pornografie!) zu begleiten, kann ich mir nicht vorstellen. Herzlich wenig Ehefrauen würden es begrüßen, wenn ihr Mann stundenlange Interviews mit Pornodarstellerinnen führt, Pornofilme ansieht und seine Wochenenden damit verbringt, Aufsätze über die Pornoindustrie zu schreiben und zu redigieren. Ich habe großes Glück.

Drittens möchte ich meinem Verlag Wiley-Blackwell danken, der von Anfang an hinter dem Projekt stand und eine bemerkenswerte Begeisterung für dieses zugegebenermaßen umstrittene Thema an den Tag legte. Insbesondere den Einsatz von Fritz Allhoff, Jeff Dean und Tiffany Mok möchte ich würdigen. Fritz hat ein unerschütterliches Vertrauen in diesen Band und mich gesetzt. Ich bewundere seinen flammenden Willen, hervorragende Bücher herauszubringen, und danke ihm für seine beständige Begleitung, seine Anregungen und sein Feedback auf dem Weg zu diesem Ziel. Auch Jeff, bei Wiley-Blackwell Lektor für Philosophie, hat mich mit viel Enthusiasmus und noch mehr Ideen unterstützt. Tiffany führte mich durch den geschäftlichen Teil des Herausgebens einer Anthologie, der mir erschreckend fremd war. Ohne sie hätte ich das nie geschafft. Jeder Herausgeber kann nur dankbar sein für so viel klugen Rat!

Und zum Schluss danke ich Ihnen, dem Leser: Ich hoffe, Sie haben die Lektüre genossen! Erinnern Sie sich daran, wenn Sie das nächste Mal mit Pornografie zu tun haben!

Dave Monroe<br>
Saint Petersburg, Florida